Nachdenken über Gott

Veröffentlichungen der
Rudolf-Bultmann-Gesellschaft für Hermeneutische
Theologie e. V.

Christof Landmesser | Dorothee Schlenke (Hrsg.)

Nachdenken über Gott

Theologie im Spiel der Disziplinen

EVANGELISCHE VERLAGSANSTALT
Leipzig

Bibliographische Information der Deutschen Nationalbibliothek
Die Deutsche Nationalbibliothek verzeichnet diese Publikation in
der Deutschen Nationalbibliographie; detaillierte bibliographische
Daten sind im Internet über http://dnb.dnb.de abrufbar.

© 2021 by Evangelische Verlagsanstalt GmbH · Leipzig
Printed in Germany

Das Werk einschließlich aller seiner Teile ist urheberrechtlich geschützt.
Jede Verwertung außerhalb der Grenzen des Urheberrechtsgesetzes ist ohne
Zustimmung des Verlags unzulässig und strafbar. Das gilt insbesondere für
Vervielfältigungen, Übersetzungen, Mikroverfilmungen und die Einspeicherung
und Verarbeitung in elektronischen Systemen.

Das Buch wurde auf alterungsbeständigem Papier gedruckt.

Cover: Kai-Michael Gustmann, Leipzig
Satz: Dorothee Schlenke, Freiburg
Druck und Binden: Hubert & Co., Göttingen

ISBN 978-3-374-06819-7 // eISBN (PDF) 978-3-374-06820-3
www.eva-leipzig.de

Vorwort

In diesem Aufsatzband werden die ausgearbeiteten Vorträge der 22. Jahrestagung der Rudolf-Bultmann-Gesellschaft für Hermeneutische Theologie e.V. vorgestellt, die vom 17.–19. Februar 2020 in der Evangelischen Tagungsstätte Hofgeismar durchgeführt wurde. Unter dem Titel *Nachdenken über Gott. Theologie im Spiel der Disziplinen* wurden sowohl der Gegenstand der Theologie als Wissenschaft wie auch enzyklopädische Perspektiven und konkrete interdisziplinäre Bezugnahmen diskutiert.

Den Referentinnen und Referenten danken wir ebenso wie allen Teilnehmerinnen und Teilnehmern, die sich an den intensiven Diskussionen beteiligt haben. Und wie in jedem Jahr gilt auch für diese Jahrestagung unser Dank allen Mitarbeiterinnen und Mitarbeitern der Evangelischen Tagungsstätte Hofgeismar. Für tatkräftige Unterstützung bei den Mühen des Korrekturlesens danken wir Nadine Quattlender und Dr. Martin Bauspieß sowie den wissenschaftlichen Hilfskräften am Lehrstuhl von Prof. Dr. Landmesser, namentlich Sarah Fetscher, Clara Neurath, Johannes Nicklaus, Désirée Rupp und Tim Spahn, für die satzfertige Umsetzung des Manuskripts und vielfältige technische Hilfe Dr. Tobias Lehmann/Pädagogische Hochschule Freiburg.

Unser herzlicher Dank gilt auch den Mitarbeiterinnen und Mitarbeitern der Evangelischen Verlagsanstalt Leipzig und ihrer Verlagsleiterin Dr. Annette Weidhas für die hilfreiche editorische Betreuung.

Tübingen und Freiburg, im Januar 2021
Christof Landmesser
Dorothee Schlenke

Inhalt

Einleitung 9

Andreas Lindemann
**»Was ihr unwissend verehrt, das verkündige ich euch.«
(Apg 17,23)**
Das Neue Testament und unser Reden von Gott 13

Bernd Kuschnerus
»Und wie bringt man das jetzt zusammen?«
Theologische Orientierung in der kirchlichen Praxis 43

Friedhelm Hartenstein
Nicht nur der Dekalog
Zur Bedeutung des Alten Testaments für die theologisch-
ethische Urteilsbildung 65

Martin Ohst
Kirchengeschichte als Historische Theologie
Zum Bildungsauftrag und Bildungswert einer theologischen
Disziplin 85

Eberhard Hauschildt
**Religiöse bzw. nichtreligiöse Spiritualität und die
Kommunikation des Evangeliums**
Praktisch-theologische und hermeneutische Erwägungen 111

Friederike Nüssel
Zwischen Historismus und Pluralismus?
Überlegungen zum Verhältnis von Systematischer Theologie
und Exegese im Anschluss an Rudolf Bultmann 127

Die Autorinnen und Autoren 145

Einleitung

Nachdenken über Gott. Theologie im Spiel der Disziplinen. – Es ist ein höchst anspruchsvolles Thema, dem sich die 22. Jahrestagung der Rudolf-Bultmann-Gesellschaft für Hermeneutische Theologie e.V. vom 17.–19. Februar 2020 in Hofgeismar zuwandte: Es ist das Thema einer Theologie als Wissenschaft überhaupt. Denn zum einen ist *Gott* in einer genauer zu bestimmenden Weise der Gegenstand der Theologie. Und zum anderen lässt sich dieser Gegenstand nicht von einer einzelnen der theologischen Disziplinen gesondert erfassen oder gar hinreichend beschreiben. Wenn die Theologie aber mit Rudolf Bultmann davon ausgeht, dass es ein tatsächliches Wissen nur dann geben kann, wenn es durch seinen Gegenstand auch bestimmt ist[1], dann muss in diesen Gegenstand der Theologie notwendig auch der Mensch in seinem Verhältnis zu Gott mit ins Spiel gebracht werden. Denn Gott kann nur in seinem Verhältnis zum Menschen der Gegenstand einer Wissenschaft sein. Freilich ist damit nicht der *Mensch* als allgemeiner Begriff gemeint, vielmehr geht es in einer so verstandenen Theologie stets um das je eigene Verhältnis des Menschen zu Gott. Es geht in der Theologie also um den Menschen in seiner Existenz, genauer: Es geht in der Theologie um mich in meiner Existenz als den Menschen, der diese Wissenschaft betreibt. Anspruchsvoller kann der Gegenstand einer Wissenschaft nicht sein, als dass mit ihm zugleich meine Existenz mit auf dem Spiel steht. Genau darin liegen Faszination und Risiken so verstandener theologischer Wissenschaft, in der es immer auch und ganz besonders um mich in meiner konkreten Existenz geht. Die Faszination der Theologie besteht dann darin, dass sie mir im Vollzug der wissenschaftlichen Arbeit die Möglichkeiten meiner je eigenen Existenz erschließt. Das aber ist immer mit dem Risiko verbunden, dass meine eigene Existenz auf dem Spiel steht. Dabei ist es gar nicht erforderlich und ganz sicher auch nicht immer der Fall, dass einer die Theologie betreibenden Existenz immer bewusst ist oder überhaupt bewusst sein muss, dass sie mit auf dem Spiel steht. Dies mag in den glücklichen, vielleicht zuweilen auch in den unglücklichen Momenten einer theologischen Existenz so sein. Aber immerhin gehört der Mensch, gehöre ich, mit in den Gegenstand der Theologie. Und das macht die Theologie zu einem faszinierenden Spiel des wissenschaftlich-interdisziplinären Gesprächs.

---

[1] Rudolf Bultmann, Theologische Enzyklopädie, hg. von Eberhard Jüngel und Klaus W. Müller, Tübingen 1984, 42.

Dass zu diesem Spiel der Theologie das Zusammenspiel und auch die Abgrenzungen oder gar die Antagonismen der theologischen Disziplinen untereinander gehören, ist selbstverständlich. Zweifellos vermögen die theologischen Fächer mit ihren je eigenen Zugängen zum Gegenstand der Theologie diesen niemals vollständig zu erreichen. Die Metapher des *Spiels* verweist sowohl auf eine gewisse Regelhaftigkeit in der Kommunikation der Fächer untereinander wie auch auf eine erfrischende Offenheit mit einigen erhofften oder auch gefürchteten Überraschungsmomenten im Diskurs. Beides war im Verlauf der Vorträge und der anschließenden Diskussionen wahrzunehmen. Der Tagungsband dokumentiert die zur Publikation ausgearbeiteten Vorträge und lädt zu einer Entdeckungsreise ein, grundlegende Aspekte des Gegenstandes der Theologie im konkreten Spiel der Disziplinen zu erkunden.

Andreas Lindemann bringt mit seinem Aufsatz *„Was ihr unwissend verehrt, das verkündige ich euch." (Apg 17,23) Das Neue Testament und unser Reden von Gott* die neutestamentliche Rede von Gott ins Spiel. Wesentlich ist für diese Rede von Gott in den Texten des Neuen Testaments, dass sie immer auf die Person Jesus Christus bezogen ist. Die je gegenwärtige Offenbarung Gottes in Jesus Christus ist ihr Thema. Dieses Offenbarungsgeschehen schafft die Beziehung zu den glaubenden Menschen, die unter dieser Voraussetzung angemessen von Gott reden können. In diesem Sinne erscheint die Liebe als die einzige Weise, Gott tatsächlich zu erkennen. Wie eine solche Rede von Gott für glaubende Menschen in der Gegenwart ganz praktisch gestaltet werden kann, beleuchtet *Bernd Kuschnerus* in seinem Text *„Und wie bringt man das jetzt zusammen?" Theologische Orientierung in der kirchlichen Praxis*. Kuschnerus betont den konkreten Lebensbezug der biblischen Texte mit ihrer Rede von Gott auf sehr unterschiedlichen Feldern der kirchlichen, der akademischen und der gesellschaftlichen Praxis. Dabei rückt auch die ausdrückliche Unabgeschlossenheit der menschlichen Rede von Gott in den Blick. Die Rede von Gott im Kontext ethischer Fragestellungen und damit ebenfalls sehr konkreter Lebensbezüge beleuchtet *Friedhelm Hartenstein* unter dem Titel *Nicht nur der Dekalog. Zur Bedeutung des Alten Testaments für die theologisch-ethische Urteilsbildung*. Die hier zu entdeckende Rede von Gott dient zum einen einer interdisziplinären theologischen Selbstverständigung. Zum anderen erfüllt der Nachvollzug dieser Rede von Gott auch einen informierenden und zum Handeln anleitenden Bildungsauftrag. Gott kommt gerade dort ins Spiel, wo der Ruf zu Nächstenliebe als theologisch unverzichtbar und geradezu als regulative Idee wahrgenommen wird. Die Bildungsaufgabe der Theologie diskutiert auch *Martin Ohst* in seinem Aufsatz *Kirchengeschichte als Historische Theologie. Zum Bildungsauftrag und Bildungswert einer theologischen Disziplin*. Ohst begreift Theologie wesentlich als Wissenschaft von der christlichen Religion, in der die Rede von Gott konkret wird. Auch er verweist damit auf die Verbindung der Theologie mit dem Leben in der Gegenwart. In der sich so eröffnenden Vielfalt der sich daraus ergebenden und durchaus strittigen Reflexionen wirft die christliche Theologie immer wieder in spezifischer Weise die Wahrheitsfrage auf. *Eberhard Hauschildt* erörtert in seinem Aufsatz *Religiöse* bzw. *nichtreligiöse Spiritualität und die Kommunikation des Evangeliums. Praktisch-theologische und hermeneutische Erwägungen,* wie die Rede von Gott im Raum der Spiritualität konkret wird und wie diese konkrete Rede von Gott in der Seelsorgetheorie im interdisziplinären Gespräch konzeptualisiert wird. Solche Rede von Gott ist immer existenzbezogen, sie macht Erfahrungen des Außerweltlichen im Innerweltlichen zugänglich. Der Text von *Friederike Nüssel* trägt den Titel *Zwischen Historismus und Pluralismus. Überlegungen zum Verhältnis von Systematischer Theologie und Exegese im Anschluss an Rudolf Bultmann.* Noch einmal wird das Spiel der Disziplinen ausdrücklich. Die Theologie hat eine enzyklopädische Aufgabe und erweist sich gerade so als Wissenschaft. Es bleibt eine zentrale Aufgabe, die Wissenschaftlichkeit der Theologie plausibel darzulegen als wesentliche Voraussetzung dafür, mit der bereits in den biblischen Schriften vorfindlichen Vielfalt der Rede von Gott auch in der jeweiligen Gegenwart sinnvoll und regelgeleitet umzugehen. Im Verhältnis der biblischen Fächer zur Systematischen Theologie werden zugleich Fragen von Genese und Geltung der Rede von Gott ausdrücklich. Damit ist am Ende der Überlegungen eine Frage aufgeworfen, die eine bleibende Herausforderung der Theologie für die Gegenwart beschreibt.

Christof Landmesser
Dorothee Schlenke

Andreas Lindemann

»Was ihr unwissend verehrt, das verkündige ich euch.« (Apg 17,23)

Das Neue Testament und unser Reden von Gott

»Welchen Sinn hat es, von Gott zu reden?« Unter dieser Frage stand ein bald berühmt gewordener Vortrag, den Rudolf Bultmann im Februar 1925 bei einer Tagung von Pfarramts-Kandidaten in Oldenburg hielt.[1] Lässt sich womöglich sagen, dass das Neue Testament darauf eine Antwort gibt? Die neutestamentlichen Autoren reden jedenfalls von Gott, und sie setzen voraus, dass dieses Reden sinnvoll ist. Dabei gilt, dass im Neuen Testament das Reden von Gott mit dem Reden von Jesus Christus untrennbar verbunden ist. Daran muss sich die christliche Theologie bei ihrem Nachdenken über Gott orientieren.

Das Fach »Neues Testament« hat im Rahmen der theologischen Disziplinen die Aufgabe, die in der Zeit der Entstehung des Christentums verfassten und schriftlich überlieferten Textdokumente zu interpretieren, also nach den in den Schriften des Neuen Testaments begegnenden Weisen des Redens von Gott zu fragen und Antworten zu geben. Diese Interpretation geschieht zunächst unter dem Aspekt der mit den Mitteln historischer Kritik erfolgenden Analyse der Texte, dann aber auch unter der Frage nach der sachlichen Bedeutung der Textaussagen für die jeweilige Gegenwart. Die neutestamentliche Wissenschaft bedient sich dabei der für die Analyse antiker Texte geeigneten Methoden und Hilfsmittel; aber sie sieht ihr Arbeitsfeld im Rahmen der Theologie und nicht im Rahmen der Altertumswissenschaften oder der Philologie. »Theologie« wird dabei nicht verstanden als »Wissenschaft von Gott«, sondern als »Wissenschaft des Redens von Gott im Kontext des christlichen Glaubens«.

Wenn das Fach ausdrücklich »Neues Testament« heißt und nicht »urchristliche Religionsgeschichte«, so ist jener »Kanon« vorausgesetzt, der sich im Laufe der frühen Kirchengeschichte herausbildete. Selbstverständlich ist der zeitgeschichtliche Rahmen von erheblicher Bedeutung, aber der Kern der Arbeit sind

---

[1] Rudolf Bultmann, Welchen Sinn hat es, von Gott zu reden?, in: ders., Neues Testament und christliche Existenz. Theologische Aufsätze, hrsg. von Andreas Lindemann, UTB 2316, Tübingen 2002, 1–12.

die 27 Schriften des später so genannten »Neuen Testaments«. Der neutestamentliche Kanon ist nicht das Ergebnis eines kirchlichen Entscheidungsprozesses, als hätte zu einem bestimmten Zeitpunkt womöglich eine mit entsprechender Autorität ausgestattete Institution über die »Kanonizität« (bzw. die »Nicht-Kanonizität«) einer Schrift entschieden; die ältesten christlichen Schriften beanspruchten und besaßen offenbar schon sehr früh so etwas wie einen »kanonischen« Charakter, insofern die Verfasser ihre jeweilige Weise des Redens von Gott jedenfalls nicht als unverbindliche Meinungsäußerungen ansahen.[2]

Die neutestamentlichen Schriften sind der zweite Teil der »Altes Testament« und »Neues Testament« umfassenden christlichen Bibel. Dabei zeigt diese schon im ältesten Christentum sich herausbildende Begrifflichkeit, dass die beiden Bibelteile als aufeinander bezogen verstanden werden. Die Differenz liegt darin, dass die im Kontext des ältesten Christentums entstandenen und dann »neutestamentlich« gewordenen Schriften das Wirken und den Tod Jesu von Nazareth und den Glauben an die Auferweckung des Gekreuzigten voraussetzen. Zwar gehen die Heiligen Schriften Israels (»Altes Testament«) und das Neue Testament nicht ineinander über, als *Textsammlungen* sind sie nicht aufeinander bezogen. Aber die urchristlichen Schriften setzen die im zeitgenössischen Judentum als verbindlich angesehenen Texte, in der Regel in der Fassung der griechischen Bibel von Alexandria (LXX), voraus und berufen sich oft auf sie. Die Sammlung der im Judentum verbindlich gewordenen, in hebräischer bzw. aramäischer Sprache verfassten Bücher[3] endet mit den Chronik-Büchern, die mit der als Edikt des persischen Großkönigs Kyros formulierten Weisung schließen (2Chr 36,23): »Der Herr, der Gott des Himmels, hat mir alle Königreiche der Erde gegeben, und er hat mir befohlen, ihm ein Haus zu bauen zu Jerusalem in Juda. Wer nun unter euch aus seinem Volk ist, mit dem sei der Herr, sein Gott, und er ziehe hinauf!« Damit ist einerseits ein gewisser Abschluss erreicht, zugleich soll eine auf Jerusalem bezogene Phase der Geschichte eingeleitet werden.

Die Reformation entschied sich dafür, dem jüdischen Schriftenkanon zu folgen und die nicht in hebräischer bzw. aramäischer Sprache überlieferten Schriften für »apokryph« zu erklären, aber zugleich wurde in den Bibelübersetzungen das Zwölf-Propheten-Buch an den Schluss des Alten Testaments gestellt, so dass es nun am Ende heißt (Mal 3,22–24): »Gedenkt an das Gesetz meines Knechtes Mose, das ich ihm befohlen habe auf dem Berge Horeb für ganz Israel, an alle Gebote und Rechte! Siehe, ich will euch senden den Propheten Elia, ehe der

---

[2] Vgl. Jens Schröter, Kanon – Eine neutestamentliche Perspektive, in: Elisabeth Gräb-Schmidt/Volker Leppin (Hrsg.), Kanon, MThS 131, Leipzig 2019, 37–65.
[3] Zu Entstehung des jüdischen Bibelkanons und -texts vgl. Hanna Liss, TANACH – Lehrbuch der jüdischen Bibel, in Zusammenarbeit mit Annette M. Böckler und Bruno Landthaler, Heidelberg 2005, 3–17.

große und schreckliche Tag des Herrn kommt. Der soll das Herz der Väter bekehren zu den Kindern und das Herz der Kinder zu ihren Vätern, auf dass ich nicht komme und das Erdreich mit dem Bann schlage.« Unmittelbar darauf beginnt mit dem Stammbaum Jesu im Matthäusevangelium das Neue Testament. Diese Textanordnung macht die Einheit der beiden Bibelteile zwar nicht historisch-chronologisch, aber theologisch deutlich.[4] Alle neutestamentlich gewordenen Schriften setzen voraus, dass der in ihnen bezeugte Glaube an Gott zugleich auf Jesus als den verheißenen Christus, den »Sohn Gottes«, bezogen ist.

Bei der unter der Überschrift »Gott und die Götter« stehenden sechsten Jahrestagung der Rudolf-Bultmann-Gesellschaft für Hermeneutische Theologie im Jahre 2004 sprach Jean Zumstein über das Gottesverständnis des Johannesevangeliums[5], Paul-Gerhard Klumbies beschrieb die Bedeutung der Christologie für das Verständnis der paulinischen Rede von Gott.[6] Beide Vorträge führen, ungeachtet der scheinbar begrenzten Textbereiche, unmittelbar zur Rede von Gott im Neuen Testament. Dennoch soll dieses Thema jetzt nochmals aufgenommen werden. Dazu wird in einer kurzen systematisch-theologischen Einleitung (1.) die Frage bedacht: »Können wir von Gott reden?« Dann wird (2.) mit Blick auf die in Apg 17 erzählte Szene »Paulus in Athen« gefragt, von welchem Gott wir reden. Anschließend (3.) werden Texte in den Paulusbriefen und im Johannesevangelium ausgelegt, die in profilierter und auch provozierender Weise von Gott reden. Zum Abschluss (4.) wird kurz danach gefragt, was diese Texte beitragen zu unserem Nachdenken über Gott.

1. Können wir von Gott reden?

Karl Barth formulierte in seinem Vortrag »Das Wort Gottes als Aufgabe der Theologie« im Jahre 1922 eine seither häufig zitierte Beschreibung jener Aufgabe, die uns – wie Barth sagte »in unsrer Situation« – gestellt ist: »*Wir sollen als Theologen von Gott reden. Wir sind aber Menschen und können als solche nicht von Gott reden. Wir sollen Beides*, unser Sollen und unser Nicht-Können, *wissen und*

---

[4] In der 2017 erfolgten Revision der Lutherbibel wird nun faktisch vorausgesetzt, dass die Apokryphen Teil des Alten Testaments sind – im Buchtitel wird nicht mehr vermerkt, dass sie in der betreffenden Ausgabe vorhanden sind, sondern ihr Fehlen wird ausdrücklich angezeigt.
[5] Jean Zumstein, »Niemand hat Gott je gesehen«. Das johanneische Gottesverständnis am Beispiel des Prologs, in: Ulrich H.J. Körtner (Hrsg.), Gott und die Götter. Die Gottesfrage in Theologie und Religionswissenschaft, Neukirchen-Vluyn 2005, 51–70.
[6] Paul-Gerhard Klumbies, Die Brisanz der Christologie für das Verständnis der paulinischen Rede von Gott, in: Körtner, Gott und die Götter (s. Anm. 5), 71–83.

eben damit Gott die Ehre geben. Das ist unsre Bedrängnis. Alles Andre ist daneben Kinderspiel.«[7] Von Gott zu reden, würde nämlich heißen, dass wir »Gottes Wort reden, das Wort, das nur von ihm kommen kann, das Wort, *daß Gott Mensch wird*«. Solches Reden sei dem Menschen aber nicht möglich[8], und mithin gelte, dass wir zwar den Auftrag haben, von Gott zu reden, dass wir aber zugleich von der Unmöglichkeit wissen, diesen Auftrag zu erfüllen: »*Wir sollen Beides* [...] *wissen und eben damit Gott die Ehre geben.*«[9] Denn es gilt, dass »von Gott nur Gott *selber* reden kann«.[10]

Barth schließt seinen Vortrag mit drei Bemerkungen.[11] Erstens: Die Frage, was angesichts der beschriebenen Situation konkret zu tun sei, dürfe man nicht stellen; vielmehr sei darüber zu sprechen, »ob wir anerkennen wollen, *daß* unsre Situation die ist, die hier gezeichnet wurde«. Dennoch gelte zweitens, dass »unsre Bedrängnis [...] unsre Verheißung« ist, da es immerhin sein könnte, »daß *unser* Wort *in* seiner Schwachheit und Verkehrtheit fähig geworden wäre, wenigstens Hülle und irdenes Gefäß des Wortes Gottes zu werden«, und dann »hätten wir allen Anlaß, statt von der Not, laut und stark von der Hoffnung, von der verborgenen Herrlichkeit unsres Berufes zu reden«. Drittens erklärt Barth, er habe das eigentliche Thema zwar »einigemale berührt, aber nie ausdrücklich genannt«, nämlich »den einen Punkt, der im Neuen Testament Jesus Christus heißt«. »Wer ›Jesus Christus‹ sagt«, so erklärt Barth, »der darf nicht sagen: ›es könnte sein‹, sondern: es *ist*.« Auf die Frage: »Aber wer von *uns* ist in der Lage ›Jesus Christus‹ zu sagen?« antwortet Barth: »*Wir* müssen uns vielleicht begnügen mit der Feststellung, daß Jesus Christus *gesagt* ist von seinen ersten Zeugen. Auf ihr Zeugnis hin zu glauben an die Verheißung und also Zeugen von ihrem Zeugnis zu sein, also *Schrift*theologen, das wäre dann unsre Aufgabe.« Vielleicht

---

[7] Karl Barth, Das Wort Gottes als Aufgabe der Theologie, in: Anfänge der dialektischen Theologie. Teil I, Karl Barth – Heinrich Barth – Emil Brunner, hrsg. von Jürgen Moltmann, ThB 17, München 1962, 197–218, 199. Barth bietet dann eine nähere Explikation dieser Sätze: Am Anfang müsse »die schlichte Frage nach dem Zweck« der Arbeit der Theologen stehen (199), und dazu verweist Barth darauf, dass »der Mensch als Mensch« nach Gott »schreit« – »nicht nach *einer* Wahrheit, sondern nach der Wahrheit, nicht nach *etwas* Gutem, sondern nach *dem* Guten« (201). Mit Blick auf die Antwort, die hier zu geben sei, nennt Barth eine »Ahnenreihe« (205), die von Kierkegaard zu Luther und Calvin, zu Paulus und zu Jeremia verläuft.

[8] Barth, Wort Gottes (s. Anm. 7), 207 bzw. 214f.

[9] Barth folgert: »Das Wort Gottes ist die ebenso notwendige, wie unmögliche Aufgabe der Theologie« (a.a.O., 216).

[10] Barth, Wort Gottes (s. Anm. 7), 217. »Die Aufgabe der Theologie ist das Wort Gottes«, stellt Barth fest, und er folgert: »Das bedeutet die sichere *Niederlage aller* Theologie und *aller* Theologen.« (ebd.).

[11] Zitate im Folgenden: Barth, Wort Gottes (s. Anm. 7), 217f.

kann man es so formulieren: Wir müssen versuchen, der uns gestellten »unmöglichen Aufgabe« vom Neuen Testament her möglichst angemessen gerecht zu werden.

Rudolf Bultmann in seinem Oldenburger Vortrag fragt nicht, ob es möglich ist, von Gott zu reden; er setzt solches Reden vielmehr voraus und fragt, welchen Sinn es haben kann.[12] Er betont die sprachliche Differenzierung: »Von Gott reden« könne nicht heißen, dass wir »über Gott reden«[13], weil ein »Reden über« voraussetzt, dass man einen Standpunkt außerhalb dessen hat, worüber man redet. »Einen Standpunkt außerhalb Gottes kann es nicht geben«, stellt Bultmann fest; denn »wo überhaupt der Gedanke ›Gott‹ gedacht ist, besagt er, daß Gott der Allmächtige, d.h. die Alles bestimmende Wirklichkeit sei«.

Unser Rahmenthema lautet »Nachdenken über Gott«. Verfällt es also dem Verdikt Bultmanns? Vielleicht kommt es gar nicht so sehr darauf an, dass wir semantisch strikt das Reden »von Gott« und das Reden »über Gott« unterscheiden. Bultmann betont, dass es keinen Ort außerhalb Gottes gibt. Er folgert, dass sich von Gott nicht reden lässt »in allgemeinen Sätzen, allgemeinen Wahrheiten [...], die wahr sind ohne Beziehung auf die konkrete existentielle Situation des Redenden«; solches Reden von Gott, so sagt Bultmann, wäre »nicht nur Irrtum und Wahn«, sondern es wäre als ein *disputare de deo* »eine Verleugnung des Anspruchs Gottes auf uns, also Gottlosigkeit, Sünde«. Bultmann fügt sogleich hinzu, es sei uns gar nicht möglich, mit solchem *disputare de deo* aufzuhören, da wir uns nicht vornehmen können, »*aus* Gott zu reden«. Unser Reden von Gott bleibt immer »*unser* Unternehmen«, es wäre also Sünde, denn es wäre ein menschliches Unternehmen, »in dem der Gedanke an *Gottes* allmächtiges Walten preisgegeben wäre«. Ähnlich wie Barth sagt auch Bultmann: »Von Gott reden als *aus* Gott reden kann offenbar nur von Gott selbst gegeben werden.« Aber er zieht daraus eine andere Konsequenz als Barth: »[W]ill man von Gott reden, so muß man offenbar *von sich selbst reden*« – allerdings nur unter der Einsicht, dass »*Gott das ganz Andere* ist«.[14] »Auch dies Reden«, so schließt Bultmann, »ist ein Reden über Gott und als solches, wenn es Gott gibt, Sünde, und wenn es keinen Gott gibt, sinnlos. Ob es sinnvoll und ob es gerechtfertigt ist, steht bei keinem von uns.«[15]

Von welchem Gott redet Bultmann? Er erwähnt Paulus und Luther, er spricht von »Sünde«. Aber, anders als bei Barth, ist von Jesus Christus nicht

---

[12] Bultmann sollte eigentlich etwas zur biblischen und zur modernen Anthropologie sagen, aber er antwortete, die Anfrage mache ihm »Lust«, über das genannte, von ihm selbst gewählte Thema zu sprechen. Dazu Reinhard Rittner, Hans Roth und Rudolf Bultmann – oder das Ringen um moderne Theologie, in: Oldenburger Jahrbuch 100 (2000), 137–159, vor allem 150–152.
[13] Die nachfolgenden Zitate bei Bultmann, Sinn (s. Anm. 1), 1–3.
[14] Bultmann, Sinn (s. Anm. 1), 4.
[15] Bultmann, Sinn (s. Anm. 1), 12.

einmal am Rande die Rede. Geht es Bultmann also womöglich um eine »Idee« von Gott? Geht es ihm um ein Reden, das unabhängig von einer bestimmten Gottesvorstellung gültig sein soll?

Im dritten Kapitel seiner Vorlesung »Theologische Enzyklopädie« unter der Überschrift »Die Theologie als Wissenschaft von Gott« spricht Bultmann in §8 von der »Unerkennbarkeit Gottes«.[16] Die Wissenschaft, so stellt er fest, kann nicht von Gott reden, da sie Gott »nicht zum Objekt des Forschens und Erkennens machen« kann; das bedeute zugleich, »daß *Gott nicht zum Objekt unseres Verhaltens gemacht werden kann*«. Ähnlich wie in seinem Oldenburger Vortrag sagt Bultmann: »Denken wir Gott im echten Sinne, so denken wir den Allmächtigen, der unsere Existenz schlechthin bestimmt, oder wir denken ihn überhaupt nicht. Wir müßten also, um ihn denken zu können, auch über unsere Existenz verfügen, uns ihr gegenüberstellen können. Aber wir existieren ja doch auch in solchem Akt, bzw. in der Einbildung solchen Aktes.«[17] Bultmann folgert: »Die *Unverfügbarkeit Gottes* ist also nicht eine zufällige, wie die Unverfügbarkeit eines unverfügbaren Seienden. Sondern sie ist *zugleich* die *Unverfügbarkeit des Menschen über sich selbst*. Der Mensch ist Gott anheimgegeben; nicht sein eigener Herr. Er ist nie von Gott entlassen, sich selbst so überlassen, daß er sich selber gegenständlich machen könnte. Er *ist* nur existierend.«[18]

Angesichts dessen stellt sich die Frage, ob der Glaube und die auf diesen Glauben bezogene Theologie und also die Verkündigung bei der Feststellung der »Unverfügbarkeit« von Mensch und Gott stehen bleiben muss. Müssen wir auf das Reden von Gott und vom Menschen verzichten und also schweigen?[19]

Im Schlusskapitel seines Buches »Der Sinn des Sinns. Versuch über das Göttliche«[20] fragt Volker Gerhardt »nach der Chance einer rationalen Theologie unter den Bedingungen des christlichen Glaubens«.[21] Gerhardt spricht vom »personalen Antlitz Gottes«[22] und stellt dann fest: »Wenn wir uns auf den Glauben an das Göttliche beziehen«, so gilt als erstes, »dass der *Glauben an die Vernunft*

---

[16] Rudolf Bultmann, Theologische Enzyklopädie, hrsg. von Eberhard Jüngel/Klaus W. Müller, Tübingen 1984, 51–59. Die Vorlesung wurde zwischen 1926 und 1930 alle zwei Jahre gehalten, danach 1933 und 1936; vgl. das Vorwort der Herausgeber, a.a.O., pp. V–X.
[17] Bultmann, Enzyklopädie (s. Anm. 16), 55.
[18] Bultmann, Enzyklopädie (s. Anm. 16), 55f. Vgl. Wilfried Härle, Rudolf Bultmanns Theologie der Unverfügbarkeit, in: Christof Landmesser/Andreas Klein (Hrsg.), Rudolf Bultmann (1884–1976). Theologe der Gegenwart. Hermeneutik – Exegese – Theologie – Philosophie, Neukirchen-Vluyn 2009, 69–86.
[19] Entsprechend dem Schlusssatz des Tractatus logico-philosophicus von Ludwig Wittgenstein: »Wovon man nicht sprechen kann, darüber muss man schweigen.«, vgl. Ludwig Wittgenstein, Tractatus Logico-Philosophicus, London 1922, 162.
[20] Volker Gerhardt, Der Sinn des Sinns. Versuch über das Göttliche, München ²2015.
[21] Gerhardt, Sinn des Sinns (s. Anm. 20), 271. Das Kapitel steht unter der Überschrift »Das Göttliche, Gott und das Menschliche der christlichen Botschaft«.
[22] Die nachstehenden Zitate aus Gerhardt, Sinn des Sinns (s. Anm. 20), 272–277.

oder das *Vertrauen in die* Welt vom *Glauben an Gott* zu unterscheiden sind«. Gerhardt erklärt, »der Glauben an Gott« biete sich »allen an, denen das Selbst- und Weltvertrauen in den alltäglichen Dingen nicht genügt«. Man müsse »den Glauben an Gott als die alles umfassende und zugleich persönlich wirksame Garantie des Glaubens an die Welt und an sich selbst verstehen«, und Gerhardt fügt hinzu: »Wir glauben nicht um Gottes willen, sondern wir glauben an Gott um der Welt und des Menschen willen.« So werde der geglaubte Gott »als die *Stimme* begriffen [...], in der sich die Welt dem Individuum mitteilt. Und gesetzt, man glaubt zu verstehen, was man auf diese Weise vernimmt, kann man es nur als *rational* bezeichnen, in dieser Stimme auch die sich in ihr äußernde Vernunft zu vernehmen.« Es komme auf diese Weise »zur Korrespondenz zwischen dem Sinn, den man sucht, und dem Sinn, den man zu verstehen glaubt. In ihr ist die Kohärenz im Ganzen mit der Konsequenz des Einzelnen gewahrt. Gott ist der Vermittler zwischen der Welt und dem nach ihr fragenden Menschen.«

Auch Bultmann bleibt in seinen Überlegungen nicht beim Gedanken der »Unverfügbarkeit« stehen. Unter der Überschrift »Die Offenbarung als geschichtliches Ereignis« will er in §11 seiner »Theologischen Enzyklopädie« zeigen, »in welchem Sinne *Offenbarung das zum Augenblick hinzugesagte Wort* sein könne, das die Wahrheit des Augenblicks sichtbar und so Gott sichtbar macht«.[23] Offenbarung setze nämlich voraus, »1. daß *Gott der Schöpfer für den Menschen wahrnehmbar* ist, daß der Mensch sich als Geschöpf verstehen kann, 2. daß *die Forderung der Liebe dem natürlichen Menschen vernehmbar*, daß liebende Entscheidung im Augenblick für ihn eine Möglichkeit ist.« Andernfalls könnte nicht von Sünde gesprochen, das Wort der Vergebung könnte nicht verstanden werden. Das Neue Testament behaupte aber zum einen »die Möglichkeit der Gotteserkenntnis«, was etwa in Röm 1,18ff. und in Apg 17,27f. zu erkennen sei, und es sage zum andern, dass das Liebesgebot »nichts anderes als die Summe des Gesetzes« ist, und dabei schreibe es »auch den Heiden die Kenntnis des Gesetzes« zu.[24] Vom Neuen Testament her kann also durchaus verständlich von Gott gesprochen werden.

Martin Walser lässt in seinem kleinen Buch »Mädchenleben oder Die Heiligsprechung« eine junge Frau namens Sirte Einträge in ihr Tagebuch schreiben. Der Ich-Erzähler findet dort Sätze wie diesen: »Gegen Gott ist, wer ohne ihn ist und ihn nicht vermisst.« Einige Zeilen später liest er: »Man muss jemanden haben, zu dem man spricht beziehungsweise betet. Lieber mit Gott reden als mit Menschen.« Und eine weitere Notiz aus Sirtes Feder lautet: »Der Inbegriff der Gottheit ist die Nichtansprechbarkeit.«[25]

---

[23] Bultmann, Enzyklopädie (s. Anm. 16), 88.
[24] Bultmann, Enzyklopädie (s. Anm. 16), 90. Bultmann nennt außerdem Röm 13,8–10; Röm 1,32; 2,14f. und Phil 4,8.
[25] Martin Walser, Mädchenleben oder Die Heiligsprechung. Legende, Hamburg 2019, 61f.

Die im Neuen Testament behauptete Möglichkeit der Gotteserkenntnis des Menschen, die philosophischen Überlegungen Volker Gerhardts zur Beziehung zwischen Gott, Welt und Mensch und nicht zuletzt auch die Sätze von Martin Walser, der seit einigen Jahren in hohem Alter intensiv über Gott nachdenkt[26], führen zu der Frage, von welchem Gott wir reden, wenn wir »von Gott reden«.

2. Von welchem Gott reden wir?

In allen neutestamentlichen Schriften wird von Gott gesprochen; das Lexem ὁ θεός ist das im NT am häufigsten gebrauchte Substantiv.[27] Dass damit nicht eine beliebige Gottheit gemeint ist, sondern der Gott Israels, von dem die Bibel (»Altes Testament«) spricht, ist durchgängig vorausgesetzt, auch wenn dann von diesem Gott oft anders gesprochen wird als dort. Ein »objektiv« wahrnehmbares Handeln Gottes wird selten erwähnt. Aber das heißt nicht, dass Gott in den urchristlichen Texten als *primum movens* gesehen wird, das seit Schöpfungsbeginn der Welt ihren Lauf lässt. Die Autoren sehen Gott als Gegenüber des Menschen und der Welt, handelnd in der Vergangenheit, in der Gegenwart und in der Zukunft; sie sehen Gott als Person.[28]

Von welchem Gott reden wir? Wie können wir zu anderen verständlich von Gott reden? Eine Antwort bietet die von Lukas in Apg 17,16–34 gestaltete Szene »Paulus in Athen«, von der Impulse ausgehen, die unser Nachdenken über Gott anregen und unser Reden von Gott fördern können.

Die Szene beginnt (V16) mit der Notiz des Erzählers, Paulus[29] sei, während er in Athen auf Silas und Timotheus wartete, empört gewesen, da er die Stadt

---

[26] Martin Walser, Über Rechtfertigung, eine Versuchung, Reinbek 2012, 81: »Wenn ich von einem Atheisten, und sei es von einem ›bekennenden‹, höre, dass es Gott nicht gebe, fällt mir ein: Aber er fehlt. Mir.«

[27] Robert Morgenthaler, Statistik des neutestamentlichen Wortschatzes, Zürich/Frankfurt am Main 1958, zählt 1314 Belege für θεός. Kurt Aland (Hrsg.), Vollständige Konkordanz zum griechischen Neuen Testament. Band II: Spezialübersichten, Berlin/New York 1978, 130f., nennt 1318 Belege. Allerdings ist keineswegs an allen Stellen von Gott (als Gott Israels, Vater Jesu Christi usw.) die Rede, sondern das Wort wird auch zur Bezeichnung von Göttern gebraucht, vgl. 2Kor 4,4 ὁ θεὸς τοῦ αἰῶνος τούτου.

[28] Vgl. Michael Beintker/Martin Heimbucher (Hrsg.), Mit Gott reden – von Gott reden. Das Personsein des dreieinigen Gottes. Ein Votum des Theologischen Ausschusses der Union Evangelischer Kirchen (UEK) in der EKD, Evangelische Impulse Band 3, Neukirchen-Vluyn 2011, 59–79 (Gott als Person nach dem Zeugnis des Neuen Testaments).

[29] Wenn im Blick auf Apg 17 im Folgenden von »Paulus« gesprochen wird, so ist stets der »lukanische Paulus« gemeint.

»voll von Götzenbildern« sah[30]; dass damit auf die zahlreichen Heiligtümer in Athen angespielt wird, setzt der Erzähler als den Adressaten seines Buches bekannt voraus.[31] Man könnte nun annehmen, dass Paulus bei seinem weiteren Aufenthalt in Athen seinen Zorn auch öffentlich äußert[32], aber Lukas berichtet stattdessen (V17a) von »Gesprächen« des Paulus mit Juden und Gottesfürchtigen in der Synagoge (διελέγετο [...] τοῖς Ἰουδαίοις καὶ τοῖς σεβομένοις, Dativ) sowie von täglichen Begegnungen »auf dem Markt«, wobei (V17b) »die Vorübergehenden« allerdings nicht Dialogpartner sind, sondern Adressaten dessen, was Paulus zu sagen hat (διελέγετο [...] ἐν τῇ ἀγορᾷ [...] παρατυγχάνοντας, Akkusativ). Von irgendeiner Kritik an den in Athen gepflegten religiösen Kulten ist nicht die Rede.

Man erfährt nun (V18a), dass »einige der epikureischen und der stoischen Philosophen«, also Vertreter von zwei populären philosophischen Schulen, mit Paulus kontrovers diskutieren (συνέβαλλον αὐτῷ) und zu unterschiedlichen Urteilen über ihn kommen: Die einen, vielleicht soll man an Epikureer denken, fragen polemisch-spottend, was dieser Schwätzer (ὁ σπερμολόγος οὗτος) überhaupt zu sagen haben mag[33], die anderen, vielleicht Stoiker, sehen in Paulus immerhin einen »Prediger fremder Gottheiten« (ξένων δαιμονίων δοκεῖ καταγγελεὺς εἶναι). Erst jetzt (V18b) trägt Lukas die Information nach, dass Paulus die frohe Botschaft von Jesus und der Auferstehung verkündigte (τὸν Ἰησοῦν καὶ τὴν ἀνάστασιν εὐηγγελίζετο).[34] Man lädt Paulus auf den Areopag ein und bittet ihn, dort öffentlich zu reden: »Können wir erfahren, was für eine neue Lehre das ist, die von dir vorgebracht wird (V19), denn Fremdes bringst du uns zu Ohren« (V20a ξενίζοντα γάρ τινα εἰσφέρεις εἰς τὰς ἀκοὰς ἡμῶν).[35] Die Aufforderung wird

---

[30] Die Wendung παρωξύνετο τὸ πνεῦμα αὐτοῦ ἐν αὐτῷ unterstreicht das Ausmaß des Zorns, ein einfaches παρωξύνετο hätte eigentlich genügt. Das Adjektiv κατείδωλος ist hapax legomenon im NT.

[31] Vgl. die eingehende Beschreibung der Stadt Athen bei Pausanias I, 2,1–29,1, in: ders., Beschreibung Griechenlands I, übers. und hrsg. von Ernst Meyer, Bd. 1, dtv 6008, München 1972, 57–85.

[32] In Ephesus wird Paulus den Kult der Artemis kritisieren, doch erfährt man das aus dem Munde des Silberschmieds Demetrius (Apg 19,23–28).

[33] Die den Fragenden in den Mund gelegte Aussage ist sprachlich anspruchsvoll formuliert (τί ἂν θέλοι ὁ σπερμολόγος, Optativ mit ἄν). Das Wort σπερμολόγος, »Körnerpicker«, ist an dieser Stelle nicht leicht zu deuten; Charles Kingsley Barrett, The Acts of the Apostles, ICC, vol. II, Edinburgh 1998, 830: » ›Journalist‹ is an admirable suggestion provided it is understood that an inferior and not a superior journalist is intended. ›What does this third-rate journalist want to tell us?‹ will perhaps do.«

[34] Lukas gebraucht hier den »technischen« Begriff εὐαγγελίζεσθαι.

[35] Torsten Jantsch, »Sokratische« Themen in der Areopagrede. Apg 17,22–31 im Kontext der antiken Philosophiegeschichte, in: EC 8 (2017), 481–503, 488f., meint, die Eingangsszene der Rede sei »doppeldeutig« formuliert, insofern man die Wendung »Und sie griffen ihn und führten ihn zum Areopag« verstehen könnte »als Verhaftung und Vor-

wiederholt (V20b), und dann (V21) folgt die erläuternde, offenkundig leicht ironische Zwischenbemerkung des Erzählers über das intensive Interesse der Athener an Neuigkeiten.

Paulus beginnt seine entsprechend dem Vorbild des Sokrates an die »Männer von Athen« (ἄνδρες Ἀθηναῖοι) gerichtete Rede mit der für die Leser der Apg nach der Aussage in V16b sehr überraschenden Feststellung, dass die Athener überaus fromm sind (V22)[36]: »Ich habe nämlich beim Gang durch die Stadt eure Heiligtümer gesehen« (ἀναθεωρῶν τὰ σεβάσματα ὑμῶν)[37] – darunter auch ein Altar mit der Inschrift Ἀγνώστῳ θεῷ »Einem/Dem unbekannten Gott« (V23a).[38] Jetzt wird Paulus konkret: »Was ihr ohne es zu kennen verehrt, das verkündige ich euch« (V23b). Das Verb καταγγέλλειν, in der Apg häufig gebraucht zur Bezeichnung der Verkündigung (vgl. 17,3), entspricht der in V18 den Philosophen in den Mund gelegten Aussage, Paulus sei offenbar ein Verkündiger (καταγγελεύς) fremder Gottheiten. Die im Neutrum von Gott redenden Wendungen (ὃ οὖν ἀγνοοῦντες εὐσεβεῖτε, τοῦτο ἐγὼ καταγγέλλω ὑμῖν) sind ungewöhnlich und wurden denn auch in der handschriftlichen Überlieferung teilweise korrigiert[39]; aber sie entsprechen der Altarinschrift insofern, als die dort verehrte Gottheit den Athenern ja unbekannt ist.[40]

In V24 spricht Paulus dann direkt von Gott, wobei er ins Maskulinum wechselt; vermutlich will er nicht die unbekannte Gottheit als »männlich« vorstellen, sondern er zeigt an, dass Gott nicht ein »Etwas« ist, sondern Person.[41] Gott, so

---

führung vor das Gericht, das auf dem Areopag tagte«. Lukas korrigiere das »erst im Nachhinein, indem er als Grund für dieses Verhalten die sprichwörtliche Neugier aller Bewohner Athens anführt (V21)«. Aber in V19b wird eine sehr höfliche Einladung ausgesprochen, keine Vorladung.

[36] Die Wendung in V22 κατὰ πάντα ὡς δεισιδαιμονεστέρους ὑμᾶς θεωρῶ ist nicht kritisch oder ironisch gemeint, das hier im Superlativ gebrauchte Adjektiv meint nicht »abergläubisch«, sondern »religiös, fromm«.

[37] In V16 und in V22 ist gleichermaßen vom »sehen« (θεωρεῖν) die Rede.

[38] Ein solcher Altar ist nicht archäologisch nachgewiesen, wohl aber entsprechende, allerdings im Plural formulierte Inschriften. Für das hermeneutische Ziel des Lukas kommt es natürlich auf den Singular an.

[39] Zahlreiche Handschriften lesen ὃν οὖν ἀγνοοῦντες εὐσεβεῖτε, τοῦτον ἐγὼ καταγγέλλω ὑμῖν. Barrett, Acts II (s. Anm. 33), 838: »It is likely that the neuters are original«.

[40] Dass die Feststellung ὃ οὖν ἀγνοοῦντες εὐσεβεῖτε kritisch gemeint ist, lässt der Text nicht erkennen.

[41] Vgl. Thomas Witulski, Apologetische Erzählstrategien in der Apostelgeschichte – ein neuer Blick auf Acts 15:36–19:40, in: NT 48 (2006), 329–352, 339. Witulski betont aber, Lukas stelle in der Areopagrede »das Christentum als eine Religion dar, die weit mehr als die gegenwärtige pagane Kultpraxis dem philosophisch begründeten Wesenskern der heidnischen Religiosität und Frömmigkeit entspricht« (342).

sagt Paulus in hellenistischer Begrifflichkeit[42], hat den Kosmos gemacht (ὁ θεὸς ὁ ποιήσας τὸν κόσμον καὶ πάντα τὰ ἐν αὐτῷ), und zugleich klingt biblische Sprache an: Gott »ist Herr des Himmels und der Erde« (οὐρανοῦ καὶ γῆς ὑπάρχων κύριος). Paulus spricht nicht von einer Gottheit, die zusätzlich neben anderen zu verehren ist, sondern er spricht von »Gott« (ὁ θεός), dem Schöpfer und Herrn, womit die Ebene eines philosophischen oder interreligiösen Dialogs eigentlich schon verlassen ist.

Aber Paulus will seine Botschaft den Adressaten in Athen plausibel machen, und so sagt er jetzt, dieser Gott wohne nicht in menschengemachten Tempeln (V24b) und bedürfe überhaupt nicht des Dienstes durch Menschenhände (V25a), da er ja allen »Leben, Atem und alles« gibt (V25b). Diese Aussagen entsprechen nicht nur biblischer, sondern ebenso auch stoischer Gottesvorstellung, und so kann Paulus voraussetzen, dass die Hörerinnen und Hörer in Athen[43] ihn nicht nur verstehen, sondern ihm auch zustimmen. Dasselbe gilt für die in V26a folgende, die Schöpfungsüberlieferung von Gen 1–2 indirekt aufnehmende Aussage über die Erschaffung des Menschen (ἐποίησέν τε ἐξ ἑνὸς πᾶν ἔθνος ἀνθρώπων) und für die Aussage über die von Gott geschaffene Weltordnung (V26b). Als das Ziel dieses Handelns Gottes nennt Paulus das Suchen des Menschen nach Gott (ζητεῖν τὸν θεόν, V27a), und das ergänzt er durch seine als Zusage zu verstehende abschließende Feststellung: »Er ist nicht fern von einem jeden unter uns« (V27b).

Paulus spricht auf dem Areopag also nicht von einem »neuen Gott«, sondern er verkündigt Gott, der in Athen bereits verehrt wird und doch bisher »unbekannt« war. Damit, so schreibt Hans Conzelmann in einem immer noch lesenswerten Aufsatz, bietet Lukas »nicht einen gewissen Kompromiß zwischen alter und neuer Religion (wie ihn die Stoa schließen konnte und tatsächlich schloß), sondern im Gegenteil die entschlossene Durchführung des monotheistischen Gedankens. Ein *neuer* Gott wäre doch wieder ein *relativer*, eine auf die alten Götter gedanklich bezogene Idee.« Dabei werden die »Götter« ignoriert; sie werden nicht einmal als εἴδωλα polemisch erwähnt, sondern »stillschweigend wird behauptet: auch bei euch war immer schon in Wahrheit nur der eine Gott, der einzig wirkliche«.[44] Paulus schließt daher erläuternd mit der Aussage (V28a):

---

[42] Dazu Christiane Zimmermann, Die Namen des Vaters. Studien zu ausgewählten neutestamentlichen Gottesbezeichnungen vor ihrem frühjüdischen und paganen Sprachhorizont, AJEC 69, Leiden/Boston 2007, 374f.

[43] In V34 wird Damaris erwähnt – es gehört also mindestens eine Frau zum Adressatenkreis der Areopagrede.

[44] Hans Conzelmann, Die Rede des Paulus auf dem Areopag (1955), in: ders., Theologie als Schriftauslegung. Aufsätze zum Neuen Testament, BEvTh 65, München 1974, 91–105, 95.

»In ihm nämlich haben wir Leben, Bewegung und Wesen« (ἐν αὐτῷ γὰρ ζῶμεν καὶ κινούμεθα καὶ ἐσμέν).[45]

An dieser Stelle könnte der Gedankengang abgeschlossen sein, denn Paulus hat das Wesen des von ihm verkündigten Gottes umfassend beschrieben. Doch nun folgt ein ausdrücklich eingeleitetes Zitat, mit dem Paulus eine gewisse literarische Bildung anzeigt (V28b): »Wie es auch einige der Dichter bei euch gesagt haben: ›Wir sind nämlich auch sein Geschlecht‹ (τοῦ γὰρ καὶ γένος ἐσμέν).«[46] Paulus stimmt der hier ausgesprochenen Weise des Redens von der Beziehung zwischen Gott und Mensch zu, denn die hier zitierten Dichter, so behauptet Paulus, sprechen von Gott, den er, Paulus, in seiner Botschaft von Jesus und der Auferstehung (V18) verkündigt.

Paulus zitiert hier Vers 5 der »Phainomena« des im 4. Jh. v.Chr. lebenden Schriftstellers Aratos.[47] Clemens Alexandrinus (Strom I 19, §91,5) schreibt dazu, Paulus akzeptiere hier »einen guten Ausspruch der Hellenen«; Paulus deute aber zugleich an, »daß der weltschöpferische Gott von den Hellenen unter einer Umschreibung (κατὰ περίφρασιν) verehrt« wird, denn »der Erkenntnis nach« (κατ' ἐπίγνωσιν) muss man Gott »durch den Sohn empfangen und kennen lernen« (παραλαβεῖν τε καὶ μαθεῖν), so wie sich gemäß Apg 26,18 Christus dem Paulus geoffenbart hatte.[48]

Die Eingangsverse des die Himmelserscheinungen beschreibenden Buches »Phainomena« sind ein Zeus-Hymnus: »Mit Zeus lasst uns beginnen, den wir Menschen niemals ungesagt lassen: Voll von Zeus sind alle Straßen, voll alle Plätze der Menschen, voll das Meer und die Häfen; überall brauchen wir alle Zeus. Wir sind ja auch sein Geschlecht.«[49] Dabei meint »Zeus« wohl nicht den Göttervater im Sinne der klassischen griechischen Mythologie, sondern gemeint ist eher das eigentliche Wesen des Göttlichen. Der Mitte des 2. Jh. v.Chr. wirkende jüdische Philosoph Aristobul zitiert den Prolog der »Phainomena« vollständig, aber dabei ersetzt er das Wort »Zeus« durch das Wort »Gott«, weil er aufzeigen will, welcher Sinn den Worten des Aratos innewohnt – dass nämlich

---

[45] So die Übersetzung bei Hans Conzelmann, Die Apostelgeschichte, HNT 7, Tübingen ²1972, 108. Ob man die drei Verben ζῶμεν καὶ κινούμεθα καὶ ἐσμέν strikt differenziert auszulegen hat, sei dahingestellt (vgl. Conzelmann, a.a.O., 108f.).
[46] Barrett, Acts II (s. Anm.33), 849, übersetzt interpretierend: »We are, as has just been stated, God's offspring.«
[47] Marco Fantuzzi. Art. Aratos [4], in: DNP 1, Stuttgart/Weimar 1996, 957–962; den Phainomena verdanke Aratos »seinen Ruhm« (957).
[48] Titus Flavius Klemens von Alexandria, Die Teppiche (Stromateis). Deutscher Text nach der Übersetzung von Franz Overbeck, hrsg. von C.A. Bernoulli und L. Früchtel, Basel 1936. Damit bewegt sich Clemens auf der Ebene des lukanischen Textes, wo der christologische Kontext schon in 17,18 angezeigt war.
[49] Aratos, Phainomena. Sternbilder und Wetterzeichen. Griechisch-deutsch, ed. Manfred Erren, München 1971, 7.

»in allem die Macht Gottes wirkt« (διὰ πάντων ἐστὶν ἡ δύναμις τοῦ θεοῦ).⁵⁰ Der lukanische Paulus zitiert Vers 5 isoliert, denn nur ohne den Kontext kann er ihn inhaltlich und im Wortlaut übernehmen. Ungeachtet des wörtlichen Zitats spricht er unbestimmt von »mehreren Dichtern« (ὡς καί τινες τῶν καθ' ὑμᾶς ποιητῶν εἰρήκασιν), und so vermeidet er, dass ein bestimmter Autor genannt wird, was womöglich wie ein biblisches Schriftzitat ausgesehen hätte.⁵¹ Die Aussage in V28a hatte Paulus in eigenen Worten formuliert (ἐν αὐτῷ γὰρ ζῶμεν καὶ κινούμεθα καὶ ἐσμέν); die angefügte Erläuterung durch ein »Dichterwort« (V28b) dient nicht als Beweis, aber sie ist eine den Adressaten vielleicht sogar bekannte, jedenfalls für sie argumentativ plausible Parallele.

Paulus führt das Zitat auch wegen der sich daraus ergebenden Konsequenz an: »Da wir also Gottes Geschlecht sind (γένος οὖν ὑπάρχοντες τοῦ θεοῦ), sollen wir nicht meinen, einem goldenen oder silbernen oder steinernen Bild, durch menschliche Kunst und Überlegung gemacht, sei das Göttliche (τὸ θεῖον) gleich« (V29). Paulus setzt voraus, dass zwischen ihm und seinen Hörern volle inhaltliche Übereinstimmung besteht; die Wendung οὐκ ὀφείλομεν νομίζειν dient nicht dazu, etwas bislang Unbekanntes mitzuteilen, sondern ein bekanntes Wissen zu bestätigen. Gleichwohl dürfte auch ein ironischer Akzent mitgesetzt sein, denn die ganze Szene spielt sich ja im Schatten der Göttertempel der Akropolis ab.

Die Leserinnen und Leser der Apg werden in V29 daran erinnert, dass Paulus die zahlreichen Götterbilder in Athen mit Abscheu gesehen hatte, und insofern schließt sich der Kreis zurück zu V16b; die Rede könnte an dieser Stelle ihr Ziel erreicht haben. Aber in V30 setzt Paulus nochmals neu ein: Gott hat über die Zeiten der »Unwissenheit« (ἄγνοια) hinweggesehen, was an V23b (ἀγνοοῦντες εὐσεβεῖτε) erinnert; doch jetzt mahnt Gott alle Menschen zur Umkehr (V30b). Anders als etwa Petrus in der Pfingstpredigt in Jerusalem ruft Paulus die athenischen Adressaten nicht direkt zur Buße auf⁵²; aber seine Worte τὰ ·ῦ· (!)

---

⁵⁰ Fragment 4, Euseb Praep.Ev. XIII 12,6. Übersetzung Nikolaus Walter, Fragmente jüdisch-hellenistischer Exegeten: Aristobulos, Demetrius, Aristeas, in: JSHRZ III/2: Unterweisung in lehrhafter Form, Gütersloh 1975, 275.
⁵¹ Ernst Haenchen, Die Apostelgeschichte, KEK III, Göttingen ¹⁴1965, 462, meint, das Zitat stehe »als Beleg in derselben Weise, wie in den andern Actareden Bibelzitate«. Rudolf Pesch, Die Apostelgeschichte (Apg 13–28), EKK V/2, Zürich/Neukirchen-Vluyn 1986, 139: »Paulus kommt den Hörern am weitesten dadurch entgegen, daß er einige ihrer Dichter als Zeugen aufruft, wobei er offenbar voraussetzt, daß das eine Zitat die Aussagen vieler Dichter repräsentiert. Das Zitat ist insofern äußerst geschickt gewählt, als die Aussage, daß die Menschen von Gottes Geschlecht sind, aus dem Horizont ontologisch verstandener Gottesverwandtschaft wiederum in den biblisch schöpfungs-theologischen Horizont gerückt werden kann: Von Gottes Geschlecht sind die Menschen, da er den ›einzigen‹, aus dem er das ganze Menschengeschlecht schuf (26a), als ›Abbild Gottes‹ geschaffen hat (Gen 1,26f.; vgl. Ps 8,6f.).«
⁵² Witulski, Erzählstrategien (s. Anm. 41), 342: »Die christlichen Missionare und die Glieder der christlichen Gemeinde rufen nicht dazu auf, fremde Götter zu verehren, sondern die bereits bekannten in rechter und angemessener Weise.«

παραγγέλλει τοῖς ἀνθρώποις πάντας πανταχοῦ μετανοεῖν haben einen Bezug zur Gegenwart der erzählten Szene, und so wendet sich Paulus nun doch an die Hörerinnen und Hörer in Athen. Dazu folgt (V31a) die Mitteilung, dass Gott »einen Tag festgesetzt hat, an dem er den Erdkreis (οἰκουμένη) mit Gerechtigkeit richten wird«. Die dann geltende Gerechtigkeit (κρίνειν ἐν δικαιοσύνῃ) wird nicht inhaltlich beschrieben – das Wesen von »Gerechtigkeit« ist offenbar universal gültig. Dann aber (V31b) spricht Paulus ausdrücklich von »einem Mann, den Gott [zum Richten] bestimmt hat, den er vor allen [Menschen] beglaubigte, indem er ihn von den Toten auferweckte« (πίστιν παρασχὼν πᾶσιν ἀναστήσας αὐτὸν ἐκ νεκρῶν). Der Name des dann richtenden Mannes braucht nicht genannt zu werden – die Adressaten der Rede in Athen und die Leser der Apostelgeschichte wissen, von wem Paulus spricht, denn die Botschaft von Jesus und von der Auferstehung (V18) war ja Anlass für die Rede auf dem Areopag. Nun wird deutlich, dass zu dieser Botschaft die Ansage des kommenden Endgerichts gehört, und nun wird ausdrücklich auch Jesu Tod erwähnt.

In V31b ist die Rede tatsächlich zu Ende. Die Adressaten müssen nun eine Entscheidung treffen, und dementsprechend kommt es wieder zu einer Spaltung unter ihnen (VV32–34). Das Urteil über Paulus war ja von Anfang an geteilt – die einen hatten in ihm einen σπερμολόγος gesehen, die anderen einen ernstzunehmenden Prediger fremder δαιμόνια (V18). Paulus hatte nun als Explikation seiner Botschaft von Jesus und der Auferstehung von dem einen Gott gesprochen, den alle kennen können, und jetzt erweist es sich abermals, dass die einen spotten, die anderen jedoch interessiert sind und von ihm abermals etwas darüber hören wollen (V32). Die Szene »Paulus in Athen« ist also keineswegs ein Beleg für eine erfolglose Missionspredigt[53]; Lukas zeigt vielmehr, auf welche Weise Paulus die Plausibilität des Jesus und die Auferstehung verkündigenden christlichen Redens von Gott aufzeigt und bis zu dem Punkt führt, wo sich die Adressaten über Annahme oder Ablehnung dieses Redens entscheiden müssen.

Zweifellos stimmen die Areopagrede und die Theologie des Paulus nicht miteinander überein; wir haben aber zu beachten, dass wir die Heidenmissionspredigt des Paulus nicht kennen. Die Erinnerung an die gemeindegründende Predigt in Thessalonich (1Thess 1,9–10) weist zumindest Parallelen zur Areopagrede auf.[54] Hans Conzelmann sieht das Problem nicht darin, dass in der Areopagrede »einzelne philosophische Motive anklingen«, vielmehr sei problematisch, dass »offenbar ein ganzer philosophischer Gedanken*zusammenhang* übernommen ist, der sich *an sich* mit dem biblischen Schöpfergedanken nicht

---

[53] Pesch, Apg II (s. Anm. 51), 141: »Paulus bleibt nicht ganz ohne missionarischen Erfolg.«

[54] Das gilt vor allem für die in beiden Texten begegnende direkte Verbindung der Rede von Gott mit der Rede von Christus. Die Rede von Gott unterscheidet sich insofern, als in 1Thess 1,9 von der Abkehr von den εἴδωλα hin zu dem »lebendigen und wahren Gott« gesprochen wird, der zuvor in Thessalonich wohl nicht »unbekannt« verehrt worden war.

vereinen läßt«. Allerdings könne man fragen, inwieweit dem Lukas »der ursprüngliche, pantheistische Sinn dieser Aussagen bewußt ist«, und inwieweit er in sie nicht einfach »seinen eigenen, biblisch fundierten Monotheismus hineinliest«.[55] Jacob Jervell hält die Areopagrede für einen »Fremdkörper« im ganzen Neuen Testament; mit dieser Rede wolle Lukas jedenfalls »nichts für die Kirche Typisches, sondern einen Einzelfall darstellen«, und wenn diese »Gerichtsanrede an die Heiden« fehlte, so »wäre die Apg trotzdem nicht wesenhaft verändert«[56], denn es werde in ihr ja nur »das Nein der Kirche zum ausserjüdischen Heidentum« dargelegt.[57]

Die Areopagrede ist nicht das Modell für eine »Missionspredigt«, mit der »heidnische« Adressaten dazu aufgefordert werden, ihre bisherigen religiösen Wege zu verlassen und stattdessen das Evangelium anzunehmen. Die Szene wendet sich an Leserinnen und Leser der Apostelgeschichte und will zu deren christlicher Selbstvergewisserung beitragen; sie will ihnen aber zugleich auch vermitteln, dass es möglich ist, fremde religiöse und philosophische Denkstrukturen mit christlichem Reden von Gott zu vermitteln und so das christliche Reden von Gott als eine allen Menschen verständliche Botschaft zu erweisen. Die Voraussetzung für eine von den Adressaten bewusst gefällte Entscheidung ist ja, dass sie die nur scheinbar »neue« Lehre (V19) als eine ihren Denkkategorien zugängliche Botschaft erkennen.

Dazu gehört offenbar auch die anscheinend ganz unkritische Verwendung eines Zeus-Hymnus (V28b). Kann sich die christliche Verkündigung einen solchen Text aneignen, wenn nur der Gottesname »Zeus« vermieden wird? Könnten wir uns in ähnlicher Weise auf einen solchen hermeneutischen Ansatz einlassen und etwa Aussagen über Gott im Koran oder in anderen heiligen Texten fremder Religionen in unser Denken integrieren? Oder dürften wir in dieser Hinsicht allenfalls eklektisch verfahren, nach dem Vorbild des lukanischen Paulus, der aus dem Zeus-Hymnus des Aratos allein Vers 5 verwendet, wo der Name »Zeus« nicht explizit genannt ist?

Rudolf Bultmann meint, die Frage, »ob sich Gott auch außerhalb des Christentums offenbart hat«, sei als »eine für den Nichtchristen von vornherein sinnlose, für den Christen aber völlig gegenstandslose Frage« anzusehen; damit werde nämlich »die Offenbarung zu einem Vorhandenen, Menschlichen« gemacht, und das könne nicht in Frage kommen: »Ist sie [die Offenbarung] der auf

---

[55] Conzelmann, Rede (s. Anm. 44), 99.
[56] Jacob Jervell, Die Apostelgeschichte, KEK III, Göttingen [17]1998, 452f.
[57] Jervell, Apostelgeschichte (s. Anm. 56), 455; s. a.a.O., 456: »Die Frage nach der Gotteserkenntnis, dem Beweis aus den Schöpfungswerken und der Gottesverwandtschaft sieht Paulus ganz anders als in der Areopagrede.« Jervell folgert, die Rede sei »in der vorliegenden Fassung [...] also nicht historisch«.

mich gerichtete Anspruch, so kann sie nie als Vorhandenes konstatiert werden.«[58] Bultmann ergänzt später, dass die »Antithese gegen die religionsphilosophische und religionsgeschichtliche Erweiterung des Offenbarungsgedankens« jedenfalls nicht lauten dürfte, ein bestimmter religiöser Gedanke sei »nur hier *vorhanden*. Denn die Einmaligkeit eines vorhandenen Faktums ist immer eine fragwürdige und höchstens eine zufällige. Sie ist Vereinzeltheit, nicht absolute Einmaligkeit. Die Einzigkeit muß zugleich ihrem Wesen nach Einzigkeit sein.«[59]

Dies scheint mir tatsächlich ein entscheidender Beitrag der Areopagrede zu unserem Nachdenken über Gott zu sein: Der lukanische Paulus behauptet, dass der »unbekannte Gott« mit dem von ihm verkündigten Gott identisch ist; er entwickelt als Explikation der als Evangelium (εὐηγγελίζετο) bezeichneten Predigt »von Jesus und der Auferstehung« (Apg 17,18) in der in 17,22 beginnenden Rede einen Absolutheitsanspruch für seine Botschaft von Gott. Die athenischen Adressaten, die dem »unbekannten Gott« Verehrung erweisen, hören die Rede von Jesus und der Auferstehung als die Verkündigung des ihnen nun bekannt gewordenen Gottes, und so erweist sich die Rede des Paulus für sie als Offenbarungsrede. Sie müssen entscheiden, ob sie diese Offenbarung als gültig annehmen oder aber verwerfen.

3. Zur Rede von Gott bei Paulus und im Johannesevangelium

Im Galaterbrief schreibt Paulus, dass es Gott, der »mich von meiner Mutter Leib an ausgesondert und durch seine Gnade berufen hat« gefiel, »seinen Sohn in mir zu offenbaren, damit ich ihn durchs Evangelium verkündigen sollte unter den Völkern« (Gal 1,15.16). Die dem Paulus zuteil gewordene Offenbarung Christi geschah also als ein Handeln Gottes, der für Paulus kein »neuer« oder »anderer« Gott war, der sich aber in der Berufung des Pharisäers zum Heidenapostel nun in neuer und endgültiger Weise offenbart hat.[60] Welche Konsequenzen sich daraus ergeben, soll im Folgenden an zwei kurzen Abschnitten in zwei Paulusbriefen näher expliziert werden.

---

[58] Bultmann, Enzyklopädie (s. Anm. 16), 83 (Fassung der Vorlesung 1926). »Die Frage, ob andere auch so angesprochen sind, kann sich als wissenschaftliche gar nicht erheben; denn nur als Angesprochener kann ich den Anspruch vernehmen« (ebd.).
[59] Bultmann, Enzyklopädie (s. Anm. 16), 83 (Fassung der Vorlesung 1928). Bultmann verweist zum Vergleich auf Liebe und Freundschaft, die einerseits »einzig« sind und doch als »Fall«, als »vorkommendes Ereignis«, nur eines unter anderem.
[60] Vgl. meine Überlegungen in dem Aufsatz: Paulus – Pharisäer und Apostel, in: Andreas Lindemann, Glauben, Handeln, Verstehen. Studien zur Auslegung des Neuen Testaments Band II, WUNT 282, Tübingen 2011, 33–72.

1) In 1Kor 8 geht Paulus im Rahmen seiner Erörterungen zu aktuellen gemeindlichen Problemen in Korinth auf das Thema »Götzenopferfleisch« ein (περὶ δὲ τῶν εἰδωλοθύτων, 8,1). Am Anfang steht die Feststellung: »Wir wissen (οἴδαμεν), dass wir alle Erkenntnis haben.« Der Satz πάντες γνῶσιν ἔχομεν könnte eine korinthische Selbstaussage sein, die von Paulus hier anscheinend mit Zustimmung zitiert wird; aber sicher lässt sich das nicht sagen.[61] Es fällt jedenfalls auf, dass Paulus der γνῶσις sofort die ἀγάπη entgegenstellt (V1b): »Die Erkenntnis bläht auf (ἡ γνῶσις φυσιοῖ), die Liebe aber baut auf (ἡ δὲ ἀγάπη οἰκοδομεῖ)«.[62] Die γνῶσις wird nicht abgelehnt, sie ist kein Unwert, aber sie bedarf der näheren Erläuterung. Und so sagt Paulus (V2), was »erkennen« heißt: Wenn jemand meint, er habe »etwas erkannt« (εἴ τις δοκεῖ ἐγνωκέναι τι), dann hat er in Wahrheit gerade »noch nicht erkannt, wie man erkennen muss« (οὔπω ἔγνω καθὼς δεῖ γνῶναι). Denn es geht nicht darum, »etwas« (τι) zu erkennen, also etwas Beliebiges; sondern bei diesem Erkennen geht es (V3) um die Beziehung zwischen Gott und Mensch, und hier gilt eine andere Perspektive: »Wer Gott liebt, der ist von ihm erkannt.« Gott ist also nicht das Objekt menschlichen Erkennens, vielmehr handelt Gott am Menschen, und das bedeutet dann: Der Mensch ist von Gott erkannt (ἔγνωσται). Nur deshalb kann gesagt werden, dass »jemand Gott liebt« (εἰ δέ τις ἀγαπᾷ τὸν θεόν) – allein das Erkanntsein des Menschen durch Gott ermöglicht die Liebe zu Gott. Das ἀγαπᾶν ist die einzige Weise der Gotteserkenntnis.[63]

Die Argumentation des Paulus könnte mit dieser Interpretation des Eingangssatzes πάντες γνῶσιν ἔχομεν ihr Ziel erreicht haben: Erkenntnis (γνῶσις) ist in der Beziehung zu Gott nicht menschliche Leistung im Sinne eines »Habens« (ἔχομεν), sondern hier handelt allein Gott, und der Mensch erfährt die Folgen dieses Handelns, indem er Gott liebt.

Paulus hat aber das konkrete Thema, die εἰδωλόθυτα, nicht vergessen. Es geht ja nicht allein um ein »Erkennen«, sondern es geht zugleich auch sehr konkret um das reale Essen der als »Götzenopfer« verstandenen Speisen (περὶ τῆς βρώσεως οὖν τῶν εἰδωλοθύτων, V4a). Paulus spricht nochmals von dem, was »wir

---

[61] Dieter Zeller, Der erste Brief an die Korinther, KEK 5, Göttingen 2010, 285, hält es für möglich, dass eine korinthische Aussage vorliegt, dass aber das betonte πάντες auf Paulus zurückgeht, um der Annahme einer in besonderer Weise korinthischen »Erkenntnis« zu widersprechen.

[62] Die ἀγάπη, die Paulus zuvor nur in 4,21 erwähnt hatte, wird im Fortgang des 1Kor eine große Rolle spielen.

[63] Vgl. Zeller, 1Kor (s. Anm. 61), 287 mit Anm. 43: Erst die Gottesliebe »stellt eine Beziehung zu dem Erkannten her«, denn andernfalls »bleibt die Erkenntnis Gottes so beziehungslos wie der Glaube der Dämonen, die nur vor Gott erschaudern (vgl. Jak 2,19)«. Vgl. Ulrich H.J. Körtner, Dogmatik. Studienausgabe, LETh 5, Leipzig 2020, 495: Luther erkannte von Paulus her, »dass unser Erkennen Gottes ein Erkanntsein voraussetzt«, und so vollzog er eine »›kopernikanische Wende‹, bei der die Rollen von Subjekt und Objekt in der Gottesfrage vertauscht werden«.

wissen« (οἴδαμεν), und nun hat dieses Wissen einen konkreten Inhalt: Es gibt keinen Götzen (εἴδωλον)[64] in der Welt, und es gibt, so fügt Paulus hinzu, »keinen Gott außer dem Einen«; die (nicht existierenden) εἴδωλα sind also als »Götter« gedacht. Die Gegenaussage οὐδεὶς θεὸς εἰ μὴ εἷς verweist auf das Erste Gebot des Dekalogs und vielleicht auch auf das *shema Israel*.[65]

Wieder könnte es mit dieser nachdrücklichen Feststellung sein Bewenden haben. Aber Paulus sieht, dass die Situation in Korinth eine Differenzierung verlangt. Deshalb präzisiert er sogleich (V5a) seine Aussage und korrigiert sie sogar, indem er einräumt: »Wenn es auch als Götter bezeichnete Wesen (λεγόμενοι θεοί) im Himmel wie auf Erden gibt« – Wesen also, die als religiöse Mächte existieren, indem sie »genannt« und angerufen werden. An dieser Stelle bricht der Konditionalsatz ab und wird korrigiert (V5b): »Es gibt (tatsächlich) viele Götter« und, so fährt Paulus fort, es gibt »viele Herren«.[66] Damit nimmt Paulus den in der hellenistischen Religiosität bedeutsamen Titel κύριος auf[67], den er dann in V6b selber verwenden wird, wenn er vom εἷς κύριος Ἰησοῦς Χριστός spricht.

In V6 folgt die sehr eindringlich formulierte Gegenaussage zu V5. Sie beginnt mit der Feststellung (V6aα): »Aber für uns [ist] *Ein* Gott« (ἀλλ᾽ ἡμῖν εἷς θεός). Soll durch ἡμῖν hier »unsere« subjektive Überzeugung zum Ausdruck gebracht, soll also nur gesagt werden, dass es »nach unserer Meinung« nur *einen* Gott gibt? Oder ist ἡμῖν εἷς θεός zugleich auch im Sinne des *Deus pro nobis* zu verstehen? Das lässt sich vielleicht nicht entscheiden.[68] Jedenfalls formuliert Paulus nicht einen theoretischen Monotheismus, sondern er spricht konkret von dem Einen Gott, der zu »uns« in Beziehung steht und daher als »der Vater« bezeichnet wird. Durch das Prädikat ὁ πατήρ, verbunden mit der Formel ἐξ οὗ τὰ πάντα (V6aβ), wird Gott als Ursprung allen Seins ausgesagt.[69] τὰ πάντα schließt

---

[64] Vgl. Zeller, 1Kor (s. Anm. 61), 288 mit Anm. 50: εἴδωλον meint die im leblosen Bild verkörperte Gottheit, nicht einfach »Bild«; denn »dass es keine Götterbilder in dieser Welt gibt, kann Paulus ja nicht behaupten«.

[65] Dtn 6,4 LXX: ἄκουε, Ἰσραήλ, κύριος ὁ θεὸς ἡμῶν κύριος εἷς ἐστιν.

[66] Jetzt vermeidet Paulus den polemischen Begriff εἴδωλα. Zeller, 1Kor (s. Anm. 61), 288, meint, der Hinweis auf die κύριοι stehe in einem »eigentlich sonst unnötigen Vergleichssatz«.

[67] Darin ist vielleicht eine politische Komponente enthalten. Zeller, 1Kor (s. Anm. 61), 289, verweist darauf, dass die κύριοι »die eigentlichen Konkurrenten des christlichen Kyrios« waren; Paulus knüpfe hier an »den Sprachgebrauch von Dtn 10,17; Ps 135,2f LXX« an. Aber in diesen Aussagen wird nicht zwischen ὁ κύριος und ὁ θεός unterschieden, sondern es gelten für den Einen Gott beide Begriffe.

[68] Vgl. Zeller, 1Kor (s. Anm. 61), 290, Anm. 62: »Das ἡμῖν ist Dativus iudicantis wie der Dativ in 2,14«; dort aber steht nicht ἡμῖν, sondern das abstrakte αὐτῷ. Zeller räumt ein, dass der Dativus commodi »existentialtheologisch ergiebiger [...]« ist.

[69] Vgl. Zeller, 1Kor (s. Anm. 61), 291: »Paulus liebt es, mit ἐκ alles zwischen Schöpfung und Erlösung in Gott zu verankern.« Dazu verweist Zeller auf Mark Aurel IV 23: ἐκ σοῦ πάντα, ἐν σοὶ πάντα, εἰς σὲ πάντα. Vielleicht auch in Anspielung an Aussagen wie in

die zuvor erwähnten θεοὶ πολλοὶ καὶ κύριοι πολλοί ein, diese sind nicht etwa Gegengötter, sondern sie sind Teil von Gottes Schöpfung. Mit der abschließenden Wendung καὶ ἡμεῖς εἰς αὐτόν (V6aγ) unterstreicht Paulus, dass er nicht abstrakt von der alles umfassenden Macht Gottes spricht, denn dann hätte er vermutlich eher geschrieben: ἐξ οὗ τὰ πάντα καὶ ·ἁ ·ά··· εἰς αὐτόν. Die von Paulus gewählte Formulierung lässt eine eschatologische und zugleich soteriologische Perspektive erkennen. Und sie macht überdies klar, dass »wir« nicht als willenlose Marionetten Gottes gedacht sind. So erweist sich V6a als eine Glaubens- bzw. Bekenntnisaussage, die sich eng mit Bultmanns Aussage berührt: »Will man von Gott reden, so muß man offenbar *von sich selbst reden*.«[70]

Auf das Bekenntnis zu dem *einen* Gott (ἡμῖν εἷς θεός, V6a) folgt das Bekenntnis zu Christus (V6b). Er steht als der *eine* Herr (καὶ εἷς κύριος Ἰησοῦς Χριστός, V6bα) den zuvor erwähnten κύριοι πολλοί gegenüber, er ist der Mittler der Schöpfung, insofern »durch ihn alles geworden« ist (δι' οὗ τὰ πάντα, V6bβ).[71] Die abschließende Wendung καὶ ἡμεῖς δι' αὐτοῦ (V6bγ) lässt, ähnlich wie zuvor die Aussage in V6aγ, einen soteriologischen und darüber hinaus jetzt wohl auch einen ekklesiologischen Bezug erkennen: »Wir – als einzelne, aber auch als Gemeinde – sind durch ihn« (καὶ ἡμεῖς δι' αὐτοῦ). Damit hat Paulus hinsichtlich der εἰδωλόθυτα alles grundsätzlich Notwendige gesagt, und so kann er von 1 Kor 8,7 an die konkreten Probleme erörtern, die sich mit dem Verzehr jener Speise verbinden.

Am 1. Juli 1934 hielt Rudolf Bultmann eine Predigt zu 1 Kor 8,4–6, die unter der Überschrift »Der Glaube an Gott den Schöpfer« veröffentlicht wurde.[72] Für Paulus, so sagt Bultmann, ist das in 1 Kor 8 zur Diskussion stehende Opferfleisch »harmloses Fleisch wie anderes auch, und die christliche Freiheit braucht sich nicht durch den Wahnglauben der Heiden beschränken zu lassen«. Aber, so fährt Bultmann fort, »die christliche Freiheit hat in sich selbst eine Grenze in der liebevollen Rücksicht auf den ängstlichen Bruder«; oder »besser gesagt: Sie hat daran nicht eigentlich ihre Grenze, sondern sie betätigt sich gerade in der Bruderliebe«. Deshalb gehe es nicht um die Frage, »wie sich die christliche Freiheit zu *betätigen* habe«, sondern aus 1 Kor 8 sei »zu lernen, worin die christliche Freiheit *begründet* ist«, nämlich »im *Glauben an Gott als den Schöpfer*«. Gegen-

---

1 Kor 8,6a spricht Bultmann von Gott als der »Alles bestimmende[n] Wirklichkeit« (Bultmann, Sinn [s. Anm. 1], 1).
[70] Bultmann, Sinn (s. Anm. 1), 3.
[71] Das erinnert an die Rolle der an der Schöpfung beteiligten »Weisheit« in der jüdischen Tradition (Spr 8,22; Sap 9,2; vgl. Joh 1,2), ohne dass Paulus den Gedanken näher ausführt.
[72] Predigt im Akademischen Gottesdienst am 1. Juli 1934 in Marburg; erstmals publiziert in: EvTh 1 (1934), 175–189. Wieder abgedruckt in: Rudolf Bultmann, Das verkündigte Wort. Predigten – Andachten – Ansprachen 1906–1941. In Zusammenarbeit mit Martin Evang ausgewählt, eingeleitet und herausgegeben von Erich Gräßer, Tübingen 1984, 261–273. Die nachfolgenden Zitate s. a.a.O., 261–263.

wärtig – *nota bene* im Jahre 1934 – sei der Schöpfungsglaube »zu einer Kampfparole im kirchlichen Streit geworden«, aber Paulus habe in der »für uns verschollenen Frage nach dem Götzenopferfleisch« den Schöpfungsglauben »zum kritischen Prinzip gemacht«. Deshalb muss dieser Glaube »auch für uns heute als kritisches Prinzip gelten in den konkreten Fragen unserer Zeit«. Oft werde gesagt, dass die Kirche den ersten Artikel des Glaubensbekenntnisses »von Gott dem Schöpfer ungebührlich zurücktreten« ließ hinter den zweiten Artikel »von Christus dem Erlöser«; aber gerade 1Kor 8 könne zu einer Besinnung auf den Schöpfungsglauben »helfen, da ja in ihm unmittelbar neben den ersten Artikel der zweite gestellt ist«.

Etwas später wird die bei Paulus sichtbare Dialektik aktualisiert: Die vielen Götter und Herren, so sagt Bultmann, gibt es tatsächlich, »nämlich als irgendwo und irgendwie vorhandene Wesen«; es gibt sie aber nicht »als *göttliche* Wesen, als Mächte, die auf unsere Verehrung einen Anspruch erheben könnten, die uns verpflichten könnten«. Denn es gilt: »*[W]ir* haben – Vers 6 – nur einen Gott, den Vater‹, genauer: ›Für *uns* gibt es nur einen Gott, den Vater.‹ Nur er verpflichtet uns, nur er hat Anspruch auf unsere Verehrung.«[73] Der Zeitbezug dieser Aussagen ist deutlich, aber die Auslegung hat Gültigkeit zu allen Zeiten.

Das Thema in 1Kor 8,1–6 ist die Einheit des Redens von Gott und des Redens von Jesus Christus als dem κύριος in der Beziehung zur Schöpfung und insbesondere zu den von Gott und auf Gott hin geschaffenen Menschen, die in den »Wir«-Aussagen selber zu Wort kommen. Ein Reden von Gott ohne den Bezug zu Jesus Christus ist für Paulus offenbar nicht möglich; darin, dass er von Gott im Gegenüber zum Menschen spricht, ist die Christusbeziehung immer schon vorausgesetzt.[74]

2) In seinem Brief an die Christusgläubigen in Rom nennt Paulus in Röm 1,16f. geradezu das Thema – das Evangelium, in dem die δικαιοσύνη θεοῦ geoffenbart ist. Dies entfaltet er in 1,18–3,20 in einem »inneren Dialog« über die Rolle des νόμος mit der abschließenden Feststellung, dass Rechtfertigung ἐξ

---

[73] Bultmann, Predigt (s. Anm. 72), 263. Zur Rede von Gott als dem »Vater« vgl. auch Bultmann, Enzyklopädie (s. Anm. 16), 82: »Als ›Vater‹ bezeichnen kann ich beliebige Väter. ›Vater‹ sagen kann ich nur zu *einem*, zu *meinem* Vater. Vater als Gattungsbegriff begreift meinen Vater gar nicht in sich, denn ›meine Väter‹ gibt es nicht. Gott und seine Offenbarung sind kein Gattungsbegriff. Sonst würde mein Gott zur ›Gottheit‹.«

[74] Dies wird auch dort deutlich, wo Paulus anscheinend »absolut« von Gott redet. In 1Kor 15,25–28 beschreibt er die Endzeitereignisse als den sich gegenwärtig vollziehenden Kampf Gottes gegen die feindlichen Mächte, während der erhöhte Christus die Herrschaft innehat (δεῖ γὰρ αὐτὸν βασιλεύειν, V25). Dieser Kampf wird mit der Unterwerfung der Mächte und der Vernichtung des Todes enden, und dann, so schreibt Paulus, wird sich auch Christus Gott unterwerfen, »damit Gott sei alles in allem« (ἵνα ᾖ ὁ θεὸς τὰ πάντα ἐν πᾶσιν, V28). Das ist für Paulus keine apokalyptische Spekulation, sondern er spricht von der Gewissheit der Zukunft Gottes im Glauben an die gegenwärtige Herrschaft Christi.

ἔργων νόμου nicht möglich ist, weil durch das Gesetz nur *Erkenntnis* und nicht Beseitigung der Sünde kommt (διὰ γὰρ νόμου ἐπίγνωσις ἁμαρτίας). In 3,21–26 spricht Paulus von der Gerechtigkeit Gottes διὰ πίστεως Ἰησοῦ Χριστοῦ (V22)[75], die (V26) darin besteht, dass Gott gerecht ist (... τὸ εἶναι αὐτὸν δίκαιον) und aus Glauben an Jesus rechtfertigt (καὶ δικαιοῦντα τὸν ἐκ πίστεως Ἰησοῦ). In VV27–31 folgen rhetorische Fragen, die sofort beantwortet werden: In Aufnahme der vorangegangenen Beschreibungen des auf die Beziehung zu Gott bezogenen Rühmens (καυχᾶσθαι ἐν θεῷ, 2,17) bzw. des Rühmens »im Gesetz« (ἐν νόμῳ καυχᾶσθαι, 2,23) fragt Paulus (V27a): »Wo ist also das Rühmen?« (ποῦ οὖν ἡ καύχησις;), mit der knappen Antwort: »Es ist ausgeschlossen« – und zwar, wie die Passivwendung ἐξεκλείσθη anzeigt, durch Gottes Handeln. Die Frage (V27b) »Durch welches Gesetz?« (διὰ ποίου νόμου;) wird zunächst präzisiert: »Etwa [durch das Gesetz] der Werke?« ([διὰ νόμου] τῶν ἔργων), und dann lautet die Antwort: »Nein, sondern durch das Gesetz des Glaubens« – die ungewöhnliche Genitivverbindung νόμος πίστεως bezeichnet den Gegenentwurf zum νόμος τῶν ἔργων. Die in V28 folgende Erläuterung lässt, wie Ernst Käsemann schreibt, »das Gepräge eines Lehrsatzes« erkennen[76]: »Wir sind nämlich (γάρ) davon überzeugt (λογιζόμεθα), dass der Mensch aus Glauben gerechtfertigt wird, ohne Werke des Gesetzes.«[77] Mit dem jetzt im Passiv gebrauchten Verb δικαιοῦν wird an V26 angeknüpft, wo Paulus im Aktiv von Gottes rechtfertigendem Handeln für den an Jesus glaubenden Menschen gesprochen hatte.[78] Also meint in V28 πίστις den Glauben an Christus, und ἄνθρωπος, ohne weitere Näherbestimmung, meint entsprechend V26 den Menschen ἐκ πίστεως Ἰησοῦ. Deshalb folgt (V29a) eine weitere rhetorische Frage: »Ist Gott nur Gott der Juden, nicht auch Gott der Völker?« Die Antwort (V29b): »Ja, auch der Völker.«[79] Aber warum differenziert Paulus an dieser Stelle? Paulus zeigt an, dass »der Mensch« (ἄνθρωπος, im Sinne von V28)

---

[75] Abgesehen von 2,16 wird hier zum ersten Mal im Corpus des Römerbriefs explizit von Christus gesprochen. Ist das ein Indiz für die Erwägung, die ungewöhnliche Aussage in 2,16 vom Richten Gottes κατὰ τὸ εὐαγγέλιόν μου διὰ Χριστοῦ Ἰησοῦ sei eine spätere Glosse?

[76] Ernst Käsemann, An die Römer, HNT 8a, Tübingen ⁴1980, 97.

[77] Das meint natürlich: »allein aus Glauben«. Das sola steht nicht im Text, ergibt sich aber aus dem Zusammenhang. Siehe dazu Michael Wolter, Der Brief an die Römer. Teilband 1: Röm 1–8, EKK VI/1, Neukirchen-Vluyn/Ostfildern 2014, 271: »Unter den ἔργα νόμου versteht Paulus [...] diejenigen Handlungen, die in Befolgung der Tora getan werden und die er in 3,21a metonymisch mit ›Gesetz‹ umschrieben hatte.«

[78] Man kann fragen, ob in der Formulierung εἰς τὸ εἶναι αὐτὸν δίκαιον καὶ δικαιοῦντα τὸν ἐκ πίστεως Ἰησοῦ das καί explikativ zu verstehen ist – »Gott ist gerecht, indem er rechtfertigt«. Dass Paulus an zwei unterschiedliche Aspekte des Handelns Gottes denkt, ist eher unwahrscheinlich.

[79] Wolter, Röm I (s. Anm. 77), 271: »Paulus wählt die Form der rhetorischen Frage, weil er sich sicher ist, dass sein impliziter jüdischer Gesprächspartner dieser Behauptung zustimmen wird.«

nicht abstrakt existiert, sondern immer konkret – er ist entweder Ἰουδαῖος, oder er ist Angehöriger der ἔθνη. Gott aber ist Gott der einen wie der anderen, und dem entspricht dann (V30) die mit εἴπερ (»so gewiss«[80]) eingeleitete Feststellung: »Es ist der Eine Gott, der die Beschneidung rechtfertigt ἐκ πίστεως und die Vorhaut διὰ τῆς πίστεως.« Die Wendung εἷς ὁ θεός entspricht 1Kor 8,6[81], aber jetzt wird deutlich, dass das Reden von dem Einen Gott seinen Grund hat in Gottes rechtfertigendem Handeln für »den Menschen«, also für Juden wie für Nicht-Juden: »Der *eine* Gott, dem die *eine* Menschheit gegenübersteht, kann gar nicht anders, als alle Menschen gleich zu behandeln, und das heißt im vorliegenden Fall: dass er für die Rechtfertigung bei allen Menschen ohne Unterschied und Ausnahme den Glauben zugrunde legt«, schreibt Michael Wolter.[82]

In V31 stellt Paulus die naheliegende Frage, ob er mit den vorangegangenen Aussagen über die πίστις die Tora beseitigt (νόμον οὖν καταργοῦμεν διὰ τῆς πίστεως).[83] Wenn nämlich im Gegenüber zu Gott die Differenz zwischen den Ἰουδαῖοι und den ἔθνη nicht mehr besteht, dann ist doch »das Gesetz« offensichtlich funktionslos geworden. Das wird von Paulus nachdrücklich verneint (μὴ γένοιτο), das Gegenteil ist der Fall: »Wir richten den νόμος vielmehr auf« (ἀλλὰ νόμον ἱστάνομεν), d.h. Paulus behauptet, erst auf der Grundlage seiner vorangegangenen Aussagen werde die Tora richtig verstanden[84] – der so »aufgerichtete νόμος« ist die Heilige Schrift. So bietet Paulus in Röm 4 die nach seiner Hermeneutik richtige Auslegung der Schrift am Beispiel der Geschichte Abrahams, der zufolge Gott sich offenbart in seinem die Glaubenden rechtfertigenden Handeln. Abrahams Glaube ist sein Vertrauen auf Gott, und er besaß diesen Glauben, bevor er beschnitten war; darum ist Abraham »unser Vater« (4,12), ja, er ist »unser aller Vater« (4,16) gemäß Gottes Aussage in Gen 17,5: »Zum Vater vieler Völker habe ich dich gemacht« (πατέρα πολλῶν ἐθνῶν τέθεικά σε, Röm 4,17a). Abraham »glaubte Gott, der die Toten lebendig macht und der das Nicht-seiende ruft, dass

---

[80] Dazu Friedrich Blass/Albert Debrunner, Grammatik des neutestamentlichen Griechisch. Bearbeitet von Friedrich Rehkopf, 16. durchges. Auflage Göttingen 1984, §454,2.
[81] Vgl. Dtn 6,4 LXX: ἄκουε, Ἰσραήλ, κύριος ὁ θεὸς ἡμῶν κύριος εἷς ἐστιν.
[82] Wolter, Röm I (s. Anm. 77), 272. Vielleicht ist der Wechsel der Präpositionen ἐκ und διά »nur eine stilistische Variation« (so Wolter, ebd.). Beide Präpositionen sagen dasselbe »wie der *eine* instrumentale Dativ πίστει in V. 28, der sich hier auf das Juden und Heiden umschließende Appellativum ›Mensch‹ bezieht« (ebd.). Damit ist nicht wirklich erklärt, warum Paulus in V30 anders formuliert als in V28; aber möglicherweise will Paulus zeigen, dass er einerseits die Einheit des die Rechtfertigung verwirklichenden Gottes aussagt und andererseits zugleich die beiden konkret existierenden Menschengruppen voneinander unterscheidet.
[83] Das scharfe Verb καταργεῖν hatte er schon in 3,3 verwendet.
[84] So Wolter, Röm I (s. Anm. 77), 275. Der Satz νόμον ἱστάνομεν schließt »nicht nur den vorstehenden Abschnitt ab, sondern er öffnet auch die Tür zu einem neuen«, wie Wolter schreibt (ebd.).

»Was ihr unwissend verehrt ...« 35

es sei« (4,17b), und deshalb gelten die Worte der Schrift »auch uns, die wir glauben an den, der Jesus, unseren Herrn, auferweckt hat von den Toten« (4,24).⁸⁵ Paulus »definiert« auf diese Weise Gott von Jesus Christus her, und eben darin wird für ihn die Universalität Gottes deutlich.

3) Das Johannesevangelium schildert im vierten Kapitel Jesu Begegnung mit einer Samaritanerin am Jakobsbrunnen. Die Frau gewinnt im Verlauf des anfänglich geradezu »privaten« Gesprächs (Joh 4,7–18) den Eindruck, ihr jüdischer Gesprächspartner sei ein Prophet (V19b), und so nutzt sie die Gelegenheit, ihm ein fundamentales theologisches Problem zu nennen (V20): »Unsere Väter haben auf diesem Berg angebetet; und ihr sagt, dass in Jerusalem der Ort ist, wo man anbeten muss.« Die in dieser Feststellung enthaltene Frage nach dem richtigen Ort der Gottesverehrung ist kein Adiaphoron, sondern es ist vorausgesetzt, dass dem Ort (τόπος) der Verehrung Offenbarungsqualität zukommt und deshalb eine Entscheidung getroffen werden muss. Jesus aber verneint für die Zukunft (ἔρχεται ὥρα) die religiöse Bedeutung beider Orte, wobei er sowohl die »Verehrer« als auch den Adressaten der Verehrung nennt: »Ihr werdet weder auf diesem Berg noch in Jerusalem den Vater anbeten« (οὔτε [...] οὔτε [...] προσκυνήσετε τῷ πατρί, V21).⁸⁶ Damit wird die bis dahin als fundamental angesehene Vorstellung aufgegeben, die Gottesverehrung sei überhaupt an einen Ort gebunden.

Dann aber folgt eine polemisch scharf abgrenzende Aussage Jesu, die sich nicht auf den Ort der religiösen Verehrung bezieht, sondern auf den »Adressaten« (V22a): »Ihr [sc. die Samaritaner] verehrt, was ihr nicht kennt (ὑμεῖς προσκυνεῖτε ὃ οὐκ οἴδατε), wir [sc. die Juden] verehren, was wir kennen (ἡμεῖς προσκυνοῦμεν ὃ οἴδαμεν)«.⁸⁷ Jesus unterstreicht das durch den Nachsatz »weil das Heil von den Juden kommt« (ὅτι ἡ σωτηρία ἐκ τῶν Ἰουδαίων ἐστίν).⁸⁸ Damit erhebt der johanneische Jesus für die Juden den Wahrheitsanspruch, und zugleich stellt er einigermaßen überraschend in Abrede, dass Samaritaner und Juden denselben Gott verehren. Jürgen Becker sieht deshalb in V22 einen »Nachtrag« der späteren Redaktion zum ursprünglichen Johannesevangelium; damit sei auch die »Mißlichkeit« behoben, »daß V22 gar nicht auf den Kultort eingeht, sondern offenkundig im Anschluß an das letzte Wort aus V21 das Objekt des

---

⁸⁵ Ob Paulus damit explizit sagen will, dass Abraham an die Auferstehung Jesu »glaubte«, lässt sich kaum sagen.

⁸⁶ Wer ist in 4,21 mit der Anrede προσκυνήσετε gemeint – generell »ihr«, d.h. die Menschen, oder in besonderer Weise »ihr«, d.h. die Samaritaner? In 4,22 ist das eindeutig, aber von 4,23 her liegt in 4,21 die »generelle« Auslegung näher.

⁸⁷ Jesu Aussage erinnert an die Worte des Paulus an die Athener: »Was ihr unwissend verehrt, das verkündige ich euch« (ὃ οὖν ἀγνοοῦντες εὐσεβεῖτε, τοῦτο ἐγὼ καταγγέλλω ὑμῖν, Apg 17,23, bei Nestle-Aland als Parallele am Rand vermerkt), aber inhaltlich wird etwas ganz Anderes gesagt.

⁸⁸ Eine begriffliche Differenz besteht allerdings darin, dass der lukanische Paulus das Verb εὐσεβεῖν verwendet (ὃ οὖν ἀγνοοῦντες εὐσεβεῖτε), der johanneische Jesus spricht vom προσκυνεῖν (ὑμεῖς προσκυνεῖτε ὃ οὐκ οἴδατε).

Glaubens thematisiert«.[89] Unabhängig von der Frage, welcher literarischen »Schicht« des Evangeliums die Aussage in 4,22 zuzuweisen ist, hat Becker m.E. jedenfalls darin Recht, dass nicht nur die Frage nach dem Ort der Gottesverehrung als irrelevant erwiesen wird, sondern es wird auch in sehr ungewöhnlicher Weise, im Neutrum und also geradezu »neutral«, gesagt, wem die Verehrung gilt.[90]

In V23 spricht Jesus nochmals von der »kommenden Stunde« (ἔρχεται ὥρα), fügt aber hinzu, dass sie »jetzt« da ist (καὶ νῦν ἐστιν); entsprechend dem zuvor hinsichtlich der möglichen Orte der Gottesverehrung ausgesprochenen »weder ἐν τῷ ὄρει τούτῳ noch ἐν Ἱεροσολύμοις« nennt er einen ganz anderen »Ort«, denn »die wahren Verehrer werden den Vater anbeten in Geist und Wahrheit« (ἐν πνεύματι καὶ ἀληθείᾳ). Dabei meint der erläuternde Hinweis (V23b), Gott (»der Vater«) suche solche Verehrer[91], dass sich Gottes »Suchen« nicht auf Juden und/oder Samaritaner beschränkt, sondern grenzenlos ist; in V24b wiederholt Jesus diese Aussage fast wörtlich. Daraufhin (V25) will die Frau das Gespräch offenbar beenden, denn sie wisse (οἶδα), dass der Messias bei seinem Kommen »uns« über all das informieren wird (ἀναγγελεῖ ἡμῖν ἅπαντα). Jesus reagiert darauf, indem er sich ihr offenbart: »Ich bin es, der mit dir spricht« (ἐγώ εἰμι, ὁ λαλῶν σοι, V26).[92]

Zwischen Jesu Worten in V23 und in V24b über das προσκυνεῖν steht in V24a seine als Nominalsatz formulierte Aussage: »Gott ist Geist« (πνεῦμα ὁ θεός). Ist das eine »Fußnote«, in der das Wort πνεῦμα erläutert wird (»Mit dem Wort πνεῦμα ist Gott gemeint.«)? Oder deutet die sprachliche Gestalt eher darauf hin, dass die Aussage als ein programmatischer »Kernsatz« zu verstehen ist, geradezu als eine Gottesdefinition? Jedenfalls ist ὁ θεός Subjekt des Satzes, πνεῦμα ist Objekt.

Bultmann betont, der Satz πνεῦμα ὁ θεός sei »keine Definition im griechischen Sinne«; dann wäre er nämlich ein Versuch, »die Seinsweise, die Gott an sich eigen ist, bestimmen« zu wollen, indem er »diese Seinsweise als die eines dem Menschen zugänglichen Weltphänomens, des πνεῦμα, bezeichnete«. Da Gott aber kein Sein zu eigen ist, das dem Menschen zugänglich wäre, komme

---

[89] Jürgen Becker, Das Evangelium nach Johannes. Kapitel 1–10, ÖTK 4/1, Gütersloh/Würzburg, ³1991, 207.

[90] Auf die Einzelheiten der mit 4,22a und 4,22b verbundenen Auslegungsprobleme kann hier nicht eingegangen werden.

[91] Vgl. Rudolf Bultmann, Das Evangelium des Johannes, KEK II, Göttingen ¹⁸1964, 141 Anm. 1: »ζητεῖν kann hier, wo die Bedingung des echten Kultes formuliert wird, nicht ›suchen‹ im Sinne von ›sich bemühen um‹ (Mk 3,32 usw.) bedeuten, sondern nur ›fordern‹ (Mk 8,12 usw.).«

[92] Die Frage, ob Joh 4,25 ein erster Beleg für eine samaritanische »Messias«-Erwartung ist oder ob die Aussage ungenau ist bzw. sich einem Irrtum verdankt, kann hier offenbleiben. Vgl. dazu meinen Aufsatz: Samaria und Samaritaner im Neuen Testament, in: WuD 22 (1993), 51–76, 67–75.

diese Auslegung nicht in Frage. Wohl aber »definiert« dieser Satz »den Gottes-*gedanken*, indem er sagt, was Gott *bedeutet*, nämlich, daß er für den Menschen der Wunderbare sei, der wunderbar am Menschen handelt«; dazu verweist Bultmann auf 1Joh 4,8.16, wo Gott bezeichnet werde als der, »der aus Liebe und in Liebe am Menschen handelt«.[93] Aber in 1Joh 4 steht die Aussage »Gott ist die Liebe« (ὁ θεὸς ἀγάπη ἐστίν) an beiden Stellen in einem größeren Begründungszusammenhang, zudem ist sie als vollständiger Satz formuliert[94]; hier wird also durch den Kontext gesagt, wie der Satz »Gott ist die Liebe« zu verstehen ist. Die Aussage πνεῦμα ὁ θεός in Joh 4,24a kann in ihrer isolierten Stellung nur aus sich selbst heraus verstanden werden. Bultmann meint, mit diesem Satz werde die Forderung begründet, dass Gott zu verehren sei ἐν πνεύματι καὶ ἀληθείᾳ, und so gebe dieser Satz »zu verstehen«, dass »jeder Kult, der menschliches Unternehmen (im besten Falle Frage nach Gott) ist«, als »illegitim« anzusehen ist. Mit diesem Satz werde gesagt, die »angemessene Gottesverehrung« könne »nur die sein, die Antwort auf Gottes wunderbare Kundgebung und also selbst wunderbar ist«. Bultmann folgert für die Auslegung von 4,24a: »Ein Verhältnis des Menschen zu Gott, das nicht im Verhalten Gottes zum Menschen begründet ist, ist kein echtes Gottesverhältnis, sondern bleibt in der Sphäre menschlichen Unternehmens, in der Gott nicht erreichbar ist; denn Gott ist πνεῦμα.«[95]

Rudolf Schnackenburg meint, in Joh 4,24a werde daran erinnert, dass »Gott von allem irdischen und menschlichen Wesen geschieden ist«; der Satz sei keine Definition Gottes, doch drücke er »die Erhabenheit und Heiligkeit Gottes aus«, denn πνεῦμα bezeichne im Johannesevangelium das, »was zu Gott und der himmlischen Welt gehört im Gegensatz zu allem Irdisch-Menschlichen«.[96] Für Charles K. Barrett ruft die Wendung πνεῦμα ὁ θεός »sowohl heidnische philosophische als auch jüdische religiöse Polemik gegen anthropomorphe Redeweise von Gott in Erinnerung«; zwar sei πνεῦμα ein stoischer Terminus, »aber ähnliche

---

[93] Bultmann, EvJoh (s. Anm. 91), 141.
[94] Auf 1Joh 4,7: »Jeder, der liebt, ist aus Gott geboren, und er erkennt Gott« folgt in V8 die Gegenaussage: »Wer nicht liebt, hat Gott nicht erkannt, weil Gott Liebe ist.« In 4,15 spricht der Verfasser von dem Bekenntnis zu Jesus: »Wer nun bekennt, dass Jesus der Sohn Gottes ist, in dem bleibt Gott und er in Gott«, und daraus folgt dann (V16a): »Und wir haben erkannt und geglaubt die Liebe, die Gott zu uns hat«, mit dem Nachsatz (V16b): »Gott ist Liebe; und wer in der Liebe bleibt, der bleibt in Gott und Gott in ihm.« Auch in der ähnlich formulierten Aussage 2Kor 3,17a liegt ein grammatisch vollständiger Satz vor, indem Paulus von Christus schreibt: »Der Herr aber ist der Geist (ὁ δὲ κύριος τὸ πνεῦμά ἐστιν)«, doch die in stark abbreviierender Sprache als Folgerung formulierte Fortsetzung ist ebenso wie Joh 4,24a ein Nominalsatz: »Wo aber der Geist des Herrn [ist], [da ist] Freiheit« (οὗ δὲ τὸ πνεῦμα κυρίου, ἐλευθερία).
[95] Bultmann, EvJoh (s. Anm. 91), 141.
[96] Rudolf Schnackenburg, Das Johannesevangelium. I. Teil, HThKNT IV/1, Freiburg ³1972, 474.

Vorstellungen wurden anderswo mit anderen Worten ausgedrückt, z.B. νοῦς«.[97] Udo Schnelle sieht in πνεῦμα ὁ θεός einen »Spitzensatz hellenistischer Religionsgeschichte und joh[anneischer] Theologie«; mit seiner »Absage an einen geographisch fixierten Kultort, Tempel und Tempelbetrieb befindet sich Johannes in einer großen Nähe zu Strömungen in der Religionsphilosophie seiner Zeit«.[98] Ähnlich wie Bultmann meint Jean Zumstein, V24a sei nicht als eine »ontologische Erklärung über das Wesen Gottes« zu verstehen, es werde vielmehr gesagt, »wie Gott in Beziehung zum Menschen tritt, wie er zu ihm kommt. So wird also nicht das Wesen Gottes beschrieben, sondern sein Offenbarungsmodus.«[99]

Der Satz πνεῦμα ὁ θεός ist im Johannesevangelium ohne Analogie. Jesus als der Sprecher bietet durchaus eine »Definition« Gottes, denn seine Worte im Gespräch mit der Samaritanerin zielen ja auf eine »neue«, völlig analogielose Weise der Gottesverehrung. So sagt der Satz πνεῦμα ὁ θεός, dass Gott tatsächlich »das ganz Andere« ist – mit nichts vergleichbar. Da sich Jesus unmittelbar danach der Samaritanerin offenbart (ἐγώ εἰμι, ὁ λαλῶν σοι) erhebt der johanneische Jesus, also das Johannesevangelium, für seine christologisch vermittelte Rede von Gott, der das πνεῦμα ist, einen nicht mehr zu überbietenden Wahrheitsanspruch.

4. Neues Testament und unser Nachdenken über Gott

In seiner Vorlesung »Theologische Enzyklopädie« sagt Rudolf Bultmann am Ende von § 8, wo er von Gottes »Unerkennbarkeit« spricht, zum einen sei dies »die Unerkennbarkeit der Wahrheit des Augenblicks für die hinsehende Betrachtung; da diese Wahrheit nur im entschlossenen Ergreifen der geforderten Tat und des dargebotenen Schicksals erfaßt wird«, und zwar »nur im Existieren

---

[97] Charles Kingsley Barrett, Das Evangelium nach Johannes, KEK Sonderband, Göttingen 1990, 256.

[98] Udo Schnelle, Das Evangelium nach Johannes, ThHK 4, Leipzig ³2004, 103. Er nennt Analogien, die sich in hellenistischen Schriften finden (vgl. auch NW II/1, 226–234). Diodorus Siculus I 11f. berichtet, nach dem Weltbild der Ägypter seien die Teile der Welt miteinander verbunden wie im menschlichen Körper; sie hätten jeden dieser Teile als einen Gott angesehen (τούτων δ' ἕκαστον θεὸν νομίσαι) und ihm einen seiner Natur nach in ihrer Sprache passenden Namen gegeben. »Now the spirit they called, as we translate their expression, Zeus (τὸ μὲν οὖν πνεῦμα Δία προσαγορεῦσαι μεθερμηνευομένης τῆς λέξεως), and since he was the source of the spirit of life in animals they considered him to be in a sense the father of all things (ὃν αἴτιον ὄντα τοῦ ψυχικοῦ τοῖς ζῴοις ἐνόμισαν ὑπάρχειν πάντων οἱονεί τινα πατέρα)« (Diod S I 12,2; Diodorus of Sicily, with an English Translation by C.H. Oldfather, LCL, London 1960, 40f.).

[99] Jean Zumstein, Das Johannesevangelium, KEK 2, Göttingen 2016, 184. Daraus ziehe V24b die Konsequenz, »indem er im Wesentlichen V23b aufnimmt« (ebd.).

selbst und nicht im Danebenstehen vom Zuschauerstandpunkt aus«. Es sei zum andern »die Unmöglichkeit, den Augenblick wirklich als Gottes Ruf zu verstehen; da sein Ruf übertönt ist von der Stimme des eigenen Wollens und Wünschens, von der Sünde«.[100] Danach aber spricht Bultmann in §9 von der »Erkennbarkeit Gottes in der Existenz durch die Offenbarung«. Denn wenn, so stellt Bultmann fest, von der Unerkennbarkeit *Gottes* gesprochen worden war »und nicht von Unerkennbarkeit überhaupt«, dann wurde ja bereits von Gott geredet. »In der Tat«, so folgert Bultmann: »die Unerkennbarkeit Gottes ist eine in einem bestimmten Sinne begrenzte, wenn von ihr überhaupt soll geredet werden können.«[101] Hier bezieht sich Bultmann auf Luther, der voraussetzt, »daß der Mensch einen Gottesbegriff hat, d.h. in der Frage um Gott weiß«. Nach Luther gehöre es ja zum Menschen, sein »Herz zu hängen und sich zu verlassen« auf eine Macht, der man sich »alles Guten versieht«, und das bedeute, dass »der Mensch als solcher um sein Angewiesensein auf … weiß«.[102] Auf die Frage »Was weiß der Glaube mehr von Gott?« antwortet Bultmann: »Erstens: er bestreitet dem Unglauben das Recht, von Gott anders als von der Gottesfrage zu reden. Zweitens: er sieht die radikale Unmöglichkeit, Gott zu erkennen. Drittens: er redet auf Grund der Offenbarung von Gott, nämlich seinem Wort, das die Situation interpretiert: das Gewissen als Ruf Gottes, die Schuldvergebung (pecca fortiter, sed crede fortius), die Welt gekreuzigt.«[103] Daraus folgt, dass von Gott nur die Rede sein kann »auf Grund seiner *Offenbarung*, und die Offenbarung kann nur vernommen werden im *Glauben*«.[104]

Die von Gott redenden neutestamentlichen Texte bringen dies je auf ihre Weise zum Ausdruck. Sie erinnern nicht an eine historisch vergangene Offenbarung, die sich im Wirken Jesu ereignet hätte, sondern sie sprechen von der gegenwärtigen Offenbarung Gottes in Jesus Christus, die sich ereignet, indem der Eine Gott immer aufs Neue verkündigt wird. Die Einheit der Rede von dem Einen Gott und der Rede von Jesus Christus ist der wesentliche, letztlich entscheidende Aspekt neutestamentlichen Redens von Gott.

Ulrich Körtner weist in seiner »Dogmatik« unter der Überschrift »Der biblische Gott im interreligiösen Dialog« darauf hin, dass der Glaube an den einen Gott Judentum, Christentum und Islam verbindet, dass aber das Bekenntnis zu Jesus Christus »und das dieses entfaltende Trinitätsdogma« im Judentum und im Islam »auf entschiedene Ablehnung« stößt. Die Trinität sei nun aber »nicht als ein sekundärer Zusatz zum Monotheismus zu verstehen«, als ließe sich wo-

---

[100] Bultmann, Enzyklopädie (s. Anm. 16), 59.
[101] Ebd.
[102] Bultmann, Enzyklopädie (s. Anm. 16), 60, unter Bezug auf Luthers Erklärung des Ersten Gebots im Großen Katechismus.
[103] Bultmann, Enzyklopädie (s. Anm. 16), 61.
[104] Bultmann, Enzyklopädie (s. Anm. 16), 63.

möglich »ein theologischer Grundkonsens unter Absehung vom Christusbekenntnis erzielen«, denn dann würde nur »ein lediglich abstrakter Monotheismus formuliert [...], der an der christozentrischen Ausrichtung des christlichen Gottesglaubens vorbeigeht«.[105] Die Annahme, dass »ein und derselbe Gott hinter den verschiedenen, in den unterschiedlichen Religionen erfahrenen Gottheiten oder Offenbarungen des Göttlichen, aus denen einander widersprechende Geltungsansprüche abgeleitet werden, stehen soll, gehört aus christlicher Sicht zur Verborgenheit Gottes.«[106] Körtner verweist in diesem Zusammenhang darauf, dass der Paulus der Areopagrede den von ihm verkündigten Gott nicht etwa mit Zeus identifiziert, sondern »mit jenem unbekannten Gott, dem die Athener vorsorglich einen Altar geweiht hatten (Apg 17,23)«.[107]

Der lukanische Paulus verkündigt (εὐηγγελίζετο) in Athen Jesus und die Auferstehung (Apg 17,18), und diese Verkündigung expliziert er, indem er in der Areopagrede den Glauben an Gottes Handeln in Jesus Christus für Menschen plausibel machen will, die ein »Vorverständnis« von Gott haben, ohne Gott jedoch zu kennen. Die Areopagrede ist eine »religionsphilosophische Vorlesung«, aber sie wird zur Offenbarungsrede, indem Paulus seinen Hörerinnen und Hörern in Athen bezeugt, dass die von ihnen bisher unwissentlich verehrte »unbekannte« Gottheit der gegenwärtig (νῦν, Apg 17,30) von ihm verkündigte Gott ist.

Für den authentischen Paulus der Briefe ist die Rede von Christus nicht eine Ergänzung zur Rede von Gott, als wäre durch die Begegnung mit Christus dem Gottesglauben etwas hinzugefügt worden; vielmehr vollzieht sich in der Begegnung mit Christus die Begegnung mit Gott (Gal 1,15f.). Deshalb ist die Aussage »Gott ist einer« (εἷς ὁ θεός) für Paulus unvollständig, ja geradezu »falsch«, wenn sie nicht direkt mit dem Bekenntnis zu Jesus Christus verknüpft wird. Damit wird zugleich deutlich, dass von Gott nicht »absolut« gesprochen werden kann, sondern nur in seiner durch Christus vermittelten Beziehung zum Menschen.

Das in Jesu Gespräch mit der Samaritanerin begegnende Reden von Gott kann nicht mit anderen Redeweisen von Gott ausgeglichen werden, es entzieht sich also jedem »Dialog«. In den an die Samaritanerin gerichteten Worten wird die Einheit von Gott und Christus deutlich, indem Jesus selber der Sprecher der von Gott redenden Sätze ist. Jesus tritt nicht an die Stelle Gottes, aber Gott wird

---

[105] Körtner, Dogmatik (s. Anm. 63), 253f.
[106] Körtner, Dogmatik (s. Anm. 63), 255 (im Original kursiv).
[107] Körtner, Dogmatik (s. Anm. 63), 255. Körtner fährt fort (256): »Gemessen an untrinitarischen Formen des Monotheismus ist der dreieinige Gott des Christentums ein unbekannter Gott. Für die theologische Bearbeitung von interreligiösen Differenzerfahrungen« sei darum »Luthers Unterscheidung von gepredigtem und verborgenem Gott zentral«; damit werde nicht behauptet, »dass sich Gott außerhalb des Christentums nicht offenbart habe. Aber seine außerchristlichen Offenbarungen sind Christen als eigene Glaubenserfahrungen nicht zugänglich – oder sie werden zu Anhängern einer anderen Religion.« Es könne allerdings geschehen, »dass ein Christ in fremden Glaubensweisen die Gegenwart jener heilvollen Macht glaubt wiedererkennen zu dürfen, die für ihn selbst in Christus und seinem Evangelium wirksam ist.«

»definiert«, indem Jesus von ihm predigt; durch diese Predigt werden die bis dahin gültigen religiösen Grenzen überschritten und beseitigt (Joh 4,21).

Der christliche Glaube spricht von Gott nicht »theoretisch« und in »monotheistischer« Abstraktion, sondern entsprechend dem Neuen Testament sind das Reden von Gott und das Reden von Jesus Christus aufeinander bezogen und untrennbar miteinander verbunden.

Bernd Kuschnerus

»Und wie bringt man das jetzt zusammen?«

Theologische Orientierung in der kirchlichen Praxis

»Und wie bringt man das jetzt zusammen?« – Diese Überschrift entnehme ich dem Stoßseufzer eines Examenskandidaten vor der Predigtarbeit. Muss er ja nicht nur in der Vorbereitung exegetische, kirchengeschichtliche, systematisch-theologische und homiletische Arbeitsschritte vollziehen, sondern möglichst auch Kenntnisse der Adressatinnen und Adressaten seiner Predigt, ihrer Lebensumstände, -themen und -fragen mit der Predigtvorbereitung verbinden. Dabei hat er liturgische Kontexte sowie das Proprium des Sonntags und seiner Lesungstexte und Lieder zu bedenken. Nicht zuletzt muss er seine eigene Person in der Rolle des Predigers reflektieren.

»Und wie bringt man das jetzt zusammen?« – Eine ähnliche Frage lässt sich auch aus kirchenleitender Perspektive stellen. Wie lässt sich theologische Orientierung in der kirchlichen Praxis gewinnen? Die Theologie ist in einer komplexen Weise aufgefächert. Nicht immer ist offensichtlich, was die theologischen Einzeldisziplinen verbindet. Gelegentlich gewinnt man den Eindruck, dass das Gespräch mit den nichttheologischen Nachbardisziplinen besser gelingt als innerhalb der Theologie.

Was macht die theologischen Fächer zu *theologischen*? In jüngerer Zeit hat Ingolf Ulrich Dalferth einen einflussreichen Beitrag zur theologischen Enzyklopädie geleistet. Er versteht evangelische Theologie als »eine *praktisch-hermeneutische Disziplin*«[1]. *Praktisch* ist diese Disziplin, weil sie sich auf die lebenspraktische Orientierung des christlichen Glaubens an Gott bezieht. In ihr findet sie ihren hermeneutischen Ausgangspunkt. Daher sieht Dalferth die Theologie in

---

[1] Ingolf U. Dalferth, Theologie im Kontext der Religionswissenschaft. Selbstverständnis, Methoden und Aufgaben der Theologie und ihr Verhältnis zur Religionswissenschaft, in: ThLZ 126 (2001), 3–20, 14.

einem engen Bezug zur Kirche.² Sie ist die gemeinschaftliche Praxis des Glaubens. *Hermeneutisch* ist die evangelische Theologie als eine am Evangelium orientierte Interpretationspraxis.³ Die Interpretation erfolgt dabei in zwei Richtungen. In der ersten geht es darum, mit Hilfe von Zeugnissen des Glaubens »ein Verständnis des Evangeliums zu erarbeiten«⁴. In der zweiten sollen das menschliche Leben und die Welt »im Lichte des Evangeliums«⁵ interpretiert werden. Aus der »kritischen Interpretation des Evangeliums« gewinnt die Theologie »die orientierenden Grundunterscheidungen ihrer theologischen Interpretationsperspektive«⁶. Nach Dalferth heißt, *sich im Denken orientieren* (Kant), zu unterscheiden. Jede Orientierung beruht auf Unterscheidungen. So geht es auch im theologischen Denken darum, Unterscheidungen auf ihre Orientierungsleistung und auf ihre Grenzen zu erproben.⁷ Die theologisch orientierende Kraft von Unterscheidungen wird deutlich, wenn wir uns die Leitdifferenzen von Schöpfer und Geschöpf, von Gott und der Rede von Gott, aber auch von »Gesetz und Evangelium, Geist und Buchstaben, Eschatologie und Geschichte, [...] Christus als dem Grund des Glaubens und den Glaubenden«⁸ vergegenwärtigen.

Um für die kirchliche Praxis theologische Orientierung zu gewinnen, könnte es nicht nur wichtig sein, Kenntnisse verschiedener Disziplinen zu kombinieren, sondern auch theologische Unterscheidungen zu erproben. Ich möchte so vorgehen, dass ich – erstens – am Beispiel von Exegese und Verkündigung nach der Theologie als Wissenschaft im Horizont christlicher Glaubenspraxis⁹ frage.

---

² Ingolf U. Dalferth, Evangelische Theologie als Interpretationspraxis. Eine systematische Orientierung, ThLZ.F 11/12, Leipzig 2004, 16f. Vgl. ders., God first. Die reformatorische Revolution der christlichen Denkungsart, Leipzig 2018, 141: »Wer Glaube sagt, sagt [...] immer auch Kirche, und wer Kirche sagt, der spricht von der Kommunikation des Evangeliums und vom Leben der Glaubenden unter den Bedingungen und im Zusammenhang der Wirklichkeiten und Möglichkeiten dieser Welt«. Die Theologie hat Teil an der Lebensorientierung der Glaubensgemeinschaft. Ihr verdankt sich ihre Interpretationsperspektive.

³ Vgl. Dalferth, Interpretationspraxis (s. Anm. 2). Auf Ingolf U. Dalferths Bestimmung des Theologiebegriffes als Interpretationspraxis beziehen sich positiv Beiträge aus verschiedenen theologischen Disziplinen in: Ingolf U. Dalferth (Hrsg.), Eine Wissenschaft oder viele? Die Einheit evangelischer Theologie in der Sicht ihrer Disziplinen, ThLZ.F 17, Leipzig 2006.

⁴ Dalferth, Interpretationspraxis (s. Anm. 2), 145.

⁵ Ebd.

⁶ A.a.O.,130.

⁷ Vgl. Ingolf U. Dalferth, Orientieren durch Unterscheiden. Zur Denkform evangelischer Theologie, in: ThLZ 144 (2019), 692–705.

⁸ Gerd Schunack, Textverständnis, Textbegriff und Texttheorie, in: Gerhard Ebeling/Eberhard Jüngel/Gerd Schunack (Hrsg.), FS Ernst Fuchs, Tübingen 1973, 299–321, 317.

⁹ Nach Dalferth, God first (s. Anm. 2), 199, »ist christliche Theologie [...] der Versuch, im Horizont gelebter Religion und christlicher Glaubenspraxis von Gottes Gegenwart

Dann schaue ich — zweitens — auf die Rolle von Theologie *in kirchenleitender Praxis* und erprobe die Leitdifferenzen »disponierendes Handeln« und »kommunikatives Handeln« sowie »sichtbare Kirche« und »geglaubte Kirche«. Schließlich möchte ich — drittens — unter der Perspektive *gesellschaftsbezogener Theologie* einen Blick auf die kirchliche Beteiligung an der Seenotrettung im Mittelmeer werfen. Kann es gelingen, das alles zusammenzubringen? Wir werden sehen.

1. Theologie als Wissenschaft im Horizont christlicher Glaubenspraxis

Ich möchte zunächst am Beispiel einer Denkbewegung hermeneutischer Theologie nach dem Verhältnis von exegetischer Arbeit und Verkündigung fragen.

In seinem Aufsatz »Das Problem einer theologischen Exegese des Neuen Testaments« plädiert Rudolf Bultmann für eine Exegese, die »von der Frage der Selbstauslegung geleitet« wird, indem sie den »Anspruch, die Autorität des Textes anerkennt«[10]. Freilich unterscheidet Bultmann die exegetische Theologie von der Wortverkündigung: »Die Kirche muß eine immer bessere Theologie fordern, aber nicht eine immer bessere Wortverkündigung, sondern nur Wortverkündigung überhaupt«[11]. Die Aufgabe der exegetischen Theologie sieht Bultmann in »der Erhebung der Aussagen des Textes in die Begrifflichkeit der Gegenwart«[12]. Eberhard Jüngel hat hervorgehoben, dass für Bultmann »systematische Theologie [...] auf die Existenz des gegenwärtigen Menschen ausgerichtete Exegese«[13] sei. Die Gedankenfigur hat Jüngel bekanntlich für sein eigenes Denken übernommen.[14] Für Ernst Fuchs ist nicht die Dogmatik, sondern die Predigt konse-

---

und Wirken zu sprechen und diese bestimmte Weise, von Gott zu reden, auf alle Bereiche des Lebens hin auszuziehen und zu durchdenken«.

[10] Rudolf Bultmann, Das Problem einer theologischen Exegese des Neuen Testaments, in: Jürgen Moltmann (Hrsg.), Anfänge der dialektischen Theologie II. Rudolf Bultmann, Friedrich Gogarten, Eduard Turneysen, TB Systematische Theologie 17/II, München ⁴1987, 47–72, 58.
[11] A.a.O., 69.
[12] A.a.O.,70.
[13] Eberhard Jüngel, Glauben und Verstehen. Zum Theologiebegriff Rudolf Bultmanns, in: ders., Wertlose Wahrheit. Zur Identität und Relevanz des christlichen Glaubens. Theologische Erörterungen III, BEvTh 107, München 1990, 16–77, 22.
[14] Vgl. Eberhard Jüngel, Gottes Sein ist im Werden. Verantwortliche Rede vom Sein Gottes bei Karl Barth. Eine Paraphrase, Tübingen ⁴1986, 123; ders., Die Leidenschaft, Gott zu denken. Ein Gespräch über Denk- und Lebenserfahrungen, hrsg. v. Fulvio Ferrario, Zürich 2009, 26ff. Zur Kritik an Jüngels Bestimmung der Systematischen Theologie

quente Exegese: »Die historisch-kritische Methode der Auslegung neutestamentlicher Texte hat ihren Dienst dann getan, wenn sich aus dem Text die Nötigung zur Predigt ergibt«[15]. Die Nötigung zur Predigt ergibt sich nicht von selbst.[16] Nach Fuchs ist der Text auf »das im Text bezeugte Phänomen zu befragen«[17]. Fuchs hat also eine ganz bestimmte Fragerichtung im Blick. Der Text wird als Zeugnis befragt. Die Textexegese ist in die Frage nach dem Lebensbezug des Textes eingebettet.[18] Schon Bultmann bestand darauf, dass die historische und die theologische Exegese nicht auseinanderfallen dürften, »weil ja die echte historische Exegese auf der existentiellen Begegnung mit der Geschichte beruht, also mit der theologischen zusammenfällt«[19].

Demnach gilt es, den Text als Text der Verkündigung freizulegen.[20] Dazu muss der Text verstanden werden. Mit Hilfe historischer, philologischer, textwissenschaftlicher Methoden können Unklarheiten aufgehoben, Missverständnisse korrigiert, der vorschnelle Zugriff auf den biblischen Text verzögert und die Fremdheit des Textes respektiert werden.[21] In dieser Hinsicht wird der Text als Gegenstand des Verstehens in den Blick genommen. Gleichwohl »gibt [es] kein bloßes Auslegen dessen, was da steht«[22], wie Bultmann feststellt, vielmehr

---

als konsequenter Exegese vgl. auch Ulrich H.J. Körtner, Konsequente Exegese. Zum Verhältnis von hermeneutischer Theologie, Wort Gottes und Schriftauslegung, in: Ingolf U. Dalferth/Pierre Bühler/Andreas Hunziker (Hrsg.), Hermeneutische Theologie – heute?, HUTh 60, Tübingen 2013, 149–172, 169ff.

[15] Ernst Fuchs, Die der Theologie durch die historisch-kritische Methode auferlegte Besinnung, in: ders., Zur Frage nach dem historischen Jesus, GA II, Tübingen 1960, 219–237, 226 (im Original kursiv). Fuchs bezieht sich in dem Aufsatz auf die Parabel von den Arbeitern im Weinberg (Mt 20,1–16).

[16] Zu Recht macht Christan Möller auf das Missverständliche der pointierten Formulierung bei Fuchs aufmerksam. Vgl. Christian Möller, Ein Helfer zur Freude an der Predigt, in: ders. (Hrsg.), Freude an Gott. Hermeneutische Spätlese bei Ernst Fuchs, Waltrop 2003, 237–247; ders., Die Homiletische Hintertreppe. Zwölf biographisch-theologische Begegnungen, Göttingen 2007, 92.98.

[17] Fuchs, Besinnung (s. Anm. 15), 231.

[18] Vgl. a.a.O., 231ff.

[19] Bultmann, Problem (s. Anm. 10), 72.

[20] Auf den engen Zusammenhang von Text und Verkündigung weist Ingolf U. Dalferth, Wirkendes Wort. Bibel, Schrift und Evangelium im Leben der Kirche und im Denken der Theologie, Leipzig 2018, 441, hin, wenn er fordert, dass »der Ausgangspunkt der Beschäftigung mit den biblischen Texten [...] in der Evangelischen Theologie immer ihr christlicher und damit vor allem kirchlicher Gebrauch in der Kommunikation des Evangeliums sein [muss]«. Freilich hebt er gelegentlich die Wichtigkeit des Textgebrauchs in einer so pointierten Weise hervor, dass die Bedeutung der Texte demgegenüber unklar wird (vgl. ebd.). Vgl. dagegen Gerd Schunack, Gibt es eine Mitte des Neuen Testaments?, in: Dietrich Korsch/Cornelia Richter (Hrsg.), Das Wesen des Christentums, MThSt 62, Marburg 2002, 31–39, 31.33.

[21] Vgl. Hans Weder, Neutestamentliche Hermeneutik, ZGB, Zürich 1986, bes. 428–435.

[22] Bultmann, Problem (s. Anm. 10), 55.

»geht die Auslegung des Textes immer Hand in Hand mit der Selbstauslegung des Exegeten«. Gilt es, das Textverstehen vor ideologischen Verzerrungen zu bewahren, kann die wissenschaftliche Frage nach dem Text nicht von der selbstkritischen Befragung der Kommunikationssituation, in der der Text befragt wird, getrennt werden.[23] Die übergreifende Fragerichtung richtet sich nicht nur auf das Verstehen des Textes, sondern nimmt den Text als Hilfe in Anspruch, um das im Text Bezeugte zu verstehen. Der Text wird vom Gegenstand des Verstehens selbst zu einer Verstehenshilfe.

Nach Fuchs kann dieses Verstehen gelingen, wenn das Bezeugte »noch dem Leben angehört«[24]. Schließlich entsteht Wissenschaft aus einem »Lebensverhältnis zu ihrem Gegenstand«[25]. Maßgebliche religiöse Texte, Gesetzestexte oder politische Texte gehören unterschiedlichen Lebenszusammenhängen an, in denen sie von Auslegungsgemeinschaften befragt und in Anspruch genommen werden. Verkündigungstexte werden als heilige Schrift in der Kirche gebraucht.[26] Fragen wir nach der »mit dem Text selbst gegebenen hermeneutischen Hilfe«[27], geht es um den Anspruch des Textes an die Lesenden.[28] Fuchs formuliert freilich weniger in einer Anspruchs- als in einer Gabenmetaphorik. Ihm zufolge muss die Auslegung auf einen sakramentalen Grundzug in den neutestamentlichen Texten achten. Fuchs findet ihn insbesondere in der Gleichnisverkündigung Jesu, der johanneischen Sprache und in der paulinischen Theologie.[29] Er folgert: »Der Text will sakramental verstanden werden, sozusagen als Gabentisch, der austeilt, satt macht, weil er zur Sprache bringt, worin der *Überfluss* Gottes besteht. Dann kommt man zur Einsicht, daß der Text ein Text der Verkündigung werden *muß*«[30].

---

[23] Vgl. Gerd Schunack, Hermeneutische Prinzipien im Christentum, in: Hans-Martin Barth/Christoph Elsas (Hrsg.), Hermeneutik in Islam und Christentum. Beiträge zum interreligiösen Dialog, Hamburg 1997, 44–50.
[24] Fuchs, Besinnung (s. Anm. 15), 231.
[25] Rudolf Bultmann, Theologische Enzyklopädie, hrsg. v. Eberhard Jüngel/Klaus W. Müller, Tübingen 1984, 160 (dort gesperrt).
[26] Bultmann, Problem (s. Anm. 10), 67, hält fest, »daß die Exegese des Neuen Testaments zur Aufgabe wird für den, der in der Tradition der Kirche des Wortes steht. [...] Damit ist aber die *Exegese in der gleichen Lage wie die Theologie überhaupt*, die auch nur sinnvoll ist unter der Voraussetzung des Glaubens«.
[27] Ernst Fuchs in einem Brief an Gerhard Ebeling vom 8.12.1959, zit. n. Gerhard Ebeling (Hrsg.), Freundesbriefe von Ernst Fuchs, in: Ebeling/Jüngel/Schunack (Hrsg.), FS Ernst Fuchs (s. Anm. 8), 1–66, 48.
[28] Vgl. Bultmann, Problem (s. Anm. 10), 50.
[29] Vgl. dazu Gerd Schunack, Einleitung, in: Eberhard Jüngel/Gerd Schunack (Hrsg.), Ernst Fuchs: Lesebuch. Ausgewählte Texte, Tübingen 2003, VII–XL, bes. XXXIVff.
[30] Ernst Fuchs, Jesus. Wort und Tat (VNT 1), Tübingen 1971, 140.

Für Fuchs »[gehört] der Ausleger [...] selber in die Auslegung hinein [...], weil er als je schon Ausgelegter in der Auslegung erscheint«[31]. Daher komme es in der Auslegung darauf an, auch das eigene Herz zu befragen,[32] wie Fuchs schreibt. Gerd Schunack formuliert, es gehe um »kritischen Sachverstand, der auf Lebenserfahrung mit diesen Texten beruht«[33]. Soll eine theologische Urteilskraft ausgebildet werden,[34] erscheint es als wichtig, sich mit den Schrifttexten vertraut zu machen, theologische Leitunterscheidungen im Blick auf ihre lebensorientierende Kraft erprobend zu durchdenken und zu diskutieren. Diese Erprobungen bedürfen der Rückbindung in der Teilnahme an praktischen Vollzügen des Glaubens.

Mir geht es nicht darum, in einem Kurzschluss zwischen Exegese und Verkündigungspraxis die weiten Felder praktisch-theologischer und insbesondere homiletischer Theoriebildung[35] zu überspringen. Sondern ich halte die Transparenz der theologischen Fächer in Bezug auf ihre theologische Fragerichtung für entscheidend. Um in kirchlicher Praxis Orientierung zu bieten, müssen sich die theologischen Fächer nicht nur im Blick auf die untersuchten Texte, Religionsgemeinschaften, gesellschaftlichen Funktionsbereiche usw. von ihren Referenz-Disziplinen unterscheiden. Sondern sie müssen zeigen, dass sie am Nachdenken über Gott beteiligt sind.

2. Orientierungen in kirchlicher Theologie

Das Nachdenken über Gott kann nicht nur im Spiel der theologischen Disziplinen aufgefächert werden, sondern auch nach den Orten, an denen es praktiziert

---

[31] Ernst Fuchs, Einleitung. Zur Frage nach dem historischen Jesus. Ein Nachwort, in: ders., Glaube und Erfahrung. Zum christologischen Problem im Neuen Testament, Tübingen 1965, 1–31, 30.
[32] Vgl. Fuchs, Besinnung (s. Anm. 15), 226.
[33] Schunack, Textverständnis (s. Anm. 8), 33.
[34] Vgl. Schunack, Prinzipien (s. Anm. 23), 49f; Dalferth, Wort (s. Anm. 20), 443–447.
[35] Insbesondere Christian Möller hat die hermeneutischen Überlegungen von Ernst Fuchs in seiner Homiletik aufgegriffen. Vgl. z.B. Christian Möller, Welche Bedeutung hat der biblische Text für die Predigt?, in: Ebeling/Jüngel/Schunack (Hrsg.), FS Ernst Fuchs (s. Anm. 8), 263–279; ders., Seelsorglich predigen. Die parakletische Dimension von Predigt, Seelsorge und Gemeinde, Göttingen 1983; ders., Helfer (s. Anm. 16); ders., Hintertreppe (s. Anm. 16), 92–106. In jüngerer Zeit hat sich Martin Nicol in seiner dramaturgischen Homiletik auf den Ereignis-Begriff bei Ernst Fuchs bezogen; vgl. ders, Einander ins Bild setzen. Dramaturgische Homiletik, Göttingen 2002, 50. Nicol erhofft sich über den Ereignis-Begriff – den er in der amerikanischen »New Homiletic« wiederfindet – eine »existentiale Verschwisterung von Bibelwissenschaft, Systematischer Theologie und Homiletik« (ebd.). Vgl. dazu jedoch die kritischen Überlegungen bei Möller, Hintertreppe (s. Anm. 16), 104–106.

wird. So unterscheidet Dalferth idealtypisch zwischen akademischer Theologie, kirchlicher Theologie und gesellschaftsbezogener Theologie – nicht ohne sogleich deren mögliche Irrwege aufzuzeigen.[36] Ich möchte aus im engeren Sinne kirchenleitender Perspektive den beiden letztgenannten Funktionsorten von Theologie nachgehen. Vorausgesetzt ist, dass sich kirchliche Theologie nicht nur und nicht vor allem in der Kirchenleitung im engeren Sinne abspielt und gesellschaftsbezogene Theologie selbstverständlich nicht »für ordinierte Amtsträger in kirchenleitender Funktion« reserviert ist.[37]

Theologische Orientierung in Gemeinden und Einrichtungen und den verschiedenen Ebenen kirchlicher Organisation wird durch die Arbeit theologischer Kammern und Ausschüsse unterstützt, wie dem Theologischen Ausschuss der Union Evangelischer Kirchen (UEK). Der Ausschuss sieht seine Aufgabe darin, mit Hilfe »gehaltvolle[r] und zugleich kommunizierbare[r] Theologie« eine Orientierung zu wichtigen theologischen Themen zu geben. Diese Orientierung richtet sich nicht nur an theologische Fachleute, sondern auch an »interessierte Gemeindeglieder«[38]. Dazu werden die jeweiligen Perspektiven von Vertreterinnen und Vertretern sowohl der verschiedenen theologischen Disziplinen als auch der akademischen und der kirchlichen Theologie miteinander kombiniert.

Die Bremische Evangelische Kirche hat keinen eigenen Theologischen Ausschuss. Das liegt nicht an ihrer Größe. Vielmehr ist entsprechend ihrer Verfassung von 1920 die gesamtkirchliche Ebene gerade in theologischer Hinsicht zugunsten der Gemeinden sehr zurückgenommen. Die Gemeinden genießen eine »Glaubens-, Lehr-, und Gewissensfreiheit«. Die Zuständigkeit des Kirchentages – unserer Synode – für die Beratung theologischer Themen kann durch das Votum eines Viertels der Mitglieder bestritten werden.[39] Umso wichtiger ist für die Bremische Evangelische Kirche die theologische Arbeit in der Union Evangelischer Kirchen. Und umso drängender ist die Förderung *gemeindlicher* Theologie, des zwischengemeindlichen theologischen Austausches und des Gespräches der Pastorinnen und Pastoren. Das geschieht in theologischer Fortbildung für haupt-

---

[36] Vgl. Dalferth, God first (s. Anm. 2), 157ff.

[37] Ulrich H.J. Körtner, Luthers Provokation für die Gegenwart. Christsein – Bibel – Politik, Leipzig 2018, 152.

[38] UEK (Hrsg.), Unsere Hoffnung auf das ewige Leben. Ein Votum der Union Evangelischer Kirchen in der EKD, Neukirchen-Vluyn ²2008, 7. Vgl. neben dieser Schrift die weiteren im Ausschuss erarbeiteten Voten: Michael Beintker/Martin Evang (Hrsg.), Mit Gott reden – von Gott reden. Das Personsein des dreieinigen Gottes – Votum des Theologischen Ausschusses der Union Evangelischer Kirchen in der EKD (UEK), Evangelische Impulse 3, Neukirchen-Vluyn 2011; Michael Beintker/Martin Evang (Hrsg.), Kirchengemeinschaft leben und gestalten. Ein Votum des Theologischen Ausschusses der Union Evangelischer Kirchen in der EKD (UEK), Evangelische Impulse 6, Neukirchen-Vluyn 2016.

[39] Vgl. § 1 Abs. 3 und § 7 Abs. 3 der Verfassung der Bremischen Evangelischen Kirche, URL: https://www.kirchenrecht-bremen.de/document/13741 (Stand 27.12.19).

und ehrenamtlich Mitarbeitende, Pastoralkollegs, Tagungen und Pfarrkonferenzen, Bildungswerksangeboten und Gemeindeseminaren. Werden dabei auch »die wesentlichen Konflikte des kirchlichen Lebens«[40] bearbeitet, gewinnt das theologische Nachdenken unmittelbare Bedeutung für die Leitung der Kirche.[41]

2.1 Kirchenleitung in der Orientierung an der Leitdifferenz zwischen disponierendem Handeln und kommunikativem Handeln

Aber lässt sich die Kirche überhaupt theologisch steuern? Der Kirchenausschuss, das Leitungsgremium zwischen den Sitzungen des Kirchentages der Bremischen Evangelischen Kirche, befasst sich vor allem mit Finanzthemen, Personalfragen, Bausachen, Kita-Angelegenheiten, Mitgliederzahlen, Gesundheitsschutz, Arbeitsschutz, Datenschutz und Umsatzsteuerauflagen. Spielen außertheologische Faktoren für die Kirche nicht mindestens eine ebenso große Rolle wie die theologischen? In kirchentheoretischen Debatten werden immer wieder verschiedene Megatrends aufgelistet, denen sich kirchliches Handeln stellen muss.[42] Diese Trends haben Auswirkungen auf die Kirchenmitgliedschaft, kirchliche Strukturen und nicht zuletzt auf die Finanzkraft der Kirche.

Wie die anderen Gliedkirchen der EKD hat die bremische mit zurückgehenden Mitgliederzahlen und schwindender Finanzkraft umzugehen.[43] Dass eine verantwortliche Kirchenleitung darauf reagieren muss, kann man beklagen, man wird es aber kaum bestreiten können. Während die akademische theologische Reflexion eine Entschleunigung zur Voraussetzung und zur Folge hat, steht kirchenleitendes Handeln unter dem Druck der unmittelbaren Praxisgestaltung. Was hat diese Praxisgestaltung mit Theologie zu tun?

Reiner Preul hat im Anschluss an Schleiermacher eine Unterscheidung im kirchlichen Handlungsbegriff eingeführt.[44] Preul differenziert zwischen einem disponierenden Handeln und einem kommunikativen Handeln der Kirche. Das

---

[40] Jan Hermelink, Kirchliche Organisation und das Jenseits des Glaubens. Eine praktisch-theologische Theorie der evangelischen Kirche, Gütersloh 2011, 301.
[41] Mit Jan Hermelink kann man hoffen, dass sich dabei gelegentlich die »verstörende, erneuernde Wirkung des Heiligen Geistes« zu erkennen gibt (ebd.).
[42] Vgl. insbesondere Christian Grethlein, Kirchentheorie. Kommunikation des Evangeliums im Kontext, Berlin/Boston 2018, 210–228.
[43] Beide Themen – Mitgliederrückgang und Finanzkraft – hängen miteinander zusammen, sind aber zu unterscheiden; so richtig Uta Pohl-Patalong, Einleitung, in: dies. (Hrsg.), Kirchliche Strukturen im Plural. Analysen, Visionen und Modelle aus der Praxis, Schenefeld 2004, 9–14, 9.
[44] Vgl. Reiner Preul, Kirchentheorie. Wesen, Gestalt und Funktionen der evangelischen Kirche, Berlin/New York 1997, 6.

kommunikative Handeln umfasst »Akte, in denen religiöse, am Evangelium orientierte Kommunikation vollzogen wird«[45]. Preul nennt »Predigt, Liturgie, Seelsorge, Unterricht und öffentliche Verlautbarungen kirchlicher Stellen und Gremien«[46]. Disponierendes Handeln hingegen »schafft institutionell-organisatorische oder auch nur Rahmenbedingungen solcher Kommunikation des Evangeliums«[47]. Freilich ist beides zwar zu unterscheiden, aber nicht ganz zu trennen. Daher ist zu vermuten, dass disponierendes Handeln Einfluss auf das kommunikative Handeln hat. Und es ist zu hoffen, dass umgekehrt sich die Kommunikation des Evangeliums auf die Organisation und Institution auswirkt. Was bedeutet das für das kirchenleitende Handeln in Bremen?

»Wie gelingt es, die Bremische Evangelische Kirche mit ihren Gemeinden und Einrichtungen angesichts des gesellschaftlichen Wandels und geringer werdender Ressourcen zukunftsfähig zu machen, damit auch weiterhin die gute Botschaft von der befreienden Liebe Gottes in Wort und Tat verkündigt werden kann?« – Diese Aufgabe hat sich der Kirchentag der Bremischen Evangelischen

---

[45] Ebd.
[46] Ebd.
[47] Ebd. Vgl. zum Gebrauch der Wendung »Kommunikation des Evangeliums« in der praktischen Theologie Wilfried Engemann, »Kommunikation des Evangeliums« als Grundprinzip der religiösen Praxis des Christentums? Prämissen, Implikationen und Konsequenzen für das Verständnis von der Aufgabe der Praktischen Theologie, in: Birgit Weyel/Peter Bubmann (Hrsg.), Kirchentheorie. Praktisch-theologische Perspektiven auf die Kirche, VWGTh 41, Leipzig 2014, 15–39; Christian Grethlein, »Religion« oder »Kommunikation des Evangeliums« als Leitbegriff für die Praktische Theologie?, in: ZThK 112 (2015), 468–489. Grethlein bevorzugt den Kommunikations- gegenüber dem Verkündigungsbegriff, weil er der Wechselseitigkeit von Verständigung Rechnung trägt, sowohl verbale wie nonverbale Weisen des Austauschs beinhaltet und dem Gebrauch neuer Medien besser entspricht; vgl. ders., Kommunikation des Evangeliums in der Mediengesellschaft, ThLZ. F 10, Leipzig 2003, 15f. Auch der Systematiker Ingolf U. Dalferth verwendet die Formel »Kommunikation des Evangeliums« als einen Leitbegriff. Er beschreibt »Kommunikation als soziales Grundphänomen«; Dalferth, Interpretationspraxis (s. Anm. 2), 90. Kommunikation ist mehrlinig und in ihren vielfältigen Anknüpfungsmöglichkeiten kreativ; vgl. a.a.O., 91ff. Daher lässt sich die Weise, »wie etwas zu verstehen ist, was jeweils wahr ist, gewiss sein kann und verbindlich gilt, [...] nicht zeitfrei, situationsunabhängig und nur auf eine ›richtige‹ Weise inhaltlich fixieren«, sondern muss stets neu zustande kommen; a.a.O., 12f. Im Blick auf die »Kommunikation des Evangeliums« unterscheidet Dalferth zwischen der unter Menschen erfolgenden »christlichen Kommunikation des Evangeliums«, die über die Verkündigung hinaus die Vielfalt einer vom Evangelium bestimmten Lebenspraxis umschreibt, und der »Selbstkommunikation des Evangeliums«, die sich zwischen Gott und Menschen ereignet. Erst die »Selbstkommunikation des Evangeliums« bewirkt Glauben und ermöglicht die »christliche Kommunikation des Evangeliums«, die auf den Glauben zielt; vgl. a.a.O., 87–89.90–113, sowie die zusammenfassende Darstellung bei Dalferth, Wort (s. Anm.20), 42–46.

Kirche im November 2015 gestellt. Das etwas vollmundige Wort vom »Zukunftsfähigmachen« spricht vom disponierenden Handeln der Kirche.

Wichtige Maßnahmen beziehen sich auf die Personalausstattung, den Gebäudebestand und Beratungen der Gemeinden. Für die Gemeinden der Bremischen Evangelischen Kirche besteht ein Personalausstattungssystem, das die Mittel zur Personalausstattung an die Zahl der Gemeindeglieder koppelt. Der Kirchenausschuss prüft turnusmäßig eine Verminderung der Personalstellen im Bereich der gesamtkirchlichen Einrichtungen, die dem Personalrückgang in den Gemeinden entspricht.

Die Gebäudestruktur der Bremischen Evangelischen Gemeinden stammt im Wesentlichen aus den 50er und 60er Jahren. Sie war auf eine Zahl von über 500.000 Gemeindegliedern zugeschnitten. Im Juli 2019 betrug die Gemeindegliederzahl 185.289. Gebäude müssen belebt, gereinigt, geheizt und renoviert werden. Die Bremische Evangelische Kirche hat beschlossen, diesen Gebäudebestand um ca. 30% zu vermindern. Dennoch – so der Beschluss des Kirchentages – soll sichergestellt bleiben, dass die Kirche durch ihre Gemeinden weiterhin angemessen in den Stadtteilen vertreten ist. Die Gebäudereduktion ist mit einer qualitativen Verbesserung des bleibenden oder neu errichteten Gebäudebestandes verbunden.

Der Druck, den kirchliche Reformprozesse und Visionen auf Gemeinden und Mitarbeitende ausüben, ist oft kritisiert worden.[48] Das disponierende kirchenleitende Handeln in der Bremischen Evangelischen Kirche folgt eher der Frage: Was haben wir, was können wir damit machen und mit wem können wir zusammenarbeiten? Personal- und Gebäudefragen werden in Bremen zurzeit vor allem durch Kooperationen von Gemeinden oder die Zusammenarbeit von Gemeinden und diakonischen Trägern beantwortet. Solche Prozesse fordern zahlreiche Beratungen. Sie kosten Zeit und Kraft. Sie belasten oft Ehren- und Hauptamtliche. Immer wieder geht es darum, die jeweiligen Anliegen zu einem Ausgleich und Lösungspotentiale ans Licht zu bringen. Gemeinden und Regionen werden durch Gemeindeberatungen unterstützt. Die Arbeitsstelle für Supervision und Gemeindeberatung ist in den vergangenen Jahren von Kürzungsprozessen ausgenommen worden. Von Seiten der Kirchenleitung werden Gemeindeentwicklungsfortbildungen, Werkstatttage zur Förderung gemeinwesenorientierter Projekte angeboten und Gemeinden darin unterstützt, sich mit städteplanerischer Kompetenz beraten zu lassen. Nicht zuletzt soll die Verbindung der Kirchengemeinden mit ihren Kindertageseinrichtungen gestärkt werden. Zu fast jeder evangelischen Kirchengemeinde in Bremen gehört eine Kindertageseinrichtung. Hier geht es einerseits um religionspädagogische und diakonische Arbeit, andererseits darum, dass die Kita von der Gemeinde als »Wahrnehmungsorgan«

---

[48] Vgl. besonders Christian Möller, Kirche, die bei Trost ist. Plädoyer für eine seelsorgliche Kirche, Göttingen 2003, insbesondere 11ff; ders., Lasst die Kirche im Dorf! Gemeinden beginnen den Aufbruch, Göttingen 2009.

für den Stadtteil und die Themen der dort lebenden Familien genutzt werden kann.

Birgit Weyel hat deutlich gemacht, dass eine Fokussierung auf die Kirche als Netzwerk »den Horizont für die vielfältigen Formen von Kirche öffnet«[49]. In dieser Hinsicht stellen die großen Neubauprojekte im Gebiet des früheren Bremischen Übersee-Hafens eine interessante Herausforderung dar. Dieses Projekt gilt als eines der größten Stadtentwicklungsprojekte Europas.[50] Das Gebiet der Überseestadt umfasst 300 Hektar. Zum Vergleich: Die Hamburger Hafencity hat 127 Hektar Landfläche.[51] Die städtebauliche Entwicklung der Überseestadt schreitet sehr rasch voran. Perspektivisch sollen dort ca. 7.000 Menschen wohnen. Sehr viel mehr (mindestens 16.100 Menschen) arbeiten dort bereits.[52] Allerdings fehlen gemeinwesenorientierte, nachbarschaftsfördernde Angebote und nichtkommerzielle Begegnungsmöglichkeiten. Vor 50 Jahren wären in einem solchen Neubaugebiet noch eine Kirche und ein Gemeindehaus errichtet worden. Heute müssen andere Formen gefunden werden. Gemeinsam mit den Gemeinden, zu deren Parochie das Hafengebiet gehört oder an die es grenzt, und Akteuren aus der Cityarbeit, der diakonischen Arbeit und der Ökumene wird beraten, wie eine kirchliche Präsenz in der Überseestadt gestaltet werden kann. Mit der katholischen Kirche und diakonischen Trägern wurde im letzten Jahr ein Laden angemietet. Dieser Ort wird für Bürgerdialoge, Sozialberatungen und als Begegnungsstätte genutzt. Er dient als Jugend- und Kindertreff, ist Andachtsraum und Ausgangspunkt für Gottesdienstfeiern und Mitsingprojekte. Wir erproben neue Formate und sammeln Netzwerkerfahrungen.

Die Kirche als Netzwerk – das Thema stellt sich auch angesichts der Digitalisierung.[53] Die EKD-Synode 2018 in Würzburg hat eine kirchliche Digitalstrategie und Befassung mit der theologisch-ethischen Reflexion der Digitalisierung

---

[49] Birgit Weyel, Kirchenmitgliedschaft als soziale Praxis. Die V. EKD-Kirchenmitgliedschaftsuntersuchung in kirchentheoretischer Perspektive, in: Christof Landmesser/Enno Edzard Popkes (Hrsg.), Kirche und Gesellschaft. Kommunikation – Institution – Organisation, Leipzig 2016, 13–26, 26.
[50] Vgl. die Darstellung der WFB Wirtschaftsförderung Bremen GmbH, URL: https://www.ueberseestadt-bremen.de/de/page/startseite (Stand: 27.12.19).
[51] Vgl. die Angaben der HafenCity Hamburg GmbH, URL: https://www.hafencity.com/de/ueberblick/daten-fakten-zur-hafencity-hamburg.html (Stand: 27.12.19).
[52] Vgl. die Darstellung der WFB Wirtschaftsförderung Bremen GmbH, URL: https://www.ueberseestadt-bremen.de/de/page/ueberseestadt-uebersicht/daten-fakten (Stand: 27.12.19).
[53] Der Theologische Ausschuss der UEK, vgl. Beintker/Evang, Kirchengemeinschaft (s. Anm. 38), 119f. stellte 2016 fest: »Der durch die Digitalisierung veränderte Umgang mit der Wirklichkeit beeinflusst die menschlichen Lebensbedingungen grundlegend. [...] Das hat auch Folgen für das Verständnis und die Praxis von Gemeinschaft in den Kirchen [...]. So ist es möglich, Gottesdienste ohne leibliche Zusammenkunft zu feiern und dies

beschlossen. Die Bremische Evangelische Kirche wird sich in einem neuen Internet-Auftritt darstellen. Nutzerorientierte Formate werden Rückwirkungen auf die kirchliche Praxis haben. So orientieren sich Brautpaare, die im Netz nach einer Kirche und einer Pfarrperson für ihre Trauung suchen, anders als solche, die sich von vornherein mit diesem Wunsch mit ihrer Wohnortgemeinde identifizieren. Wird es gelingen, ihnen auch außerhalb der digitalen Welt einen niedrigschwelligen Zugang zu ermöglichen? Doch längst geht es nicht mehr nur um eine serviceorientierte Präsentation. Es gibt Social-Media-Andachten, Abendgebete, Trauerforen und Online-Seelsorge.[54] Die digitale Welt muss dabei nicht gegen unmittelbare Gemeinschaftsformen ausgespielt werden. Nachbarschaftsforen zeigen, wie digitale Begegnungsformen auch Gemeinschaft in der *face-to-face*-Beziehung unterstützen können.

In der Unterstützung »der Kommunikation des Evangeliums in den digitalen Medien«[55] sieht Christian Grethlein »die größte Herausforderung an die evangelische Kirche«. Er weist darauf hin, dass in Online-Gottesdiensten »das reformatorische Postulat des *Allgemeinen Priestertums der Getauften* (und zur Taufe Eingeladenen) neue Bedeutung [gewinnt]«[56]. Neue Formen digitaler Kommunikation seien »theologisch als Kirche zu identifizieren«[57], auch wenn sie sich jenseits der verfassten Kirche etablieren.

Mit der Diskussion um neue Gemeindeformen ist die Debatte darüber verbunden, was eine Gemeinde genannt zu werden verdient.[58] Ähnlich scheint es mit den damit verbundenen Fragen der Kirchenmitgliedschaft zu sein. Birgit Weyel regte an, »Kirchenmitgliedschaft als soziale Praxis«[59] zu verstehen. Ein solches Verständnis stärkt nicht nur die Wahrnehmung neuer Gemeindeformen,

---

als zeitgemäße Entsprechung zum ›Real-Life‹-Gemeindeleben zu verstehen und zu praktizieren. [...] Möglicherweise kommt es [...] auch zu einer Veränderung von christlichen Gemeinschaftsformen, die wir bisher für unvorstellbar halten.« Vgl. auch Siegfried Krückenberg, Mögliche Auswirkungen der Kommunikation des Evangeliums in der Medienwelt auf die Kirchentheorie, in: Weyel/Bubmann, Kirchentheorie (s. Anm. 47), 223–231.

[54] Vgl. die Diskussion auf www.ekd.de/kirche-und-digitalisierung-33392.htm und Angebote wie die Gedenkseite www.trauernetz.de.
[55] Grethlein, Kirchentheorie (s. Anm. 42), 298.
[56] A.a.O., 285.
[57] A.a.O., 295.
[58] Vgl. Jan Hermelink, Doppelsinnigkeiten von »Gemeinde«. Potenzen eines Begriffs, in: Pohl-Patalong, Strukturen (s. Anm. 43), 55–68. In der Frage nach dem Bezug einer Gemeinschaft auf die Wesensattribute der Kirche, ihre Einheit, Heiligkeit, Allgemeinheit und Apostolizität, könnten theologische Kriterien gewonnen werden; vgl. Beintker/Evang, Kirchengemeinschaft (s. Anm. 38), 71ff.
[59] Vgl. Weyel, Kirchenmitgliedschaft (s. Anm. 49).

sondern kann auch die Praxis bestehender Gemeinden stärken.⁶⁰ Die Organisation Kirche kann – wie bereits angedeutet – dieser Praxis z.B. mit Bildungs- und Beratungsangeboten dienen.⁶¹

2.2 Kleinerwerden als geistliche Aufgabe: Die Orientierung an der Leitdifferenz von sichtbarer und geglaubter Kirche⁶²

Ich habe versucht, zu diskutieren, wie die Bremische Evangelische Kirche mit ihrem disponierenden Handeln auf gegenwärtige Herausforderungen reagiert. Es geht nicht darum, zu suggerieren, dass gesellschaftliche Trends durch eilige Maßnahmen umzukehren sind. Das erzeugt nur Frustrationen unter den Beteiligten und eine Situation ständiger Überforderung. Die Kirche muss sich trotzdem phantasievoll und zuverlässig um ihre Mitglieder bemühen. So ist es problematisch, wenn der erste Kontakt junger Erwachsener mit der Kirche im Kirchensteuerbescheid besteht, oder wenn durch kirchliche Abläufe oder kirchliche Milieuverengung⁶³ Hürden entstehen, die Menschen davon abhalten, ihre Kinder taufen zu lassen⁶⁴.

---

⁶⁰ Vgl. Felix Roleder/Birgit Weyel, Vernetzte Kirchengemeinde. Analysen zur Netzwerkerhebung der V. Kirchenmitgliedschaftsuntersuchung der EKD, Leipzig 2019; Jan Hermelink/Birgit Weyel, Kirchenmitgliedschaft als soziale Praxis. Religions- und kirchentheoretische Akzente in der Konzeption der 5. Kirchenmitgliedschaftsuntersuchung, in: Weyel/Bubmann (Hrsg.), Kirchentheorie (s. Anm. 47), 115–131, 130.
⁶¹ Vgl. Weyel, Kirchenmitgliedschaft (s. Anm. 49), 26: »Religiöse Praxis wird durch die Organisation Kirche wesentlich abgestützt, aber sie ist nicht nur da, wo Menschen an Angeboten der Organisation Kirche teilnehmen und sich engagieren.«
⁶² Ich verwende in diesem Vortrag die Ausdrücke »geglaubte Kirche«, »verborgene Kirche« und »unsichtbare Kirche« gleichbedeutend.
⁶³ Vgl. Kirchenamt der EKD (Hrsg.), Die Taufe. Eine Orientierungshilfe zu Verständnis und Praxis der Taufe in der evangelischen Kirche. Vorgelegt vom Rat der EKD, Gütersloh 2008, 14: »Mit der starken Orientierung an der Familie hängt es [...] zusammen, dass die Taufquote von Kindern nichtverheirateter evangelischer Mütter lediglich bei circa fünfundzwanzig Prozent liegt. Hier zeigt sich, dass mit dem kirchlichen Taufakt das öffentliche Sichtbarmachen familiärer Verhältnisse [...] verbunden ist«. Die Feier von größeren Tauffesten, die z.T. von ganzen Kirchenkreisen – in Bremen von Gemeinden einer Stadt-Region – gefeiert werden, ist eine Möglichkeit, auf dieses Problem zu reagieren.
⁶⁴ Bernd Raffelhüschen/Fabian Peters/David Gutmann, Die Kirchen und ihre Mitglieder. Eine nicht ganz so einfache Beziehung, in: David Gutmann u.a. (Hrsg.), Kirche – ja bitte! Innovative Modelle und strategische Perspektiven gelungener Mitgliederorientierung, Neukirchen-Vluyn 2019, 196–206.

Der Umgang mit dem Kleinerwerden der Kirche und die Bewältigung des Rückbaus stellt jedoch nicht nur vor Aufgaben disponierenden Handelns. Er bildet auch eine geistliche und theologische Aufgabe.[65] Woran kann sich die Kirche dabei orientieren? Nach Gerhard Ebeling wird theologische Orientierung in kirchlicher Praxis durch »die Ansage des Verborgenen«[66] vermittelt. Diese Ansage ist Sache des kommunikativen Handelns der Kirche. Ohne die Ansage des Verborgenen ließe sich eine Tauffeier vielleicht als ein Familien- oder Gemeindefest erleben, aber nicht als »Befreiung von den Mächten der Sünde und des Todes, Bewahrung zum ewigen Leben, Gemeinschaft mit Christus« und »Begabung mit der Kraft des Heiligen Geistes«[67] verstehen. »Im Glauben«, so schreibt Andreas Lindemann unter Verweis auf 2Kor 4,18 in seinem wunderbaren Buch über die Auferstehung, »schauen wir nicht auf das Sichtbare, sondern auf das Unsichtbare«[68]. In ihren kommunikativen Akten, in Gottesdienst und Predigt, Kirchenmusik und Kirchenbau, will die Kirche etwas zur Darstellung bringen oder auf etwas verweisen, das nicht vor Augen liegt.[69] Und auch ihr diakonisches Handeln ist in diesem Glaubensbezug begründet.

Rudolf Bultmann hat in seiner Theologischen Enzyklopädie pointiert darauf aufmerksam gemacht, dass die Kirche gerade dort, wo sie *als Kirche* sichtbar wird, auf ihre Unsichtbarkeit verweist: »Als solche ist die Kirche freilich unsichtbar; sichtbar ist sie nur als Kirche der organisierten Wortverkündigung. Aber der Glaube an das Wort bedeutet auch den Glauben, daß, wo sichtbare Kirche ist, auch unsichtbare da ist«[70].

Die Differenz zwischen Sichtbarkeit und Verborgenheit betrifft die Kirche selbst. Sie ist zugleich eine empirische Größe und Gegenstand des Glaubens. Die Unterscheidung von sichtbarer und verborgener Kirche ist keine zwischen zwei

---

[65] Christoph Meyns betont, es gehe »darum, das Selbstwertgefühl von der Bindung an empirische Maßstäbe zu befreien« und macht eine »geistliche Dimension von Rückbauprozessen« aus; vgl. ders., Zwischen Aktivismus und Resignation. Leitungshandeln im Rahmen kirchlicher Rückbauprozesse, in: Weyel/Bubmann (Hrsg.), Kirchentheorie (s. Anm. 47), 145–157, 155.

[66] Gerhard Ebeling, Dogmatik des christlichen Glaubens III. Der Glaube an Gott, den Vollender der Welt, Tübingen ²1982, 370.

[67] Kirchenamt der EKD, Taufe, (s. Anm. 63), 30.

[68] Andreas Lindemann, Auferstehung. Gedanken zur biblischen Überlieferung, Göttingen 2009, 62. Vgl. auch Dalferth, God first (s. Anm. 2), 256: »Sie [sc. Christen] hoffen nicht auf etwas, das vor Augen liegt, sondern gerade umgekehrt auf etwas, das sich nicht zeigt und nicht zeigen lässt: Gottes wirksame Gegenwart, die auch im Tod noch Leben schafft und Neues möglich macht, wo alles unmöglich zu sein scheint«.

[69] »In Gottesdiensten, öffentlichen Verlautbarungen, in sichtbaren Gebäuden und alltäglicher Praxis hält die Kirche die Themen präsent, die die Transzendenz des Glaubens konkretisieren«, schreibt Jan Hermelink, Organisation (s. Anm. 40), 205.

[70] Bultmann, Enzyklopädie (s. Anm. 25), 166. Vgl. a.a.O., 168: »Die empirische Kirche hat, insofern in ihr das Wort verkündigt wird, in sich die unsichtbare Kirche [...]«.

Kirchen, sondern zwischen zwei Sichtweisen auf die Kirche. Es wäre falsch, beides auseinanderzureißen. Auch die verschiedenen Organisationsformen der Kirche sollen sie als geglaubte Kirche zumindest nicht verdecken.[71] Ebenso darf die Rede von der Verborgenheit der Kirche nicht dazu verführen, »die Erkenntnis der kirchlichen Realität zu verhindern«[72]. Die Unterscheidung von verborgener und sichtbarer Kirche verhilft der Kirche vielmehr dazu, dass sie sich kritisch gegenüber ihrer Situation und Praxis an ihrem »Lebensgrund« (Ebeling) ausrichten kann.

So ist mein Rückbezug auf die Unterscheidung zwischen der Sichtbarkeit und Verborgenheit der Kirche alles andere als originell. Mir erscheint es als notwendig, an ihn zu erinnern, damit die Kirche angesichts zurückgehender Mitgliederzahlen und schwindender Finanzkraft nicht in Aktionismus oder Abwehr, Resignation oder Zorn verharrt, sondern getrost ihrer Aufgabe nachgeht.

Nach Gerhard Ebeling bearbeiten die Attribute der Kirche – ihre Einheit, Apostolizität, Heiligkeit, Universalität – ihre Existenzprobleme.[73] Er versteht sie als »Kampfaussagen, die dagegen protestieren, den Anschein für die Wahrheit zu nehmen und aus dem, was vor Augen liegt, das Urteil darüber zu schöpfen, was letztlich gilt«[74]. So legt sich Luthers Formulierung nahe, nach der die Kirche geglaubt werden muss.[75] Denn würden wir uns nur am Sichtbaren orientieren – so ließe sich im Sinne des von Ebeling herausgestellten Protestes sagen – wäre die Kirche bestenfalls ein religiöses Dienstleistungsunternehmen, das, so gut es geht, seine Angebote an die letzten noch interessierten Kunden vermarktet.[76] Der Orientierung am Unsichtbaren geht es um den Glauben an den Gott, der

---

[71] Vgl. Beintker/Evang, Kirchengemeinschaft (s. Anm. 38), 72f.: »Die geglaubte Kirche ist in den vielfältigen Formen und Lebensvollzügen der sichtbaren Kirche gegenwärtig. Sie ist freilich nicht so gegenwärtig, dass sich die vielfältigen Kirchenorganisationen auf den verschiedenen Ebenen, wie z.B. Kirchengemeinden, Kirchenkreise, Landeskirchen und konfessionelle Zusammenschlüsse, unmittelbar mit ihr identifizieren lassen. Wohl aber sind alle diese Organisationsformen so zu gestalten, dass sie die Präsenz der geglaubten Kirche in der erfahrbaren Kirche bezeugen und nicht verdunkeln.«
[72] Ebeling, Dogmatik III (s. Anm. 66), 369.
[73] A.a.O., 368ff.
[74] A.a.O., 370.
[75] Vgl. Walter Mostert, Jesus Christus – Anfänger und Vollender der Kirche. Eine evangelische Lehre von der Kirche, hrsg. v. Jan Bauke Ruegg u.a., Zürich 2006, 72; Christian Möller, Lehre vom Gemeindeaufbau II: Durchblicke. Einblicke. Ausblicke, Göttingen 1990, 268–275.
[76] Vgl. Christiane Tietz, Da wird auch deine Kirche sein. Welche Schätze birgt der Glauben? Hauptvortrag auf dem 33. Deutschen Evangelischen Kirchentag 2011, URL: https://www.ekd.de/20110603_tietz_hauptvortrag_dekt.htm#ftn17 (Stand: 23.11.19).

allen Menschen zum Nächsten geworden ist.[77] Bleibt die Kirche bei dieser Orientierung, muss uns um sie nicht bange sein. Eher muss uns um eine Gesellschaft bange werden, in der das Evangelium weniger vernehmbar wird.

3. Gesellschaftsbezogene Theologie und die kirchliche Beteiligung an der Seenotrettung im Mittelmeer

Kann sich an diesem Thema theologische Orientierung bewähren? Oder gibt die Kirche wieder nur der Versuchung nach, »auf ethischem Gebiet jene Relevanz wiederzugewinnen, welche Theologie und Kirche im Gefolge immer neuer Modernisierungsschübe verloren haben«[78]? Wie lassen sich Glaube und Politik so voneinander unterscheiden, dass es weder zu einer »Entpolitisierung des christlichen Glaubens« noch zur »Re-Theologisierung der Politik«[79] kommt? Welche weiteren Unterscheidungen müssen getroffen werden, um eine Orientierung bieten zu können?

Im Juni 2019 beschloss der Rat der EKD, sich für ein zusätzliches Rettungsschiff im Mittelmeer einzusetzen. Gemeinsam mit Partnern der Zivilgesellschaft wurde das Bündnis »United4Rescue – Gemeinsam Retten« gegründet, um eine breite gesellschaftliche Zustimmung für die Seenotrettung sichtbar zu machen, Spenden zu sammeln und ein zusätzliches Rettungsschiff in den Einsatz zu bringen. Anfang des Jahres 2020 konnte das ehemalige Kieler Forschungsschiff »Poseidon« ersteigert werden. Die Bremische Evangelische Kirche ist diesem Bündnis beigetreten.

Der Rat der EKD begründet die Maßnahme mit der christlichen und humanitären Pflicht zur Seenotrettung.[80] Begründungen braucht es, wenn die Hilfe umstritten ist. Ich versuche, mich diesem Thema zu nähern, indem ich zwischen spontaner Barmherzigkeit, der radikalen Forderung sowie dem Feld des Politischen und dem des Diakonischen unterscheide.

Knut Ejler Løgstrup zählt die Barmherzigkeit zu den »spontanen Daseinsäußerungen«[81]. Ihr Ziel besteht allein darin, Notleidenden zu Hilfe zu eilen.[82] Die

---

[77] Vgl. Dalferth, God first (s. Anm. 2), 243.
[78] Ulrich H.J. Körtner, Für die Vernunft. Wider Moralisierung und Emotionalisierung in Politik und Kirche, Leipzig, ²2017, 27.
[79] Körtner, Provokation (s. Anm. 37), 148.
[80] Vgl. URL: https://www.ekd.de/ratsbericht-2019-mundlicher-teil-51201.htm (Stand: 27.12.19).
[81] Knud E. Løgstrup, Norm und Sponaneität. Ethik und Politik zwischen Technik und Dilettantokratie, Tübingen 1989, 9.
[82] Løgstrup, a.a.O., 19, erläutert: »Wenn wir Barmherzigkeit als spontan bezeichnen, so bedeutet dies, dass die Tat einzig und allein durch den Zustand und die Lage, in der sich der andere befindet, [...] hervorgerufen ist.«

Crew des zufällig vorbeikommenden Schiffes fischt verunglückte Menschen selbstverständlich aus dem Wasser. Lässt sich diese Selbstverständlichkeit als Reflex jenes »Zufalls der Liebe« deuten, der Wolfgang Harnisch zufolge auch in der Parabel vom barmherzigen Samariter zum Vorschein kommt?[83] Durch den Kontrast zwischen dem anfänglichen Ausbleiben einer Hilfeleistung und ihrem überraschenden Eintreffen soll den Hörerinnen und Hörern »das Vertrauen darauf abgewonnen werden, dass Liebe am Ort des alltäglichen Daseins den Sieg behält«[84].

Løgstrup betont: »Daseinsäußerungen wie Vertrauen, Barmherzigkeit, Aufrichtigkeit [...] haben die Gestalt einer Einmaligkeits-Situation, die wiederum durch eine Einmaligkeits-Handlung verwandelt wird«[85]. Ethische Normen hingegen subsumieren und prüfen Handlungen.[86] Beim ersten geht es darum, jemandem zu helfen, beim zweiten um das moralische Urteilen.[87]

Von der spontanen Hilfe ist nach Løgstrup die *radikale* Forderung zu unterscheiden.[88] In der Goldenen Regel und dem Gebot der Nächstenliebe sieht Løgstrup Formulierungen der radikalen Forderung. Die Forderung tritt für die ausgebliebene souveräne Daseinsäußerung ein.[89] Auf dieser Ebene wird der barmherzige Samariter zum Beispiel. Das Vorbild ist notwendig, wo der Andere nicht spontan als Nächster wahrgenommen wird. So zeigt die Erzählung vom barmherzigen Samariter eine Verschärfung des Begriffs des Nächsten: »Im Voraus lässt sich nicht festlegen, wer der Nächste ist«, schreibt Løgstrup, »die Liebe [...] ist spontan und gilt darum dem Fremden und dem Feind«[90]. Eigentlich – das ist die Pointe – verlangt die radikale Forderung nach der souveränen Daseinsäußerung, die sie überflüssig macht.

Der vielzitierte Satz »Man lässt keinen Menschen ertrinken. Punkt.«[91] lässt sich als Reflex einer radikalen Forderung verstehen. Im Hintergrund steht die

---

[83] Wolfgang Harnisch, Die Gleichniserzählungen Jesu, Göttingen 1985, 271–292, macht in seiner Analyse plausibel, dass mit der Erzählung in Lk 10,30–35 eine Parabel vorliegt, die erst im lukanischen Kontext den Charakter einer Beispielerzählung annimmt.
[84] A.a.O., 286.
[85] Løgstrup, Norm (s. Anm. 81), 35. Die Einmaligkeit der Situation verhindert Løgstrup zufolge jedoch nicht, dass sich die sie betreffenden Überlegungen auf andere Situationen übertragen lassen. Vielmehr tragen Situationen oftmals »typische Züge«; vgl. a.a.O., 69–71. Johannes Fischer, Präsenz und Faktizität. Über Moral und Religion, Tübingen 2019, 50, spricht von »Situationsmustern«.
[86] Vgl. ebd.
[87] Vgl. a.a.O., 46–51.
[88] Vgl. Løgstrup, Norm (s. Anm. 81), 10ff.
[89] Vgl. ebd.
[90] A.a.O.,15.
[91] So Heinrich Bedford-Strohm in seinem Ratsbericht; vgl. URL: https://www.ekd.de/ekd_de/ds_doc/02-a-1-Bericht-des-Rates-muendlich.pdf (Stand: 27.12.2019). Sandra Bils

Erfahrung von Begegnungen mit Flüchtlingen, die aus der Seenot im Mittelmeer gerettet wurden, und das Wissen um viele, die ertrunken sind. Das Schicksal der in Seenot Geratenen kann auch dem nicht gleichgültig sein, der einem Appell nach offenen Grenzen ablehnend gegenübersteht. Der notleidende Mensch wird hier, wie Fischer es ausdrückt, als »konkreter Anderer« in den Blick gerückt, als »ein Mensch in Lebensumständen einer bestimmten Art«[92], der der Hilfe bedarf. Mit Verweis auf die Samaritererzählung betont Fischer: »Wo es um die Not des konkreten Anderen geht, da werden alle anderen Rücksichten zweitrangig.«[93]

Mit dem Übergang von der individuellen, situationsbezogenen Perspektive zur politischen wird allerdings ein neues Feld betreten. »Der Staat ist«, wie Ulrich Körtner betont, »kein Individuum wie der Samariter«[94]. Man könnte sagen: Der Samariter half einem Menschen, der auf der Straße nach Jericho seiner Hilfe bedurfte. Wollte er sich dafür einsetzen, dass kein Mensch mehr unter die Räuber fällt, bekäme sein Handeln eine politische Dimension. Fischer spricht daher von einem »unauflösliche[n] Spannungsmoment« zwischen der moralischen Perspektive auf den konkreten Nächsten, dem es zu helfen gilt, und der politischen Perspektive auf den »generalisierten Anderen«[95]. Die »ethische Forderung« in ihrer Kompromisslosigkeit muss von politischem Handeln unterschieden werden. Versuchen, »radikale Lösungen« für gesellschaftliche Probleme durchzusetzen, hat auch Løgstrup eine Absage erteilt.[96] Sie würden voraussetzen, dass nur *ein* Mensch oder *eine* Gruppe die einzige Antwort auf entscheidende Fragen hätte. Auch »das Christentum verleiht dem einzelnen nicht politisches und ethisches Besserwissen«[97].

Politik braucht einen Spielraum für die Suche nach Verbesserungen. Im Bild gesprochen: Der Samariter könnte versuchen, die Behörden dazu zu bewegen, etwas gegen das Räuberunwesen auf der Straße von Jerusalem nach Jericho zu unternehmen.[98] Er könnte sich für den Ausbau des Herbergen-Netzes stark machen. Die Politik könnte nach den besten durchführbaren Maßnahmen suchen.

---

hatte in ihrer Predigt auf dem Schlussgottesdienst des Kirchentages 2019 in Dortmund formuliert: »Man lässt keine Menschen ertrinken! Punkt!« Vgl. URL: http://dxz7zkp 528hul.cloudfront.net/production/htdocs/fileadmin/dateien/zzz_NEUER_BAUM/ Service/Downloads/DEKT37_Schlussgottesdienst_Predigt_Dr_min_Sandra_Bils.pdf (Stand: 27.12.2019).

[92] Fischer, Präsenz (s. Anm. 85), 103.
[93] A.a.O., 112.
[94] Körtner, Vernunft (s. Anm. 78), 124.
[95] Fischer, Präsenz (s. Anm. 85), 101.
[96] Vgl. Knud E. Løgstrup, Die ethische Forderung, Tübingen ⁴1968, 120–127; Ole Jensen, Knud E. Løgstrup. Philosoph und Theologe, Stuttgart 2015, 296ff.
[97] Løgstrup, Forderung (s. Anm. 96), 123.
[98] Vgl. Ole Jensens Referat einer Weiterdichtung Løgstrups zum Gleichnis vom barmherzigen Samariter: »Man kann an der Geschichte weiterdichten […] und sich vorstellen,

Die Kirche ist nicht der Staat. Aber die Kirchen sind, wie Ulrich Körtner feststellt, »gesellschaftliche Akteure, deren Adressat Staat und Gesellschaft sind«[99]. Die Forderung nach Barmherzigkeit kann zur steten *Anfechtung* eines politischen Handelns werden, das immer verbesserungsfähig ist.[100]

Lässt sich eine Gesellschaft überhaupt an der Barmherzigkeit orientieren? Nach der Auffassung von Ingolf Dalferth hat die »Ausrichtung auf die schöpferische Gegenwart Gottes«[101] nicht nur private Folgen für das Leben von Menschen, sondern auch Folgen für das politische und soziale Leben. Er schreibt: »Freiheit, Gleichheit, Solidarität und Gerechtigkeit [sind] Grundsätze des Gemeinschaftslebens, die die Orientierung an der Gegenwart Gottes widerspiegeln«[102].

Aufgabe einer theologischen Ethik ist es, zum Verstehen dieser Ausrichtung anzuleiten, sie im Blick auf die gegenwärtigen Herausforderungen – den Umgang mit in Not geratenen Migrantinnen und Migranten – im Zusammenhang auszulegen und argumentativ öffentlich zu vertreten.[103] Mit ihrem Einsatz für ein Rettungsschiff im Mittelmeer geht die EKD darüber noch hinaus. Das geschieht freilich in jedem diakonischen Handeln der Kirche, von der Obdachlosenhilfe, über das Betreiben von Tageseinrichtungen für Kinder bis hin zur Bekämpfung von Migrations- und Fluchtursachen durch den kirchlichen Entwicklungsdienst, die mit einem unvergleichbar höheren Mitteleinsatz erfolgt, als der Beitrag zur Seenotrettung.[104] Die evangelische Kirche versteht ihren

---

dass der Samariter beim nächsten Mal, als er in die Hauptstadt kam, die Behörden dazu zu bewegen versuchte, etwas mehr gegen das Räuberunwesen auf der Straße zwischen Jerusalem und Jericho zu tun. Dann wäre er ein ›politischer Samariter‹ geworden«, Jensen, Løgstrup (s. Anm. 96), 297.

[99] Körtner, Provokation (s. Anm. 37), 149.

[100] Vgl. Jensen, Løgstrup (s. Anm. 96), 302: »Es gibt keine ›radikalen *Lösungen*‹ gesellschaftlicher Probleme [...] Die Radikalität wird in der Gestalt von *Anfechtung*, manchmal von *Empörung* bewahrt, allerdings ohne die Selbstsicherheit, die sich einstellt, wenn man sich im Besitz radikaler Lösungen wähnt«.

[101] Dalferth, God first (s. Anm. 2), 53.

[102] A.a.O., 54. Interessanterweise gilt das Dalferth zufolge »auch, wenn Menschen nicht ausdrücklich ein religiöses Leben führen. Sie profitieren von einem Leben nach diesen Grundsätzen auch dort, wo sie ihre Bedeutung nicht verstehen« (ebd.).

[103] Vgl. Johannes Fischer, Theologische Ethik. Grundwissen und Orientierung, Forum Systematik 11, Stuttgart 2002, 45–49.

[104] So machte Heinrich Bedford-Strohm in seinem Ratsbericht auf der Herbstsynode der EKD 2019 deutlich: »In manchen Zuschriften wurden wir aufgefordert, lieber in Afrika zu helfen als Menschen im Mittelmeer zu retten. Aber man darf eben beides nicht gegeneinander ausspielen. Die Hilfe für Menschen in Lebensgefahr im Mittelmeer ist nur *ein* Baustein in einer Gesamtstrategie diakonischen Handelns der Kirche. Sie beginnt mit der Bekämpfung der Fluchtursachen, für die sich die Kirchen ja seit vielen Jahrzehnten tatkräftig einsetzen. In unserem internationalen Netzwerk begleiten wir als Kirchen

Beitrag zur Seenotrettung im Rahmen ihres diakonischen Handelns. Die Spannung zwischen Individual- und Sozialethik, zwischen Zuwendung und Anwaltschaft ist ein Grundthema der Diakonie.[105] Die kirchliche Unterstützung eines Rettungsschiffes löst diese Probleme nicht. Sie kann aber dazu beitragen, dass weniger Menschen im Mittelmeer ertrinken. Geht es hier nicht um eine Haltung der Solidarität, wie sie Løgstrup als Alternative zum Moralismus empfiehlt?[106] Der Frage »Wie machen wir es besser?« müssen sich nicht nur vermeintliche Moralisten, sondern auch ihre Kritiker stellen.[107]

4. Theologische Orientierung in kirchenleitender Praxis

Theologisches Reden ist kein abschließendes Reden. Im Kontext kirchlicher Praxis müssen aber ständig strukturelle, organisatorische und personelle Entscheidungen getroffen werden, um nach bestem Wissen und Gewissen angesichts sich verändernder Rahmenbedingungen der Kommunikation des Evangeliums zu dienen.

Zugleich ist die Kirche immer wieder gefragt, Stellung zu nehmen. Das geschieht nicht nur in der öffentlichen Wortverkündigung und auch nicht nur dann, wenn kirchenleitenden Repräsentanten ein Mikrofon vor das Gesicht gehalten wird. Man kann beklagen, dass sich die Kirchenvertreterinnen und -vertreter dem nicht häufiger entziehen. Und man kann zu Recht kritisieren, wenn sie lediglich als Moralinstanz auftreten oder in dieser Weise rezipiert werden. Dieses geschieht, weil Medien oft ihre eigene Gesetzmäßigkeit haben.[108] Phillip

---

Menschen, die sich auf den Weg nach Europa machen wollen, schon in ihrem Ursprungsland«; vgl. URL: https://www.ekd.de/ekd_de/ds_doc/02-a-1-Bericht-des-Rates-muendlich.pdf (Stand: 27.12.2019).

[105] Vgl. Jürgen Gohde, Diakonie auf dem Prüfstand, Diakonie. Bildung-Gestaltung-Organisation 1, Stuttgart 2007, bes. 31–59.

[106] Vgl. Løgstrup, Norm (s. Anm.81), 188. Seine Analyse der moralischen Distanz trifft m.E. auch die moralisierende Argumentation mancher Kritiker des Seenotrettungsvorhabens.

[107] Jensen, Løgstrup (s. Anm. 96), 302, schreibt mit Bezug zur dänischen Flüchtlings- und Einwanderungspolitik im Jahr 2015: »Auf der einen Seite darf die Anfechtung nie zur Ruhe kommen, solange diese Politik so bittere Folgen hat. Auf der anderen Seite ist die ›hochmoralische‹ Rhetorik hohl und ganz kostenlos, die sich nicht die Frage stellt: *Wie* machen wir es besser?«.

[108] Vgl. Eberhard Hauschild/Uta Pohl-Patalong, Kirche, Lehrbuch Praktische Theologie 4, Gütersloh 2013, 33: »Dass die evangelische Kirche als relevant für die Gesellschaft erscheint, muss sie an ihren ethischen Effekten erweisen. [...] In einer religionspluralen Gesellschaft sind an kirchlichen Fragen nicht die dogmatischen Interna, sondern nur die

Stoellger macht auf das »Medienparadox« aufmerksam, nachdem es »kein Zeugnis ohne Selbstdarstellung gibt«[109]. Er warnt, »wer sich Massenmedien willig hingibt – hat ein Problem«[110]. Hier liegt ein Dilemma für kirchliche Repräsentanten. Denn gesellschaftliche Themen wie das Schicksal von Flüchtlingen, der Klimawandel, die Digitalisierung der Gesellschaft, aber auch zunehmender religiöser und säkularer Fundamentalismus sowie das Kleinerwerden der Kirche beschäftigen die Menschen. Gemeindevertreterinnen und -vertreter begegnen diesen Themen bei Geburtstagsbesuchen und in Gemeindeversammlungen. Sie werden aber auch außerhalb des gemeindlichen Kontextes an ihren Arbeitsplätzen und in ihren Nachbarschaften auf diese Fragen angesprochen.

Geht es angesichts herausfordernder Themen nicht nur darum, zu wiederholen, was andere auch sagen, braucht es Anregungen zu einer nachdenklichen theologischen Orientierung. Sie bedarf einer durch die Perspektive des Glaubens beanspruchten Vernunft.[111] So müssen Aus- und Fortbildungen ebenso wie öffentliche Voten dazu beitragen, theologisches Urteilsvermögen zu entwickeln. Denn sowohl im theologischen Spiel der Disziplinen wie in kirchlicher Praxis geht es nicht nur darum, »wie man das alles zusammenbringt«, sondern auch, wie man sinnvoll unterscheiden kann, um zu verstehen. Theologische Orientierung hilft, weil sie Unterscheidungen durchdenkt, die die Welt neu zu verstehen geben. Die Kirche ist auf dieses orientierende theologische Nachdenken über Gott angewiesen.

---

ethischen Fragen von so allgemeinem Interesse, dass die Massenmedien darüber berichten«.
[109] Philipp Stoellger, Geist als Medium und Medien des Geistes, in: Albrecht Philipps (Hrsg.), Creator Spiritus: Das Wirken des Heiligen Geistes als theologisches Grundthema, Evangelische Impulse 8, Göttingen 2019, 15–40, 31.
[110] A.a.O. 32.
[111] Vgl. Dalferth, God first (s. Anm. 2), 64–72.

Friedhelm Hartenstein

Nicht nur der Dekalog

Zur Bedeutung des Alten Testaments für die theologisch-ethische Urteilsbildung[1]

1. Hinführung: Das Paradigmatische des Dekalogs

Wie es der Titel dieses Beitrags nahelegt, kann bei der Frage nach der ethischen Relevanz des christlichen Alten Testaments für die theologisch-ethische Urteilsbildung vom Dekalog nicht abgesehen werden. Nicht umsonst erfährt diese biblische Zusammenfassung grundlegender Regeln der Lebensführung seit der jüdischen und christlichen Antike höchste Aufmerksamkeit.[2] Für den Protestantismus waren es besonders seine »Katechismus«-Fähigkeit bzw. – im Blick auf die Frage der Ethik-Begründung seit der Aufklärung – sein *Universalisierungs*-Potential, die ihn für eine fortdauernde Geltung prädestinierten. Neben der reformierten Tradition mit ihrer stärkeren Einbeziehung der historischen Herkunft in die Rezeption ist vor allem Martin Luthers eindringliche Auslegung an erster Stelle seiner Katechismen wirkungsgeschichtlich bedeutsam.[3] Wie sehr er darin Theologie und Anthropologie mit ihren ethischen Konkretionen aufeinander bezieht, macht die berühmte Einleitung zum ersten Gebot der ausschließlichen Gottesverehrung sofort deutlich, wo die Grundfrage *»Was heißt ›ei-*

---

[1] Der Beitrag wurde zuerst am 11.01.2020 bei der Tagung »Die Bibel und öffentliche Ethik« auf Einladung des Berliner theologischen Kolloquiums gehalten und anschließend am 18.02.2020 in Hofgeismar im Rahmen der Tagung »Nachdenken über Gott. Theologie im Spiel der Disziplinen« der Rudolf-Bultmann-Gesellschaft für Hermeneutische Theologie. Den Teilnehmenden beider Veranstaltungen danke ich herzlich für die lebhafte Diskussion und viele Anregungen.

[2] Siehe dazu als Überblick Matthias Köckert, Die Zehn Gebote, Beck'sche Reihe 2430, München 2007; vgl. detailliert Jacobus Cornelis de Vos, Rezeption und Wirkung des Dekalogs in jüdischen und christlichen Schriften bis 200 n.Chr., Ancient Judaism and Early Christianity 95, Leiden/Boston 2016.

[3] Vgl. dazu Martin Honecker, Einführung in die Theologische Ethik. Grundlagen und Grundbegriffe, Berlin/New York 1990, 256–266, 256f.; Hans-Georg Fritzsche, Art. Dekalog IV. Ethisch, in: TRE Bd. 8, 1981, 418–428, 418–420.

nen Gott haben‹ oder was ist Gott?« ganz fundamental vom Menschen her beantwortet wird*: »Woran Du nun (sage ich) dein Herz hängst und Dich darauf verläßt, das ist eigentlich Dein Gott.«*[4] Die Begründung Luthers für diese Art der Interpretation des Dekalogs ist vorausweisend, indem sie »naturrechtlich«, also anthropologisch, und mit der Konzentration auf das menschliche Personzentrum (das »Herz«) die Relationalität und Responsivität des Menschen im Blick auf Gott, Mitmenschen und Welt aufschließt.[5] Sie ist ein Paradigma für die Bedeutung biblischer *Entdeckungs-* und *Erinnerungs*zusammenhänge für die Fragen allgemeiner Lebensorientierung und entsprechender lebensdienlicher Regeln und Normen. Mit dem Rekurs auf den Dekalog und sein durch eine lange Sinngeschichte angereichertes Deutungspotential ist ein sachlich nicht geringer *Minimalkonsens* für die ethische Relevanz des jüdischen Tanakh wie des christlichen Alten Testaments benannt. Jedoch erscheint es schon angesichts von dessen bereits im ersten Kontext *zusammenfassender* und *erschließender* Funktion (als Kopftext und Präambel der sinaitischen Gesetzgebung und zugleich in den abweichenden Fassungen von Ex 20 und Dtn 5 die *Diskursivität* der Gebots-Anwendung eröffnend) wichtig, sich in Fragen der möglichen Relevanz der Bibel für gegenwärtige ethische Debatten *nicht nur* auf den Dekalog zu beschränken. Vielmehr sollte er — auch angesichts dessen, dass er auch in weitgefasster moderner Reformulierung notwendig lückenhaft bleibt — als ein *bündelnder biblischer Bezugspunkt* von zwei Seiten her betrachtet werden:

Erstens bildet er in der historisch-kritischen Rekonstruktion alttestamentlicher Literatur mit Eckart Otto einen späten »Brennpunkt« der Rechtsgeschichte (wie z.B. auch Lev 19) und damit *ein* von Anfang an als solches intendiertes *Zentrum theologisch-ethischer Einsichten* ab der fortgeschrittenen Exilszeit, also der Anfangsphase der Herausbildung der jüdischen Religion.[6]

Zweitens hat der Dekalog für die Frage nach der Bedeutung biblischer Impulse auch in gesellschaftlichen Debatten ein besonderes *Anregungspotential*, das m.E. für *viele* alttestamentliche Texte gilt: Als Produkt innerbiblischer Schriftauslegung und als Quelle immer neuer, kritischer wie konstruktiver Rezeption steht er exemplarisch für die *hermeneutische* Aufgabe einer theologischen Ethik, die ihre Positionen auch öffentlich verantwortet.[7] Auch philosophische fundamental-ethische Überlegungen knüpfen nicht zufällig immer wieder

---

[4] Martin Luther, Der Große und der Kleine Katechismus. Ausgewählt und bearbeitet von Kurt Aland und Hermann Kunst, Göttingen 1983, 9.

[5] Vgl. Honecker, Einführung (s. Anm. 3), 256.

[6] Vgl. Eckart Otto, Der Dekalog als Brennspiegel israelitischer Rechtsgeschichte, in: ders., Kontinuum und Proprium. Studien zur Sozial- und Rechtsgeschichte des Alten Orients und des Alten Testaments, OBCh 8, Wiesbaden 1996, 293–303.

[7] Vgl. dazu aus ökumenischer Sicht die interdisziplinären Beiträge in: Christian Frevel (Hrsg.), Mehr als Zehn Worte? Zur Bedeutung des Alten Testaments in ethischen Fra-

an den Dekalog an. Er ist ein Beispiel für die nichtbeliebige Vielstimmigkeit eines *durch die Bibel angeregten Denkens* (»Thinking Biblically«[8]). Ein solches Denken nimmt biblische Inhalte als *rational* explizierbar und zugleich als immer dem Konkreten verbunden bleibendes »symbolisches Kapital« ernst.[9]

Im Folgenden möchte ich über den Dekalog hinaus weitere, teils auch in ihm aufscheinende Gesichtspunkte einer biblisch informierten theologischen Ethik benennen und dabei vor allem auf die mögliche *Verallgemeinerbarkeit* im Diskurs und zugleich auf die intrinsische *Widerständigkeit* biblischer Inhalte gegen *Totalitäts*figuren achten – sowohl gegen Verabsolutierungen des formalen Weges, wie Diskurse zu begründen und zu führen sind, wie auch hinsichtlich einer reinen Selbstbegründung des ethischen Subjekts. Dazu gehe ich in vier Schritten vor. Zunächst verorte ich meine Argumentation in der exegetischen Disziplin einer »Ethik des AT«, indem ich aufzeige, dass sie als ein Teilelement der übergreifenden hermeneutischen Aufgabe einer »Theologie des Alten Testaments« verstanden werden sollte (2.). Anschließend entfalte ich hermeneutische Leitlinien zum Kanon (3.) und skizziere eine entsprechende Rekonstruktion der über sich hinausweisenden Sinnrichtung des entstehenden Tanakh (4.). Zum Abschluss werde ich anhand zweier Beiträge zur Funktion des Alten Testaments in öffentlicher Ethik (Rainer Kessler, Paul Ricœur) erörtern, welche Wege sich anbieten und wie sie zu beurteilen sind (5.). Am Ende plädiere ich vorsichtig dafür, alttestamentliche Grundeinsichten im Sinne »regulativer Ideen« für ethische Diskurse zu reformulieren.

2. Ethik des Alten Testaments als Element einer christlichen Theologie des Alten Testaments

2.1 Die Funktionen von »Theologien« und »Ethiken des AT«

Die relativ neue Disziplin einer »Ethik des Alten Testaments« gehört zu den Gesamtdarstellungen der Überlieferungsgestalten, der Genese und Struktur der Bibel, die sich nicht zufällig ab dem Ende des 18. Jahrhunderts in der protestantischen Theologie herausgebildet haben. Mit der methodischen Emanzipation der

---

gen, QD 273, Freiburg im Breisgau/Basel/Wien 2015; Christof Breitsameter/Stephan Goertz (Hrsg.), Bibel und Moral – ethische und exegetische Zugänge, Jahrbuch für Moraltheologie 2, Freiburg u.a. 2018.
[8] Vgl. André LaCocque/Paul Ricœur, Thinking Biblically. Exegetical and Hermeneutical Studies. Translated by David Pellauer, Chicago/London 1998 (s. dazu unten 5.).
[9] Vgl. Ulrich Barth, Symbolisches Kapital. Gegen eine christliche Relativierung des Alten Testaments, in: Zeitzeichen 16 (2015), 12–15.

biblischen Fächer gegenüber der Dogmatik entstand die Notwendigkeit, den *theologischen* Ertrag der exegetischen Arbeit darzulegen. Die Funktion solcher Zusammenfassungen ist bis heute eine dreifache:

Die Entwürfe dienen *erstens* der vertieften Reflexion durch strukturiertes Zusammensehen der breit gefächerten Ergebnisse der Einzelforschung. Insofern richtet sich ihr Bemühen zunächst *nach innen* in den *Fach*diskurs der alt- bzw. neutestamentlichen Exegese. Es waren aber anfänglich immer auch das AT und NT übergreifende Bezüge im Blick, die heute wieder sehr beachtet werden (»biblische Theologie« im engeren Sinn[10]).

Theologien und Ethiken des AT und NT dienen *zweitens* der *interdisziplinären theologischen Selbstverständigung* über gemeinsame Grundlagen und Erkenntnisquellen. Im Blick auf die Stellung biblischer Inhalte in der systematischen Theologie (Dogmatik, Ethik, Religionsphilosophie) erscheint das gegenwärtig besonders wichtig.[11] Es lässt sich ja ein Auseinanderdriften der historischen und systematischen Forschung konstatieren, das auf beiden Seiten wissenschaftshistorische wie hermeneutische Gründe hat. Dies zeigte sich auch in der sog. Slenczka-Debatte[12] um den Stellenwert des AT für den christlichen Kanonbegriff, in deren Folge das Bemühen um eine »Schrifttheologie« wieder auf die Agenda rückte.[13]

Theologien und Ethiken von AT und NT erfüllen *drittens* eine *über die Theologie hinaus informierende und zum Handeln anleitende Funktion*:

Sie dienen der Übersetzung exegetischer Einsichten in die *kirchliche Praxis*, die immer schon in der »Arbeit« an und mit den kanonisch vor- und aufgegebenen Bibeltexten steht.

---

[10] Vgl. als Überblick Bernd Janowski, »Biblische Theologie«. Formale und materiale Aspekte, in: ders., Die rettende Gerechtigkeit. Beiträge zur Theologie des Alten Testaments 2, Neukirchen-Vluyn 1999, 285–298.

[11] Siehe dazu auch den Beitrag von Friederike Nüssel in diesem Band.

[12] Vgl. einerseits die einschlägigen Texte von Notger Slenczka, Vom Alten Testament und vom Neuen. Beiträge zur Neuvermessung ihres Verhältnisses, Leipzig 2017, andererseits z.B. Friedhelm Hartenstein, Zur Bedeutung des Alten Testaments für die evangelische Kirche. Eine Auseinandersetzung mit den Thesen von Notger Slenczka, in: ders., Die bleibende Bedeutung des Alten Testaments. Studien zur Relevanz des ersten Kanonteils für Theologie und Kirche, BThSt 165, Göttingen 2016, 55–78; Markus Witte/Jan C. Gertz (Hrsg.), Hermeneutik des Alten Testaments, VWGTh 47, Leipzig 2017.

[13] Auch auf begrüßenswerte interdisziplinäre Initiativen von Nachwuchswissenschaftlerinnen und Nachwuchswissenschaftlern wie im Heidelberger Netzwerk »Schriftbindung evangelischer Theologie« ist zu verweisen: Dort wurde zunächst unabhängig von der neuesten Kanondebatte auf die genannten Defizite in enzyklopädischer Hinsicht reagiert; vgl. jetzt Friedrich-Emanuel Focken/Frederike van Oorschot (Hrsg.), Schriftbindung evangelischer Theologie. Theorieelemente aus interdisziplinären Gesprächen, ThLZ.F 37, Leipzig 2020.

Sie dienen zugleich der Verständigung über die *kulturelle Bedeutung der Bibel* in Universität und Gesellschaft. Zusammenfassende Darstellungen der exegetischen Wissenschaft haben hier vor allem einen *Bildungsauftrag*. Sie tragen zur Klärung und Differenzierung angesichts von (teils auch antisemitischen) Klischees und Vereinfachungen bei. Selbst in Gesprächslagen öffentlicher Ethik ist mit solchen Vorurteilen zu rechnen.[14]

»Theologien« wie »Ethiken« des Alten Testaments stehen dann angesichts ihrer Funktion vor *sehr ähnlichen Grundfragen*. Besonders wichtig ist die Frage, ob es im Alten Testament (in der christlichen Bibel insgesamt) bereits *innere thematische* und *strukturelle Anzeichen für eine Systematisierung und Konzentration*, also für eine *explizite Reflexion* von *Inhalten mit übergreifender Reichweite* gibt.[15] Wäre dies dann auch als eine »Mitte« der Schrift(en) zu bestimmen, und mit welchem Recht kann man die entsprechenden Texte selbst schon als Ausdruck von »Theologie« oder »Ethik« bezeichnen? Ein knapper Überblick über aktuelle Entwürfe hilft zur weiteren Klärung.[16]

2.2 Modelle einer »Theologie« und »Ethik des AT«

Die Verwandtschaft bisheriger Entwürfe von Theologien und Ethiken des AT zeigt sich vor allem formal in Entscheidungen für *leitende Perspektiven* und entsprechend angelegte *Gliederungen* (beide Aufgaben stehen insofern systematisch-theologischen Monographien nahe und verraten mehr als das historisch-kritische Tagesgeschäft über die theologische Position der Autorinnen und Autoren). Die folgende Typologie dazu arbeitet mit Gegensatzpaaren:[17]

a) *Deskriptiv versus normativ*: Hier geht es um die Wahl eines möglichst »*objektiven*« *historischen Beschreibungs-Standpunkts*, von dem aus die unaufhebbare Vielfalt, das sachliche Profil und der jeweilige Eigenwert der alttestamentlichen Schriften in ihren ersten Kontexten nachvollzogen wird. Die Darstellungsweise

---

[14] Zur Bekämpfung solcher Vorurteile siehe Bernd Janowski, Ein Gott, der straft und tötet? Zwölf Fragen zum Gottesbild des Alten Testaments, 4., durchges. Aufl. Göttingen 2020.
[15] Siehe dazu demnächst Friedhelm Hartenstein, § 33: Theologie des Alten Testaments und gesamtbiblische Perspektiven, in: Walter Dietrich (Hrsg.), Die Welt der Hebräischen Bibel. Umfeld – Inhalte – Grundthemen, Stuttgart ²2021.
[16] Für neuere Ansätze theologischer Ethiken des AT vgl. Rainer Kessler, A Strange Land. Alttestamentliche Ethik beiderseits von Ärmelkanal und Atlantik, in: ThLZ 135 (2010), 1307–1322; für »Theologien des AT« siehe Jörg Jeremias, Neuere Entwürfe zu einer »Theologie des Alten Testaments«, in: ders., Studien zur Theologie des Alten Testaments, hrsg. v. Friedhelm Hartenstein u. Jutta Krispenz, FAT 99, Tübingen 2015, 15–46.
[17] Vgl. dazu Friedhelm Hartenstein, JHWHs Wesen im Wandel. Vorüberlegungen zu einer Theologie des Alten Testaments, in: ders., Die bleibende Bedeutung des Alten Testaments (s. Anm. 12), 199–228, 202–214.

ist zumeist an der literar- und theologie- bzw. rechtsgeschichtlichen Rekonstruktion in ihrer Abfolge orientiert. Ein aktueller Vertreter für eine deskriptive »Theologie des AT« ist Konrad Schmid, für die »Ethik des AT« sind Eckart Otto und John Barton zu nennen.[18] Vorteile dieses möglichst »neutralen« Zugangs liegen in seiner guten Rezipierbarkeit in verschiedenen Kontexten. Ein Nachteil ist sicherlich, dass der hermeneutisch vorbereitende Schritt der *Reformulierung für Debatten jenseits der Fachexegese* zumeist nicht mehr als notwendiges Element der Aufgabe angesehen wird.

Demgegenüber zielen Entwürfe mit *normativen Ansprüchen* in einer *das Historische überschreitenden Weise* bereits auf kirchliche und gesellschaftliche Kontexte, in die sie biblische Grundlagen oder Anregungen aktuell einbringen möchten. Hierzu ist z.B. die »Biblische Gotteslehre« von Hermann Spieckermann und Reinhard Feldmeier zu nennen, für die »Ethik des AT« die neue umfassende Darstellung von Rainer Kessler.[19] Wichtig ist mir, dass die Zuordnung zu *einem* der beiden Pole niemals eindeutig erfolgen kann. Faktisch enthalten alle neueren Entwürfe Anteile an deskriptiven wie präskriptiven Elementen.

b) *Nacherzählend versus systematisch*: Dieser Gegensatz liegt auf einer anderen Ebene als der zwischen historischer Distanz und bewusster Positionalität: Bei ihm geht es primär um die *Form* der Darstellung und ihre konkrete Durchführung, die auf ihre Weise die Gesamtperspektive stützt und sichtbar macht: Soll man die Texte darin »ausreden« lassen, wie das einst Gerhard von Rad forderte, dass man sie behutsam und aufmerksam *nacherzählt*, um sie nicht von vornherein mit fremden Eintragungen zu überfrachten?[20] Oder soll man die Texte dadurch in ihrer Eigenart würdigen, dass man ihrer *gedanklichen Bewegung und zunehmend bewussten Bezogenheit aufeinander* »nachdenkt«?[21]

Eine spezifische Zuspitzung der systematischen Strukturierung stellt die Entscheidung dar, eine »Mitte« für die »Theologie«/»Ethik« des AT zu bestimmen. Die Suche nach ihr folgt entweder der Idee eines »Kanon im Kanon«, verdankt sich also bestimmten Rezeptionsperspektiven, oder sie nimmt für die Genese des Tanakh textliche und thematische Zentren (Plural!) an. Für die Theologie des AT ist hier z.B. Rudolf Smend zu nennen (»Bund«), für die Ethik

---

[18] Konrad Schmid, Theologie des Alten Testaments, Neue Theologische Grundrisse, Tübingen 2019; Eckart Otto, Theologische Ethik des Alten Testaments, ThW 3,2, Stuttgart/Berlin/Köln 1994; John Barton, Ethics in Ancient Israel, Oxford 2014.

[19] Reinhard Feldmeier/Hermann Spieckermann, Der Gott der Lebendigen. Eine biblische Gotteslehre, Topoi Biblischer Theologie/Topics of Biblical Theology 1, Tübingen 2011; Rainer Kessler, Der Weg zum Leben. Ethik des Alten Testaments, Gütersloh 2017 (s. unten 5.).

[20] So das Anliegen von Gerhard von Rad, Theologie des Alten Testaments, Bd. 1: Die Theologie der geschichtlichen Überlieferungen Israels, München ⁸1982 (1957); Bd. 2: Die Theologie der prophetischen Überlieferungen Israels, München ⁷1980 (1960).

[21] Siehe die konzise Darstellung von Walther Zimmerli, Grundriß der alttestamentlichen Theologie, ThW 3, Stuttgart/Berlin/Köln 1972.

Hans Jonas (»Verantwortung«) oder Walter Kaiser (»Heiligung«).[22] Aus meiner Sicht ist die Frage nach »Schwerkraftzentren« und *leitenden Prinzipien* für das historische wie rezeptionshistorische Verständnis des Tanakh und der christlichen Bibel wichtig und sachgemäß. Sie wird sich aber nicht konsensuell beantworten lassen (zur eigenen Positionierung s.u. 4.).

Als möglichem Ausweg folgen einige Entwürfe im Anschluss an Brevard Childs dem *kanonisch überlieferten Textverlauf*, wobei die Gefahr einer »flachen«, d.h. ahistorischen, Nacherzählung besteht (vgl. Georg Fischer, Rolf Rendtorff).[23] Für die »Ethik des AT« ist hier bisher allein Rainer Kessler zu nennen, der sehr bewusst eine kanonische Darstellung wählt.[24]

Zwischenbilanz: Eine Gesamtdarstellung zur Theologie wie zur Ethik des AT ist zwingend auf eine *geklärte hermeneutische Position* angewiesen. Zu ihr gehört auch die Rückfrage nach strukturierenden Texten und Themen (»Mitte« des AT). Nur in einem solchen Licht werden die gewählte Absicht und die Form der Durchführung füreinander durchsichtig. Der bisher seit von Rad nicht wieder erreichte Idealfall wäre wohl eine *mittlere Systematisierung*, die aus der Genese der Texte und ihrer thematischen Querbeziehungen erhoben würde *und* an gegenwärtige Fragen anschlussfähig erscheint (vgl. am ehesten die Theologie von Jörg Jeremias[25]). Im Folgenden möchte ich dazu einige hermeneutische Grundlinien skizzieren, die für meine Arbeit an einer »Theologie des Alten Testaments« leitend sind.

---

[22] Rudolf Smend, Die Mitte des Alten Testaments (1970), in: ders., Gesammelte Studien, Bd.1: Die Mitte des Alten Testaments, BEvTh 99, München 1986, 40–84; Hans Jonas, Das Prinzip Verantwortung. Versuch einer Ethik für die technologische Zivilisation, Berlin 2020 (1979); Walter C. Kaiser Jr., Toward Old Testament Ethics, Grand Rapids, Michigan 1983.

[23] Brevard S. Childs, Old Testament Theology in a Canonical Context, London 1985; ders., Die Theologie der einen Bibel, Bd. 1: Grundstrukturen; Bd. 2: Hauptthemen, Freiburg im Breisgau/Basel/Wien ²2003 (engl. 1992); Georg Fischer, Theologien des Alten Testaments, NSK.AT 31, Stuttgart 2012; Rolf Rendtorff, Theologie des Alten Testaments. Ein kanonischer Entwurf, Bd. 1: Kanonische Grundlegung, Neukirchen-Vluyn 1999; Bd. 2: Thematische Entfaltung, Neukirchen-Vluyn 2001.

[24] Kessler, Weg zum Leben (s. Anm. 19).

[25] Jörg Jeremias, Theologie des Alten Testaments, GAT 6, Göttingen 2015.

3. Einige hermeneutische Grundlinien: Kanon und Sinngeschichte

3.1 Das uns Vor- und Aufgegebene als »Kanon«

Nicht nur für die Frage nach der Rolle der Bibel in Kontexten öffentlicher Ethik ist eine hermeneutische *Klärung des Kanonbegriffs* entscheidend.[26] Zunächst, weil es wichtig ist, die zweiteilige Bibel nicht allein historisch abständig, sondern auch als tragenden Grund wie als unterscheidende Grenze der christlichen Position im Diskurs festzuhalten – schon allein in dem Sinn, dass die aktuell rezipierten Texte vor dem Horizont ihrer jahrtausendealten Wirkungs- und Sinngeschichte das *zentrale Medium* der christlichen Symbolwelt(en) darstellen. Die *unauflösbare Koppelung von Kanon und Interpretationsgemeinschaften* schließt dabei aus, dass bestimmte Kanonformen und Leseweisen verabsolutiert werden. Theologisch erscheint das heilsam, weil es viele Wege zu dem Einen, Erhofften und Geglaubten gibt und diese Einsicht ein Proprium der christlichen Erwartung sein sollte.

Zum »Kanon« in diesem Sinn gehört die Anerkennung der *prinzipiellen »Flüssigkeit« und »Kreativität« des kanonischen Prozesses*. Die historischen Phänomene der Schließung von Kanons öffneten sich zugleich wieder für die Auslegungs*praxis* der Interpretationsgemeinschaften. Dabei waren in Judentum und Christentum Interpretationsvorgänge in gewisser Weise immer schon Teil des Kanonischen als Raum der *Wahrheits*suche (Entstehung der Bücher des Tanakh, mündliche und schriftliche Tora, Corpus der Kirchenväter, reformatorische Schriften). Diese Wahrheitssuche spielt sich gewissermaßen im *»Vordergrund des Textes«* ab (Ricœur: »vor« dem Text[27]). Sie hat einen auf die *Zukunft* geöffneten Richtungssinn: Der Text ist darin jeweils seinen Lesungen schon voraus, indem er sie ständig *initiiert*. Ansonsten wären genau diese Texte gar nicht überliefert und bis heute »gebraucht« worden. Im *»Hintergrund«* des Textes und seiner jeweiligen Aktualisierung sind – egal, ob als historisch vermutete oder mythisch erzählte *Vergangenheit* konzipiert – seine *Anfänge* verortet: Sie entziehen sich dem letzten Zugriff der wissenschaftlichen Exegese, die datieren möchte,

---

[26] Zum Folgenden vgl. Friedhelm Hartenstein, Kanongeschichte(n) und Geltungsfragen. Ein alttestamentlicher Beitrag zum Primat der Praxis für eine Theologie der Schrift, in: Elisabeth Gräb-Schmidt/Volker Leppin (Hrsg.), Kanon, MJTh 31, Leipzig 2019, 1–35.

[27] Vgl. zum vorausgesetzten Textbegriff Paul Ricœur, Was ist ein Text? (1970), in: ders., Vom Text zur Person. Hermeneutische Aufsätze (1970–1999), übers. u. hrsg. v. Peter Welsen, PhB 570, Hamburg 2005, 79–108; ders., Interpretation Theory. Discourse and the Surplus of Meaning, Fort Worth, Texas 1976; zur oben vorausgesetzten Metaphorik vom Vorder- und Hintergrund des Textes siehe André LaCoque/Paul Ricœur, Preface I, in: LaCocque/Ricœur, Thinking Biblically (s. Anm. 8), X–XV.

wie auch den Glaubenden, die ihre Identität vor diesem Hintergrund verstehen.[28] Da die entscheidenden fundierenden Texte der Bibel des Alten und teils auch des Neuen Testaments anonym oder pseudonym überliefert sind, handelt es sich bei ihnen in gewisser Weise um »Werke ohne Autor« – was der hermeneutischen Vorstellung eines autonomen Textes entgegenkommt.[29] Durch die *Abfolge und Abzweigungen der Auslegungskulturen* transportiert dieser Text sein »Eigenes« um, wenn er ausgewählt wird, *erneut zu »sprechen«*, jedoch *irreduzibel vielstimmig und vieldeutig*, im Entscheidenden aber *nicht beliebig*.

3.2 Sinngeschichte einer spannungsvollen Einheit

Unter den spezifischen Bedingungen von Reformation, Aufklärung und historischem Bewusstsein hat das europäische Christentum eine wissenschaftliche Exegese der Bibel hervorgebracht, deren Ergebnisse die Gegenwartsgestalten unserer Religion prägen – spürbar auch in der Ablehnung z.B. durch evangelikale Kreise. Dazu gehört die unaufhebbare Erkenntnis der *zweifachen »Codierung«* des Alten Testaments: als *Vorstufe* und *Teil* der christlichen Bibel. Wie diese Einsicht, die manches im Umgang mit den Texten leichter macht, anderes aber erschwert, theologisch-hermeneutisch zu bearbeiten ist, ist weiterhin klärungsbedürftig. Die Aufgabe sollte nicht so angegangen werden, als seien die frühchristlichen Schriften in dieser Hinsicht völlig anders zu behandeln. Wie es bereits die Debatten nach David Friedrich Strauß' erstem »Leben Jesu« (1835/36) zeigten, darf konsequente Historisierung – so nötig sie aufgrund ihrer Distanzierungsleistungen ist – nicht die einzige Bewegungsrichtung der Interpretation sein. Sie muss in die »Anwendung«, in die (jeweilige) Schließung des hermeneutischen Zirkels einbezogen werden. Was das bedeutet, ist heute wieder offen. Das Problem kann weder allein mit dem Verweis auf eine »existentiale Interpretation« noch allein mit dogmatisch ausgerichteten Verstehenshinsichten beantwortet werden. Vielmehr muss nach meiner Überzeugung die christliche *Auslegungsgeschichte* in ihren weiten kulturellen Kontexten und in ihrer ganzen Fülle wieder zum Thema der Theologie werden. Am deutlichsten

---

[28] Vgl. zum Problem der zugleich entzogenen wie fundierenden Anfänge Emil Angehrn, Die Frage nach dem Ursprung. Philosophie zwischen Ursprungsdenken und Ursprungskritik, München 2007.

[29] Vgl. dazu in exegetischer Perspektive differenziert Erhard Blum, Die Stimme des Autors in den Geschichtsüberlieferungen des Alten Testaments (2008), in: ders., Grundfragen der historischen Exegese. Methodologische, philologische und hermeneutische Beiträge zum Alten Testament, hrsg. v. Wolfgang Oswald u. Kristin Weingart, FAT 95, Tübingen 2015, 83–103, 96: »Fundamental für die alttestamentliche Überlieferung ist zunächst das Fehlen der elementarsten Voraussetzung für diskursiv-argumentierende Interventionen des Autors, nämlich ein seinem Werk als Subjekt gegenüberstehendes ›Ich‹. Die alttestamentliche Prosa ist anonym.«

manifestiert sich die *identifizierende* oder auch fruchtbar an der Bibel *irritierte* Interpretationsgeschichte in der immer noch vielfältigen *Praxis des gelebten Umgangs mit den biblischen Texten in Kirche, Gesellschaft und Universität*. Sie sollte im Ganzen als *produktive Teilnahme am kanonischen Prozess* verstanden werden und – angesichts von Sinnverlusten – auch als eine mögliche »Trauerarbeit« am Mythos. Eine solche weit gefasste biblisch angeregte Hermeneutik unter Einschluss ihrer Sinngeschichte, genauer: *im Bewusstsein* einer solchen Geschichte, muss sich vor allem die Komplexität der zweiteiligen christlichen Bibel im Blick auf den jüdischen Tanakh vergegenwärtigen.[30] Hier stellt es eine immer neue Verpflichtung gegenüber der Wurzel- und Schwesterreligion des Judentums dar, um die doppelte »Codierung« des ersten Kanonteils als Tanakh und christliche Bibel zu wissen und diese zu bedenken.

Nicht zuletzt sollte eine so konzipierte Hermeneutik auch mit einer phänomenologisch geschulten *Kultursensibilität* durchgeführt werden: Fundamental orientierende Mythen und Symbole sterben nicht einfach, sondern wandeln sich. So stellt die vielfältige Praxis des Umgangs mit biblischen Texten eine unendliche Aufgabe des Verstehens dar.[31] Ihre Vorgabe ist eine präzise, aber vielstimmig nach vorne orientierende und sich dabei auch entziehende Größe. Was wäre ein möglicher *übergreifender Richtungssinn* dieser Texte in der Sicht einer »Theologie des Alten Testaments«, die ethische Gesichtspunkte mit einschließt?

4. Die Frage leitender Prinzipien bzw. eines biblischen Richtungssinns aus der Sicht einer »Theologie des Alten Testaments«

Meine für den Kohlhammer-Verlag in Arbeit befindliche theologiegeschichtlich systematisierende Darstellung der »Theologie des AT« entscheidet sich im Blick auf die Frage der »Mitte« des AT für die pragmatische Lösung, den *Gott Israels in seiner Relationalität auf das Volk, die Menschen und die Welt als entscheidende Bezugsgröße* zu bestimmen.[32] Zugleich lassen sich von daher im AT auch thema-

---

[30] Vgl. dazu z.B. Christoph Dohmen/Günter Stemberger, Hermeneutik der Jüdischen Bibel und des Alten Testaments, Kohlhammer Studienbücher Theologie 1,2, 2. überarb. Aufl. Stuttgart 2019.
[31] Vgl. dazu z.B. Manfred Frank, Das individuelle Allgemeine. Textstrukturierung und -interpretation nach Schleiermacher, stw 544, Frankfurt am Main 1977.
[32] Vgl. dazu Friedhelm Hartenstein, JHWHs Wesen im Wandel (s. Anm. 17); ders., Relationalität als Schlüssel zum Verständnis JHWHs. Zur Beziehungslogik alttestamentli-

tische Verdichtungen ausmachen, die wichtige Sinnlinien der innerbiblischen Rezeption und des späteren kanonischen (Auslegungs-)Prozesses *steuern* (nach der Trennung zwischen Juden und Christen in klar unterschiedlicher Weise).

Ich unterscheide *drei formative Phasen der Theologiegeschichte*, in denen – wichtig für den Zusammenhang von Theologie und Ethik des AT – zugleich auch jeweils eine *Neuformatierung der Rechts-Codizes* erfolgte (mit Eckart Otto handelt es sich um eine zunehmende *»Theologisierung« des Rechts*, die auch der dem Bundesbuch [Ex 20] wie dem Deuteronomium [Dtn 5] ab dem Exil sekundär vorangestellte Dekalog bezeugt, der seinerseits im späteren Heiligkeitsgesetz bereits als autoritative Bezugsgröße vorausgesetzt wird[33]):

Erste Phase: Staatliche Zeit (10.–7. Jh. v.Chr.): In den vorexilischen Grundfassungen der Prophetenbücher und den ersten Rechtsüberlieferungen im Bundesbuch und dem älteren Dtn findet sich ein ausgeprägter *Sinn für Gerechtigkeit* angesichts der Erfahrungen von *Unrecht und Unterdrückung* im Innern. Zugleich weisen kultische Überlieferungen wie im Alten Orient auf den *Herrscher* als Garanten von Recht und Gerechtigkeit (älteres Stratum der Königspsalmen). Interessanterweise gilt das aber nicht für die Rechts*promulgation* des Bundesbuchs, die in ihrer Rahmung unmittelbar mit dem himmlischen König JHWH – narrativ mit Mose am Sinai – verbunden wird, aber nicht mit dem Jerusalemer König. Es ist bislang ungeklärt, ob es sich dabei im Ganzen erst um eine exilische Einsicht handelt, die dann wie andere Identitätsmerkmale des entstehenden Judentums aus früheren kulturellen Elementen neu herausdestilliert worden wäre. Sie würde aber in ihren Anfängen auch gut ins 7. Jh. v.Chr., die Zeit der assyrischen Vasalität nach dem Untergang Israels, passen, als das Ethos der *Befreiung* (Mose-Exodus-Erzählung Ex 1–14*) eine im *Vor*staatlichen verankerte Identität stiftete. Diese war sich ihrer zunächst *marginalen Existenz* bewusst, was auch die besondere Aufmerksamkeit der Gerichtsprophetie wie der Rechtsüberlieferung für den schützenswerten Status der »Fremden« und Rechtlosen erklären kann.[34]

Zweite Phase: Nach dem Untergang Judas als Staat (sog. »Exil«, 6. Jh. v.Chr.): Die großen geschichtlichen Katastrophen wurden vor allem mit Hilfe *rechtlicher Kategorien* (»Bundes«-Metaphorik) als Strafe für Vertragsbruch und als

---

cher Gotteskonzepte, in: Walter Bührer/Raphaela J. Meyer zu Hörste-Bührer (Hrsg.), Relationale Erkenntnishorizonte in Exegese und Systematischer Theologie, MThSt 129, Leipzig 2018, 161–179.

[33] Vgl. dazu neben Otto, Ethik (s. Anm. 18), ders., Recht im antiken Israel, in: Ulrich Manthe (Hrsg.), Die Rechtskulturen der Antike. Vom Alten Orient bis zum Römischen Reich, München 2003, 151–190.

[34] Vgl. Christoph Bultmann, Der Fremde im antiken Juda. Eine Untersuchung zum sozialen Typenbegriff ›ger‹ und seinem Bedeutungswandel in der alttestamentlichen Gesetzgebung, FRLANT 153, Göttingen 1992.

Schuldabgeltung für die Übertretungen der Herrscher und des Volkes semantisiert (Vollgestalt des Dtn und das sog. dtr. Geschichtswerk). Die Verluste der politischen und teils sozialen Eigenständigkeit (Fortführung der Eliten nach Babylonien) wurden in einer mehrere Generationen andauernden *Arbeit an der Erinnerung* literarisch produktiv: Der jetzt als explizit *nicht*-staatlicher *Gründungsmythos* vergegenwärtigte Erzählzusammenhang von Exodus und Sinai als Kern der entstehenden Tora (vgl. das dtn. *»Heute«* jenseits erfahrbarer Zeiten) erlaubte eine *fragile Identität* unter fremder Herrschaft. Mit ihr verbindet sich der Durchbruch des ausdrücklich *schöpfungstheologisch begründeten Monotheismus* (Deuterojesaja und etwas später Priesterschrift).[35]

Dritte Phase: Nachexilische Zeit unter Persern und Griechen (5.–2. Jh. v.Chr.): Im sog. Deuterojesaja (Jes 40–55) sowie in der Kulttheologie der Priesterschrift (ab Gen 1,1) zeigt sich eine neuartige *Ausweitung des Geltungsanspruchs* der eigenen Religion auf die als Handlungsraum JHWHs verstandene *Welt im Ganzen (einschließlich aller Völker)*. Damit verbunden, entsteht eine teils explizite *Anthropologie*, die in ihrer Tendenz universal ist (wie in Gen 1 und Ps 8). Ihr eignet neben ihrer Grundsätzlichkeit (Menschen als Geschöpfe) auch eine an der *Schuld*semantik der Geschichtsdeutung Israels gewonnene tiefgreifende *Ambivalenz*, wie sie z.B. in der Sintfluterzählung Gen 6–9 Ausdruck gefunden hat. Sie brachte auch *Schwierigkeiten für das kollektive Selbstverständnis* mit sich: Das Problem von Geltungsansprüchen im Blick auf den *Menschen* jenseits kultureller Differenzen und auf die *Einheitlichkeit der Wirklichkeit* als Konsequenz der Gott-Welt-Unterscheidung[36] führte auch in Aporien: Der Gott JHWH erschien in manchem undurchschaubar und transzendenter. Dem korrespondierte jedoch zuallererst eine langzeitige, an Prophetenbüchern, Weisheit und Psalmen verfolgbare positive *»Lesbarkeit« des Gotteshandelns*. Sie vertiefte die Bindung an JHWH, indem sie eine große *Verlässlichkeit der Weltordnung* und der Beziehung Gottes zu seinem Volk signalisierte (mit der Sinai-Tora verbunden). Hierzu formulieren viele alttestamentliche Texte quer durch die Teile des werdenden Kanons die Einsicht in die umfassende *Barmherzigkeit Gottes und seine Langmütigkeit*. Es geht dabei um JHWHs künftiges Absehen von weiterem Strafhandeln in der Geschichte aufgrund der Einsicht in die *Vergänglichkeit* wie die *Fehlbarkeit* Israels *und* der Menschheit (vgl. die Analogie der *Umkehr JHWHs* am Ende der Sintflut und in Ex 32–34). Andererseits führten gerade diese Einsichten auch in unlösbare Widersprüche angesichts von kollektivem wie individuellem Leid und ausbleibender Gerechtigkeit (vgl. etwa Gen 22; Gen 18,16–33; Jonabuch).

---

[35] Siehe dazu und zum Folgenden ausführlicher Hartenstein, Theologie (s. Anm. 15).

[36] Zu ihr als Kennzeichen des biblischen Monotheismus vgl. v.a. Fritz Stolz, Einführung in den biblischen Monotheismus, Darmstadt 1996, 202: »Zentral ist überall die grundlegende Unterscheidung zwischen dem einen (jenseitigen) Gott und der Mannigfaltigkeit, welche die diesseitige Welt, die Schöpfung, betrifft.« Vgl. ders., Weltbilder der Religionen. Kultur und Natur, Diesseits und Jenseits, Kontrollierbares und Unkontrollierbares, Theophil 4, Zürich 2001, 139–161.

Meine Darstellung endet deshalb mit drei *offenen Problemen* des schöpfungstheologischen Monotheismus. Zwei davon liegen auf einer Ebene: Die Frage des *Verhältnisses von Israel und den Völkern* sowie das Problem der *ausbleibenden Gerechtigkeit* (als Weltordnung). Hier geht es auch um Einsichten in die *Ambivalenz* des Menschen (und damit Israels) in Entsprechung zur *offenbaren Entzogenheit* Gottes. Neben Figurationen des *Zweifels* und *»kognitiver Dissonanzen«*, die vor dem Hintergrund traditioneller Weisheit bearbeitet wurden, finden sich bewusste Versuche, unverständliches Leiden auch jenseits von Schuld und Strafe zu bewältigen. Besonders wichtig erscheinen bewusst *schöpfungstheologische* Perspektiven der »Erlösung« aus unverstehbarem Leid und dem Tod (Hiobbuch, manche Psalmen), auch durch Neuformatierung des menschlichen Gegenübers im Blick auf die Fähigkeit zur Antwort auf die Tora (»neues Herz« Jer 31, Ez 36; »neuer beständiger Geist« Ps 51 u.a.)

Das dritte offene Problem liegt noch einmal auf einer anderen Ebene: Es geht um die ausdrückliche Thematisierung prinzipieller *Grenzen der Gotteserkenntnis* in den spätesten Textstraten des Alten Testaments. Besonders das Buch Kohelet, aber auch spätprophetische Texte und skeptische Psalmen (wie Ps 90; 139) sind hier einschlägig. Angesichts einer prinzipiellen letzten Unverfügbarkeit des göttlichen Handelns verwenden diese Texte *relationale Grenzbegriffe* und zeigen ein präzises *Denken in Metaphern*. Oft erwarten sie, so in den schriftprophetischen theologischen »Summen« aus hellenistischer Zeit, eine »eschatologische«, durch JHWH am Ende zu eröffnende Eindeutigkeit (vgl. Jes 65f.; Sach 14 u.a.).

Das ist m.E. *ein wesentlicher Richtungssinn des sich herausbildenden Kanon von Tora und Propheten (zu denen lange auch die Psalmen zählten).* Seine Dynamik führt weit in die frühjüdische wie die frühchristliche Literatur. Letztere behandelte die genannten monotheistischen Folgeprobleme weiter und gab ihnen eine neue — christologische — Dimension der Erwartung.[37]

Resümee für die Fragen der ethischen Relevanz dieser Entwicklung: Theologie und Ethik des Alten Testaments sind zwar voneinander zu unterscheiden und treten in den Texten unterschiedlich stark in den Vordergrund (das ist die Richtigkeit der Begrenzung auf Textbereiche mit expliziter Normativität in Eckart Ottos Ethik: der Rechtsbücher und der Weisheit[38]). Beides ist aber unlöslich aufeinander bezogen, wie es das für das Alte Testament typische Denken in *personaler Metaphorik*, der *Relationalität* JHWHs, deutlich werden lässt.[39] Zugleich lässt sich *die ethische Dimension* der alttestamentlichen Literatur aber nur dann angemessen verstehen, wenn man die der Entwicklung zur monotheistischen

---

[37] Siehe hierzu genauer den Schlussteil zu gesamtbiblischen Perspektiven in: Hartenstein, Theologie (s. Anm. 15).
[38] Vgl. Otto, Ethik (s. Anm. 18).
[39] Vgl. eingehender Hartenstein, Relationalität (s. Anm. 32).

Gottesvorstellung parallel laufenden *Transformationen der (theologischen) Anthropologie des AT* in Rechnung stellt.[40] Dies bildet einen wichtigen Anknüpfungspunkt für die Übersetzbarkeit biblischer Inhalte in ethische Perspektiven. Das soll nun abschließend an zwei gegenwärtigen Beiträgen verdeutlicht werden.

5. Zwei Beiträge zur Einbringung biblischer (alttestamentlicher) Einsichten in Diskurse öffentlicher Ethik

Im Blick auf mögliche leitende Prinzipien für eine biblisch angeregte Position in öffentlichen ethischen Gesprächszusammenhängen erscheinen mir zwei Beiträge besonders weiterführend: Aus Sicht des Faches Altes Testament die oben bereits erwähnte, kanonisch angelegte »Ethik des AT« von Rainer Kessler sowie ein Text des Philosophen Paul Ricœur zum dekalogischen Tötungsverbot und seiner fundamentalethischen Reformulierung im Kontext der Gottes- und Nächstenliebe.[41] Beide verfolgen die Intention, *biblische Inhalte u.a. mit Diskurs-Theorien der Ethik ins Gespräch zu bringen*. Sie werben dafür, *theologischen* Argumenten in öffentlicher Ethik Raum zu geben: vor allem im Blick auf die klassische Debatte zu Heteronomie und Autonomie angesichts der Gehorsamsforderung gegenüber dem Gesetz. Dass hier die Idee einer neu gefassten »*Theo*nomie« erneut diskursfähig sein könnte, ist ein Vorschlag beider Beiträge.

5.1 Rainer Kesslers »Weg zum Leben«

Für Kessler können materiale biblische Impulse eine »Erdung« in ethische Diskurse einbringen: Biblische Einsichten und auf sie gestützte Ideen bleiben für ihn – wie bei der Aristotelikerin Martha Nussbaum[42] – fundamental *konkret*. Es gibt hier ein zu Recht beharrlich marxistisches Moment an Kesslers auch sozialgeschichtlicher Rekonstruktion biblischer Befreiungsgeschichten und ihrer Implikationen: Nur *tatsächliche* Freiheit befähigt zur Übernahme von Verantwortung und zur Einhaltung von Geboten (§ 13). Da auf Befreiung stets eine neue Ordnung folgen muss (vgl. Exodus – Sinai-Tora), die biblisch gerade nicht

---

[40] Siehe dazu jetzt umfassend Bernd Janowski, Anthropologie des Alten Testaments. Grundfragen – Kontexte – Themenfelder. Mit einem Quellenanhang und zahlreichen Abbildungen, Tübingen 2019, bes. 521–547.

[41] Kessler, Weg zum Leben (s. Anm. 19); Paul Ricœur, »Thou Shalt Not Kill«. A Loving Obedience, in: LaCocque/Ricœur, Thinking Biblically (s. Anm. 8), 111–138.

[42] Vgl. Martha C. Nussbaum, Gerechtigkeit oder Das gute Leben, hrsg. v. Herlinde Pauer-Studer, aus d. Amerikan. v. Ilse Utz, edition suhrkamp. Gender Studies 1739 = NF 739, Frankfurt am Main 1998.

vonseiten der Befreiten selbst etabliert wird, sondern durch den Befreier gesetzt wird, der »das Leben will« (174), kommt die Ethik nicht ohne »Theonomie« aus (»Heteronomie« wäre hier eine unpräzise Bezeichnung). Im Alten Testament bleibt diese aber vor dem Verdacht der »Tyrannei« eines »Willkürgottes« geschützt: Mit Frank Crüsemanns Rekonstruktion einer Wirtschafts- und Sozialordnung aus Grundintentionen des Deuteronomiums betont Kessler in seiner Ethik hierzu immer wieder den – auch ökologisch zu denkenden – Kreislauf von *Segen und Gerechtigkeit*, den Gott ermöglicht.[43] In ihm sind symbolische und reale »Überschüsse« enthalten, die soziales Leben nicht allein auf sich, sondern wiederum irreduzibel auf Gott als Geber und Garanten des »Weges zum Leben« verweisen. Folgerichtig ist für Kessler das bereits biblisch angewandte Kriterium der *Lebensdienlichkeit* auf die Inhalte aller Gebote prüfend anzuwenden (mit Hinweis auf Ez 20,25: »Gebote, die nicht gut waren« [175]).

Formal folgt Kessler theoretischen Überlegungen zur Gestaltung öffentlicher Diskurse, in die – in »biblischer Erinnerung« neu angeeignete – christliche Positionen wie alle anderen durch »Plausibilisierung und Übersetzung« (581) eingebracht werden müssen. Die Theologie könnte dann angesichts der möglichen Schwäche formaler »kontrafaktischer Idealkonstruktionen« gerade in ihrer biblisch-gegenwärtigen Vielstimmigkeit Akzente gegen die Gefahr einer neutralen Einheitssprache im Diskurs setzen (585f.). In diesem Zusammenhang erwartet Kessler (vielleicht zu?) viel von der Idee, affektgeladene Bezüge zu Inhalten mit dem Ziel der »Wertegeneralisierung« im Diskurs nutzbar zu machen, die im Prozess der Akzeptanz der Menschenrechte ein Vorbild hätte (586).[44] Auffällig ist, dass sein Entwurf gerade zur Menschenwürde trotz ausführlicher Darstellung von Aussagen zur Gottesebenbildlichkeit in Gen 1 eher wenig systematischen Nutzen aus der impliziten wie explizit theologischen *Anthropologie des AT* und deren philosophischer Nachwirkung bis in die Gegenwart zieht.[45] Das ist beim Philosophen Ricœur anders, der genau an dieser Stelle ansetzt.

---

[43] Vgl. Kessler, Weg zum Leben (s. Anm. 19), 260–267, unter Bezug auf Frank Crüsemann, Gottes Fürsorge und menschliche Arbeit. Ökonomie und soziale Gerechtigkeit in biblischer Sicht, in: ders., Maßstab: Tora. Israels Weisung und christliche Ethik, Gütersloh 2003, 190–207.

[44] Unter Bezug auf die These der Affektbesetztheit von Werten bei Hans Joas, Die Sakralität der Person. Eine neue Genealogie der Menschenrechte, Berlin 2011, der sich auf den Soziologen Talcott Parsons (1902–1979) bezieht (Ziel der »Wertegeneralisierung«). Vgl. auch Martha C. Nussbaum, Politische Emotionen. Warum Liebe für Gerechtigkeit wichtig ist, stw 2172, Berlin 2016 (engl. 2013).

[45] Vgl. als Überblick über diese derzeit in der alttestamentlichen Wissenschaft florierende Forschungsperspektive Alexandra Grund-Wittenberg, Kulturanthropologie und Altes Testament. Stand und Perspektiven der Forschung, in: ThLZ 141 (2016), 873–886; Jürgen van Oorschot, Anthropologie(n) des Alten Testaments in den expliziten und impliziten Menschenbildern. Eine redaktionsgeschichtliche und interdisziplinäre Aufgabe, in: ThLZ 145 (2020), 3–16.

5.2 Paul Ricœurs »Loving Obedience«

Ricœur beginnt seine Erkundung des biblischen Liebesgebots und seines Potentials für ethische Debatten mit einer Lektüre von Franz Rosenzweigs »Stern der Erlösung«[46]. Das zentrale Tötungs*verbot* des Dekalogs wird von ihm im Anschluss daran als die negative Seite des im Sch^{e}ma Jisrael Dtn 6,4 positiv formulierten *Gebotes* der *Gottes*liebe (»mit ganzem Herzen, ganzer Seele und aller deiner Kraft«) identifiziert. Insofern steht auch das 1. Gebot des Dekalogs – und ich ergänze: auch dessen *Präambel* mit dem Hinweis auf die vorausgehende Befreiung aus Ägypten – in einem engen Bezug zum 5. Gebot (117). Nimmt man noch in einem rezeptionsgeschichtlichen Sprung 1Joh 4 (»Gott *ist* Liebe«) hinzu, hat man ein dichtes Geflecht von sachlich aufeinander verweisenden biblischen Aussagen, denen es *nach*zudenken gilt (118): Die johanneische Metapher wird auf ihre semantische Innovationskraft durch die wechselseitige Erhellung von Gott *als* Liebe und Liebe *als* Gott abgehört. Auf diese Weise wird der Boden für die in ebendiesem Sinn als heute auch im ethischen Diskurs *restituierbar* aufgezeigte »Theonomie« des ethischen Subjekts bereitet: Der dynamisch relational in Liebe sich erweisende Gott ist der einzige, der im Anschluss an Rosenzweig selbst Liebe fordern kann, weil sich der mit dem Imperativ »Liebe mich!« (Dtn 6,4) Angesprochene darin als *bereits geliebt* erfährt: Gehorsam und Antwort (besser: umfassendere *Responsivität*) gehen ebenso paradox wie organisch als »liebender Gehorsam« zusammen (»Loving Obedience«). Das fundamentale »being loved« steht schon bei Rosenzweig der *Selbst*begründung idealistischer Subjekttheorien entgegen.[47] Es hegt deren Absolutheitsfiguren durch den Verweis auf die ursprüngliche *Bezogenheit* auf ein Gegenüber ein, das – so Ricœur – in der Metapher »Gott *ist* Liebe« »nothing less than personal« erscheint (122). Ich erinnere hierzu auch an Hans Blumenberg, der in seiner postum erschienenen Anthropologie jenes »being loved« gerade als nicht überwindbaren Verlust der Moderne bearbeitet (das als konstitutive Trostbedürftigkeit wirksame »Gewollt-Sein« des Menschen).[48]

Ricœur konfrontiert den auf biblischem Grund neu gedachten »liebenden Gehorsam« mit dem Autonomieprinzip, auch der Diskursethik, und zwar aus der Einsicht seiner älteren Studien über die konstitutive Fehlbarkeit des Menschen

---

[46] Siehe Franz Rosenzweig, Der Stern der Erlösung. Mit einer Einführung von Reinhold Mayer und einer Gedenkrede von Gershom Scholem, Bibliothek Suhrkamp 973, Frankfurt am Main 1988 (1921).
[47] Vgl. Rosenzweig, a.a.O., 116f., 194–202.
[48] Vgl. Hans Blumenberg, Beschreibung des Menschen. Aus dem Nachlaß herausgegeben von Manfred Sommer, Frankfurt am Main 2006, 639: »Der Mensch ist das Wesen, das sich dessen bewußt ist oder bewußt werden kann, ob es gewollt worden ist. Oder anders: das Wesen, dem es unerträglich werden kann, durch den nacktesten aller Zufälle zu existieren.« Vgl. weiter 623–655 (Kap. 9: »Trostbedürfnis und Untröstlichkeit des Menschen«).

und den als radikal erfahrenen Charakter des Bösen heraus.[49] Er gibt sich im Blick auf die Chancen des Arguments im Diskurs keinen Illusionen hin und betont mit Bonhoeffer, dass es nicht darum gehen könne, mit biblischen Inhalten »Lücken« ethischer Theoriebildung zu füllen.[50] Vielmehr müsse man in einer pluralistischen Gesellschaft als Juden und Christen *authentisch die eigenen Überzeugungen* (»considered convictions«) hörbar machen und auf ihre Plausibilität vertrauen, nicht zuletzt aufgrund der Sinngeschichte der Bibel auch in der Philosophie (124).

Ein weiterer Grund zum Optimismus liegt für ihn im *Sinn und Affekt für Ungerechtigkeit*, den auch Jan Assmann als einen »Urtrieb« gesellschaftlicher Sensibilität benennt.[51] Ricœurs Hauptgedanke ist dabei das Moment des *Überschreitenden* (»excess« oder »trajectory«) und *Überraschenden* an einer durch Liebe imprägnierten gesellschaftlichen *Praxis*, die Ausnahmen von der Regel zulässt, im Gegensatz zur ökonomischen Logik der Äquivalenz, wie sie der »Gerechtigkeits«-Semantik üblicherweise eignet (124f.).[52] Dem »sense of justice« (Rawls) könnte insofern ein ›sense of love‹ benachbart sein, wenn man zum transkulturell vielfach belegten Wunsch nach sozialer Kooperation die Nächstenliebe *addiert* (beides ist nicht identisch, 126f.). Letztere hätte dabei anders als Gerechtigkeit auch die ästhetische Kraft einer »moral beauty« (127). Nimmt man zur Kenntnis, dass in allen Verfahren des Rechts das Ideal der gleichwertigen Berücksichtigung von Ansprüchen niemals erreicht wird, könnte die jüdische und christliche Tradition hier aus ihren kulturellen Welten Paradigmen für die *Überschreitung trennender Grenzen* einbringen, die – vgl. Kesslers Hinweis auf die Idee der Wertegeneralisierung[53] – auf Interesse und Zustimmung hoffen dürfen. Ein zentrales biblisches Paradigma ist sicherlich die jesuanische *Feindesliebe* (und die paulinische eschatologische Auflösung aller sozialen Schranken »in Christus«).

---

[49] Vgl. Paul Ricœur, Die Fehlbarkeit des Menschen. Phänomenologie der Schuld I, Freiburg/München ³2002 (frz. 1960); ders., Symbolik des Bösen. Phänomenologie der Schuld II, Freiburg/München ²1988 (frz. 1960).
[50] Ricœur, Loving Obedience (s. Anm. 41), 124, mit Anm. 26, unter Bezug auf Dietrich Bonhoeffers Warnung vor einem »God of the gaps« (Letters and Papers from Prison, New York 1962, 217–220), der lediglich zur Schließung der Lücken – hier: ethischer – Theoriebildung dient.
[51] Nach Jan Assmann, Herrschaft und Heil. Politische Theologie in Altägypten, Israel und Europa, München/Wien 2000, 77, »gilt die Fähigkeit, sich über das Unrecht zu empören, als der politische Affekt schlechthin und wird allgemein zu den Tugenden gerechnet, vor allem zu denen des Herrschers oder des Gottes, wenn dieser wie im Alten Testament anstelle des Herrschers als Hüter der Gerechtigkeit auftritt.«
[52] Vgl. hierzu jetzt ähnlich Nussbaum, Politische Emotionen (s. Anm. 44).
[53] Siehe den vorigen Abschnitt zu Kesslers Weg zum Leben, mit Anm. 44.

In einem weiteren Schritt stellt Ricœur das Bewusstsein der *Alterität* des Nächsten aus der fundamentalethischen These von Lévinas[54] als eine mögliche Diskursbedingung heraus, weil: »Only a lively sense of the alterity of persons can preserve the dialogical dimension against every reduction to a monologue carried out by an undifferentiated subject.« (132) In einem letzten biblisch angestoßenen Gedanken *spiegelt* er den wegen seiner Alterität *als* Nächsten anzunehmenden Mitmenschen und den sich in seiner Offenbarung entziehenden Gott *ineinander*: Im Imperativ »Liebe deinen Nächsten!« kommt dann das »Liebe mich!« aus dem Sch°ma Jisrael zur Erfüllung. Auf diese Weise würde das Konzept der »Theonomie« restituiert: Die »innere Stimme« des Gewissens wie die von außen an uns appellierenden Gebote haben ihren Grund zuletzt in einem produktiv unbestimmten, sozusagen *personal* »gefärbten« »*Woandersher*«:

> »We can say that they come from God, not in the mythical form of the Sinai narratives and the giving of the tablets of the Law to Mose, but in virtue of their proximity to the commandment to love, which proceeds from the love that is God. This, in my opinion, is the only acceptable sense of the notion of theonomy. Love obligates; what it obligates is a loving obedience« (133).

Ricœur spricht hier von »a certain founding passivity«. So verstanden, bringt »Theonomie« als Aufruf zu liebendem Gehorsam Autonomie hervor (133).

5.3 Resümee: Biblische Inhalte als regulative Ideen im Diskurs?

Mir erscheint am Ende, nimmt man die rosenzweigsche Figur des Imperativs »Liebe mich!« im soeben entfalteten Sinn auf, wichtig, die Offenheit für *andere* Begründungen im Diskurs noch stärker zu signalisieren: Mit Kant würde ich die ricœurschen meta-ethischen Überlegungen, die starke *biblisch gesättigte Bilder* evozieren, bewusst als einen *Entdeckungszusammenhang* offenhalten. Das scheint mir überhaupt der beste Weg, die Bibel in öffentliche Ethik so einzubringen, dass ihre Stärke, das *Konkrete*, erhalten bleibt und sie zugleich argumentativ wie affektiv Kraft entfalten kann – wieder mit Ricœur: im Modus *vorausweisender Poetik*.

Formal würde ich diese Funktion biblisch grundierter Argumente mit Rekurs auf Kant zunächst im Sinne »*regulativer Ideen*« beschreiben. Dabei bin ich mir dessen bewusst, dass ich die Bezeichnung (hoffentlich) produktiv unscharf verwende, sobald ich sie mit biblisch informierten »Leit-Bildern« verbinde. Im

---

[54] Ricœur, Loving Obedience (s. Anm. 41), 131, mit Anm. 43, unter Bezug auf Emmanuel Lévinas, Totalität und Unendlichkeit. Versuch über die Exteriorität, Freiburg/München 1988 (frz. 1961); vgl. zu Lévinas' Fundamentalethik Werner Stegmaier, Emmanuel Lévinas zur Einführung, Hamburg 2009, 68–183 (Kap. 4f.).

Anhang zur transzendentalen Dialektik in der Kritik der reinen Vernunft (B 697f.) werden die drei *umfassenden* Ideen »Seele«, »Welt« und »Gott« zu den »notwendigen heuristischen Fiktionen«[55] gerechnet, die Erkenntnisse zu einer systematischen Einheit zusammenfassen und auf diese Weise regulieren. Für Kant ist das ein prinzipiell unendlich offenes *Forschungs*prinzip.[56] Es hilft, die Erkenntnis voranzutreiben: »Nach der Gottesidee darf man die gesamte Sinnenwelt so betrachten, *als ob* sie eine zweckmäßige organisierte Einheit sei, die ›einen einzigen obersten und allgenugsamen Grund‹ habe: ›eine gleichsam selbständige, ursprüngliche und schöpferische Vernunft‹ (B 700) [...].«[57] Es handelt sich um den unverzichtbaren »symbolischen«, nicht aber »dogmatischen« Anthropomorphismus.[58] Er betrifft *allein die Sprache*, nicht aber das Objekt der Erkenntnis. Jedoch lässt sich beides im Licht von Phänomenologie und Metapherntheorie nicht eindeutig trennen, so dass mit Blumenberg die *prinzipielle Anschaulichkeit des Denkens* als dessen tiefe Verwurzelung im Konkreten anzuerkennen wäre.

Daher inhaltlich: Nach Hans Blumenberg, für dessen Denken die Horizontmetapher zentral ist, aber ambivalent und vielschichtig bleibt, ist ihre Verwendung *anthropologisch verankert* (z.B. in der Erfarung des Sternenhimmels oder der Seefahrt), muss aber immer auch *historisiert* werden.[59] Der »Horizont« ist für ihn – wie bei Kant – eine notwendige Metapher, »je mehr wir uns von der kurzen Distanz der erfüllbaren Intentionalität entfernen und auf Totalhorizonte beziehen«[60], wobei »die Grenzen des Gesichtskreises nicht von den Gegenständen, sondern vom Betrachter und dessen Position abhängen«[61]. Der neuzeitlichen Erfahrung einer potentiell unendlichen »Horizontverschiebung« steht dabei immer noch, zumindest als Erinnerung, der biblisch eröffnete »Möglichkeitshorizont

---

[55] Otfried Höffe, Kants Kritik der reinen Vernunft. Die Grundlegung der modernen Philosophie, 2., durchges. Aufl. München 2004, 268.
[56] Höffe, a.a.O., 273.
[57] Höffe, a.a.O., 275, mit Bezug auf KrV B 700 (Hervorhebung im Original).
[58] Höffe, a.a.O., 276, zu Prol. § 57; vgl. dazu auch Eberhard Jüngel, Anthropomorphismus als Grundproblem neuzeitlicher Hermeneutik, in: ders., Theologische Erörterungen, Bd. 3: Wertlose Wahrheit. Zur Identität und Relevanz des christlichen Glaubens, BEvTh 107, München 1990, 110–131, 124f.; Hartenstein, Relationalität (s. Anm. 32), 167f.
[59] Vgl. Marcel Lepper/Kira Louisa Künstler, Horizont, in: Robert Buch/Daniel Weidner (Hrsg.), Blumenberg lesen. Ein Glossar, stw 2103, Berlin 2014, 131–145.
[60] Hans Blumenberg, Schiffbruch mit Zuschauer. Paradigma einer Daseinsmetapher, stw 289, Frankfurt am Main 1979, 80; vgl. ders., Theorie der Unbegrifflichkeit. Aus dem Nachlaß herausgegeben von Anselm Haverkamp, Frankfurt am Main 2007.
[61] Lepper/Künstler, Horizont (s. Anm. 59), 141.

der *Schöpfung*«[62] entgegen. Letzterer vermag zwar für sich genommen keine öffentlichen ethischen Diskurse zu begründen oder zu steuern, aber er vermag in solchen Diskursen notwendige Grenzen aufzuzeigen, auf die man sich auch ohne weltanschaulichen Konsens einigen können sollte. Biblisch angestoßene Metaphern wie z.B. »Gott *als* Horizont« menschlicher Welt- und Selbsterfahrung in Texten wie Ps 139 und Hiob 38–41 könnten so dazu beitragen, Letztes und Vorletztes umsichtig zu unterscheiden.[63]

Übertragen auf die oben genannten Anregungen Ricœurs, wäre dann der Rekurs auf einen immer schon ergehenden Ruf zur Nächstenliebe eine – zunächst nur theologisch unverzichtbare – »*regulative Idee*«; freilich mit weitreichenden Folgen, sobald sie im Diskurs nicht nur hörbar gemacht, sondern darin als ein möglicher Richtungssinn aufgenommen würde, »*als ob*« Gott dabei im Spiel wäre.

---

[62] Lepper/Künstler, a.a.O., 142 (Hervorhebung: FH). Vgl. Hans Blumenberg, Matthäuspassion, Bibliothek Suhrkamp 998, Frankfurt am Main ³1991 (1988), 7–20 (»Horizontabschreitung«) und 10 (»Denn bei Gott ist kein Ding unmöglich«).

[63] Vgl. demnächst Friedhelm Hartenstein, Gott als Horizont des Menschen. Studien zur Theologie des Alten Testaments, FAT, Tübingen 2021.

Martin Ohst

Kirchengeschichte als Historische Theologie

Zum Bildungsauftrag und Bildungswert einer theologischen Disziplin

In memoriam Hartmut Ruddies (2. November 1946 – 3. Juli 2020)

Das Verständnis des Faches Kirchengeschichte als einer Teildisziplin der Historischen Theologie, das ich im Folgenden skizziere, ist inspiriert von Schleiermachers Theorie der Theologie, die er in seiner »Kurzen Darstellung« ausformuliert hat.[1] Ich werde aber im Folgenden keine Schleiermacher-Exegese vorführen, sondern anhand einiger Bezugnahmen auf Schleiermacher meine eigene Auffassung von Wert und Aufgabe des Faches darlegen, in die natürlich meine eigenen fachlichen Interessen und meine eigenen Erfahrungen in der Lehre mit eingehen. An einigen Stellen werde ich in kontrastierender Absicht auch Rudolf Bultmann zu Wort kommen lassen – als Repräsentanten eines ganz andersartigen Theologiekonzepts, welches der Kirchengeschichte im Kreis der theologischen Disziplinen denn auch folgerichtig einen ganz anderen Ort anweist.

---

[1] Im Folgenden zitiere ich nach dem Originaldruck der Zweitauflage: Friedrich Schleiermacher, Kurze Darstellung des theologischen Studiums zum Behuf einleitender Vorlesungen, Berlin ²1830 mit dem Kürzel »KD²« und der Angabe der Paragraphennummer. Danach sind die Zitate mühelos in den neuen Ausgaben verifizierbar (kritische Ausgabe von Heinrich Scholz [1910], Darmstadt ⁵1982; KGA I.6, hrsg. von Dirk Schmid, Berlin/New York 1998; diese Edition auch als Einzelausgabe [De Gruyter Texte], Berlin 2002. Zu Schleiermachers Theologie-Konzept sind zu vergleichen: Hans-Joachim Birkner, Schleiermachers ›Kurze Darstellung‹ als theologisches Reformprogramm (1986), in: ders., Schleiermacher-Studien, SchlA 16, Berlin/New York 1996, 285–305; Martin Rössler, Schleiermachers Programm der ›Philosophischen Theologie‹, SchlA 14, Berlin/New York 1994; Markus Schröder, Die kritische Identität des neuzeitlichen Christentums. Schleiermachers Wesensbestimmung der christlichen Religion, BhTh 96, Tübingen 1996 sowie Ulrich Barth, Theorie der Theologie, in: Martin Ohst (Hrsg.), Schleiermacher Handbuch, Tübingen 2017, 316–327.

1. Theologie als positive Wissenschaft vom Christentum

Zunächst erläutere ich zwei Weichenstellungen, bei denen ich mich nun in der Tat sehr eng an Schleiermacher orientiere. Die *erste* betrifft den Theologiebegriff insgemein. Mit Schleiermacher verstehe ich unter Theologie entgegen dem Wortsinne nicht die Wissenschaft von Gott oder göttlichen Dingen, auch nicht, wie Rudolf Bultmann, die Wissenschaft von Gott in seiner Offenbarung,[2] sondern die Wissenschaft von der christlichen Religion. Da es die christliche Religion nirgends anders gibt als in der Fülle ihrer differenten, oft auch divergenten und kontroversen Spielarten, nimmt jede sich so verstehende Theologie, ob sie es will und weiß oder nicht, ihren Ausgangspunkt bei einer von ihnen, ist also konfessionell, das heißt: Sie entsteht und entfaltet sich im Zusammenhang einer bestimmten Formation christlichen Lebens, Glaubens und Denkens als deren kritische Reflexionsinstanz. Wenn ich also im Folgenden von Theologie und Kirchengeschichtsschreibung rede, meine ich immer deren protestantische Spielarten, was natürlich, wie später darzulegen ist, gar nicht bedeutet, dass sich beider Gesichtsfeld auf das protestantische Christentum und dessen partikulare Geschichtsgestalten beschränken dürfe oder gar müsse. Eine Theologie und Kirchengeschichtsschreibung jedoch, die beanspruchen würde, sich über die Fülle der geschichtlichen Spielarten des Christentums zu erheben und sie alle aus gleichsam göttlicher Äquidistanz zu betrachten, wäre hybrid.

Maßgeblich für die Konzentration der Theologie und damit der Kirchengeschichte auf eine bestimmte geschichtliche Spielart der christlichen Religion ist weiterhin ihr konstitutiver Zweckbezug, nämlich ihr Bildungsauftrag. Und damit bin ich bei der zweiten Weichenstellung angelangt, bei der ich mich von Schleiermacher leiten lasse. Sein System derjenigen Wissenschaften, welche die Idee des Wissens aus sich selbst hervortreibt, spart für die Theologie keinen Ort aus. Sicher, bestimmte Themenbestände, die in der Theologie traktiert werden, kommen auch hier vor, etwa in der Dialektik/Metaphysik bzw. in der Ethik (Religionsphilosophie) und in der dieser nachgeordneten Geschichtskunde (Religionsgeschichte).

Aber die Theologie hat ihren Status gleichsam unterhalb der reinen Wissenschaften als »positive«[3] Wissenschaft; sie organisiert sich nämlich in Entsprechung zu einer bestimmten gesellschaftlich relevanten Aufgabe, die Schleiermacher für die Theologie bekanntlich mit dem Schlagwort »Kirchenleitung«[4] bezeichnet; ich würde dieses in unseren Ohren verengende, missverständliche

---

[2] Vgl. Rudolf Bultmann, Theologische Enzyklopädie, hrsg. von Eberhard Jüngel und Klaus W. Müller, Tübingen 1984, 159.
[3] Schleiermacher, KD² (s. Anm. 1), §1.
[4] A.a.O., §3.

Wort meiden und stattdessen von der verantwortlichen Vertretung (protestantischen) Christentums in der Öffentlichkeit reden, womit neben dem Pfarramt auch der Lehrerberuf gemeint ist, darüber hinaus zudem jede Art von Publizistik in den unterschiedlichen Medien. Hierzu bedarf es, wie Schleiermacher formuliert, bestimmter »Kenntnisse und Kunstregeln«, und deren »Inbegriff« eben ist die Theologie.[5] Diese Kenntnisse, die in der Theologie traktiert und vermittelt werden, stammen nun ihrerseits aus den reinen, aus der Idee des Wissens entspringenden Wissenschaften, und sie, diese Entlehnungen aus dem Bereich der reinen Wissenschaften, sind es, welche der Theologie als ganzer den Charakter der Wissenschaftlichkeit verleihen, während ihr Praxisbezug lediglich für den *Zusammenhang* dieser aus unterschiedlichen Bereichen der Wissenschaft stammenden Disziplinen Gewähr leistet.[6]

Mit und neben dieser Fundierung der Theologie als Konglomerat von Einzelwissenschaften in dem, was man heute wohl auch als Vermittlung von berufsspezifischen Kompetenzen bezeichnen könnte, ist bei Schleiermacher jedoch noch ein anderer Faktor wirksam, der die Einzeldisziplinen zu einem Ganzen verbindet. Er nennt ihn das »Interesse am Christenthum«[7] bzw. am »Wesen des Christenthums«[8]: Als einem Erben des (radikalen) Pietismus und der (hallischen) Aufklärungstheologie ist es Schleiermacher selbstverständlich, das empirische Christentum in der ganzen synchronischen wie diachronischen Erstreckung seiner geschichtlichen Erscheinungsformen und zugleich in seiner Differenz zu seiner eigenen Norm- und Sollgestalt wahrzunehmen, also Wesen und Erscheinung, Wahrheit und Wirklichkeit der christlichen Religion voneinander zu unterscheiden und kritisch aufeinander zu beziehen. Dieses Wechselspiel von Unterscheidung und Beziehung realisiert sich in Schleiermachers Theologiekonzept allerdings nicht mehr in seiner naiven Variante, in der normative geschichtliche Zustände und (angebliche) Degenerationsphänomene durch Verfallshypothesen miteinander verbunden bzw. gegeneinander in Stellung gebracht wurden.[9] Dieses Denkmuster war ja schon durch Semler und seine Destruktion der Idealisierung des Urchristentums in die Krise geraten. Schleiermacher schloss sich aber auch nicht einfach der gängigen Perfektibilitätstheorie an, welche die Koinzidenz von Wahrheit und Wirklichkeit der christlichen Religion aus der Vergangenheit in die Zukunft projizierte und deshalb Jesus nur

---

[5] A.a.O., §5.
[6] Vgl. Schleiermacher, KD² (s. Anm. 1), §6: »Dieselben Kenntnisse, wenn sie ohne Beziehung auf das Kirchenregiment erworben und besessen werden, hören auf theologische zu sein und fallen jede der Wissenschaft anheim, der sie ihrem Inhalte nach angehören«.
[7] A.a.O., §8.
[8] A.a.O., §§21.32.35.
[9] Die Wurzeln dieses Verstehensmodells reichen bekanntlich bis in die Frühzeit des Christentums zurück; vgl. immer noch Erich Seeberg, Gottfried Arnold. Die Wissenschaft und die Mystik seiner Zeit, Meerane/Sachsen 1923.

als im Grunde austauschbaren Anfangspunkt einer geschichtlichen Bewegung zu würdigen wusste.[10] Schleiermacher hingegen verstand das, was die schöpferische Einmaligkeit Jesu ausmacht, als eine transzendentale Größe, die sich, in der gesamten Fülle ihrer Rezeptions- und Wirkungsgestalten zugleich offenbar und verborgen, dem platt empirischen Zugriff entzieht. Folglich versteht er die Wesensbestimmung des Christentums als einen konstruktiven Akt, der zwar auf geschichtliche Realisationsgestalten der christlichen Religion zurückgreift, das gesuchte Wesen aber mit keiner von ihnen identifiziert. Die Wesensbestimmung ist also eine der konstruktiven Theoriebildung gestellte Daueraufgabe, ein unter sich wandelnden geschichtlichen Bedingungen immer neu zu vollziehender Akt der theoretischen Selbstverständigung der christlichen Religion – womit die Resultate jener konstruktiv-begrifflichen Anstrengung ihrerseits wieder prinzipiell historisiert sind.[11] Es ist genau diese Konfiguration, in welcher er sie seiner Theologiekonzeption eingeschrieben hat, und zwar als Aufgabe der von ihm neuartig konzipierten Disziplin der »Philosophischen Theologie«, die ihren Standort, wissenschaftstheoretisch betrachtet, oberhalb des geschichtlichen Christentums[12] hat: Sie stellt alle historischen Erscheinungsformen und Geltungsansprüche der christlichen Religion hypothetisch zur Disposition, und aus dieser Außenperspektive heraus bestimmt sie Wesen und Wahrheitsgehalt der Religion sowie das besondere Wesen und den Standort des Christentums in der Welt der Religionen. Sie tut das im Hinblick auf zwei deutlich voneinander unterscheidbare Adressatenkreise. *Einmal* will sie innerkirchlich der im strengen Sinne wissenschaftlichen Selbstverständigung dienen und damit an ihrem Teil den praktisch-kirchlichen Bildungsauftrag der Theologie erfüllen. *Zum andern* will sie aber auch Außenstehenden zuverlässige Kenntnisse darüber vermitteln, was eigentlich Christentum ist: »Das ›Wesen des Christentums‹ ist seinem logischen Status nach somit als historiographischer Reflexionsbegriff zu betrachten«.[13] So hat Schleiermacher für seine Wesensbestimmung des Christentums

---

[10] Vgl. dazu Martin Ohst, Schleiermacher und die Bekenntnisschriften, BhTh 77, Tübingen 1989, 36–45.

[11] Explizit durchdacht wird das alles von Ernst Troeltsch, Was heißt »Wesen des Christentums«? (1903), in: ders., Gesammelte Schriften Bd. II, Tübingen 1913, 386–451; s. dazu Hartmut Ruddies, »Wesensbestimmung ist Wesensgestaltung« – Der Beitrag Ernst Troeltschs zur Wesensbestimmung des Christentums, in: Mariano Delgado (Hrsg.), Das Christentum der Theologen im 20. Jahrhundert. Vom »Wesen des Christentums« zu den »Kurzformeln des Glaubens«, Stuttgart/Berlin/Köln 2000, 23–36.

[12] Vgl. Schleiermacher, KD² (s. Anm. 1), §33 sowie ders., Der christliche Glaube nach den Grundsätzen der evangelischen Kirche im Zusammenhange dargestellt (1821/22), hrsg. von Hermann Peiter, KGA I.7/1, Berlin/New York 1980, §6, 20–22.

[13] Barth, Theorie der Theologie (s. Anm. 1), 321.

reklamiert, diese Formel[14] wolle »auch von jedem Unchristen dafür gehalten seyn, daß er durch dieselbe jede christliche fromme Erregung und einen sie aussagenden Glaubenssatz von jeder nichtchristlichen unterscheiden könne«[15], und eine Randbemerkung Schleiermachers in seinem Handexemplar der Erstauflage der Glaubenslehre bekräftigt: »Es kann einer volkomen zugeben, daß dies das Wesen des Christenthums ist ohne daß es für ihn eine Wahrheit bekomt«.[16]

Schleiermacher mutet also demjenigen, der wissenschaftlich Theologie betreiben will, zu, dass er gleichsam seine Perspektive verdoppelt. Er muss seine eigenen Überzeugungen und seine eigene religiöse Vorstellungswelt, so konstitutiv und indiskutabel sie für ihn persönlich-existentiell sein mögen, hypothetisch zur Disposition stellen. In alledem ist deutlich: Schleiermacher nimmt die in der von Semler[17] repräsentierten hallischen Aufklärungstheologie angebahnte Unterscheidung von Religion und Theologie auf und führt sie weiter.[18]

---

[14] Vgl. Schleiermacher, Der christliche Glaube (s. Anm. 12), §18. Leitsatz, 61: »Das Christenthum ist eine eigenthümliche Gestaltung der Frömmigkeit in ihrer teleologischen Richtung, welche Gestaltung sich dadurch von allen andern unterscheidet, daß alles einzelne in ihr bezogen wird auf das Bewußtsein der Erlösung durch die Person Jesu von Nazareth.«

[15] Friedrich Daniel Ernst Schleiermacher, 2. Sendschreiben über die Glaubenslehre an Lücke, hrsg. von Hans-Friedrich Traulsen, Berlin/New York 1990, KGA I.10, 337–394, 374.

[16] Friedrich Daniel Ernst Schleiermacher, Der christliche Glaube nach den Grundsätzen der evangelischen Kirche im Zusammenhange dargestellt: Marginalien und Anhang, hrsg. von Ulrich Barth, Berlin/New York 1984, KGA I.7/3, 60, Marg. 297.

[17] Vgl. Barth, Theorie der Theologie (s. Anm. 1), 318.

[18] Der reflektierte Widerspruch gegen diese Unterscheidung ist für Bultmanns Verständnis der Theologie bzw. ihrer Kernfächer, der Neutestamentlichen Exegese und der Systematischen Theologie, konstitutiv. Sie waltet auch noch in der abstufenden Zuordnung von bloß historischer »Rekonstruktion« und spezifisch theologisch-thetischer »Interpretation«; vgl. Rudolf Bultmann, Theologie des Neuen Testaments, Tübingen ⁷1977, 585–599 (Epilegomena), bes. 599: Die »Rekonstruktion«, also die historisch-kontextualisierende Verstehensarbeit, die den ursprünglichen Aussagegehalt der maßgeblichen Zeugnisse der christlichen Religion ermitteln will, die also für Semler und Schleiermacher den eigentlich wissenschaftlich-*theologischen* Umgang mit diesen Dokumenten im Unterschied zum religiös-erbaulichen ausmacht, gehört für Bultmann nur in den Vorhof der eigentlichen Theologie. In diesem Zusammenhang beruft sich Bultmann auch auf F. Chr. Baur, der, inspiriert durch Hegels Geistphilosophie, eingesehen habe, »daß Wahrheit überhaupt nur in jeweils geschichtlicher Form erfaßt werden kann« (a.a.O., 592). – All das hat Bultmann schon Jahrzehnte zuvor in einem großräumigen forschungsgeschichtlichen Überblick dargelegt; vgl. ders., Zur Geschichte der Paulus-Forschung, in: ThR NF 1 (1929), 26–59, wieder abgedrückt bei Karl Heinrich Rengstorf/Ulrich Luck (Hrsg.), Das Paulusbild der neueren Forschung, WdF XXIV, Darmstadt 1964, 304–337. Bultmann schildert hier die neuere Paulus-Forschung als Geschichte des historistisch-psychologistischen Niedergangs von der geistphilosophischen Höhe, die sie in Baur

Genau gegen diesen historistisch-relativistischen Einschlag im Theologieverständnis hat Rudolf Bultmann massiven Einspruch erhoben: »Was ist Theologie als Wissenschaft? Ihr Gegenstand ist Gott, so wie er in der einzig möglichen Zugangsart, im Glauben, gesehen wird. Er zeigt sich in der Offenbarung und wird gesehen im Glauben. Also sind in einem Offenbarung und Glaube der Gegenstand der Theologie; jene, wie sie im Glauben verständlich ist, also nicht als ein allgemein sichtbares Weltphänomen; dieser, wie er das Verstehen der Offenbarung ist, also nicht als ein Phänomen menschlichen Geisteslebens überhaupt«.[19] Die so als Akt des Glaubens verstandene Theologie hat mit dem Glauben selbst ihren festen, unhintergehbaren Ausgangs- und Bezugspunkt, denn der Glaube »weiß [...] sich geschaffen durch das Wort der Schrift, das ihm in der kirchlichen Verkündigung als Gottes Wort begegnet. Es wird ihm hier gesagt, daß sich Gott in Christus offenbart hat, und zwar so, daß Gott durch Christus die Welt gerichtet und eine neue Welt heraufgeführt hat, an der teilhat, der an Gottes Tat in Christus glaubt, d.h. der sie an sich selbst vollziehen läßt«.[20]

---

schon einmal erreicht habe, die nun allerdings existenzphilosophisch noch einmal übertroffen werde. Baur habe zutreffend erkannt, dass die Unterscheidung zwischen Erleben und nachträglich-reflektierendem Denken verfehlt sei. Charakteristisch ist nun die folgende Wendung der Argumentation, die Baur bescheinigt, er sei mit diesem Verständnis im *Ein*verständnis mit dem Apostel selbst: »Nun ist im Ernste kein Zweifel, daß Baur Paulus insoweit recht verstanden hat. Denn für Paulus ist das Denken keine nachträgliche Reflexion, die zu seinen Erlebnissen hinzukommt; sondern als geistgeschenkte Weisheit ist sie ein Stück seines Lebens im Geiste selbst, und *in* seinem Denken vollzieht sich sein Glaubensgehorsam. Er kämpft gegen die Gnosis, die ein freies, von dem Gehorsam emanzipiertes Denken treibt, ein γινώσκειν, das nicht im γνωσθῆναι fundiert ist. Hat Baur auch den *gläubigen* Charakter des paulinischen Denkens nicht verstanden, so haben seine Nachfolger überhaupt nicht mehr verstanden, was existentielles Denken ist; sie reißen deshalb Theorie und ›Religion‹ auseinander« (37). – Maßstab für die Qualität der Exegese ist also nicht, ob sie die Autorintention verstanden und zutreffend reproduziert hat, sondern ob es dem Exegeten gelungen ist, sein Denken ins Einverständnis mit dem Autor zu bringen.

[19] Bultmann, Theologische Enzyklopädie (s. Anm. 2), 159. – Besonders prägnant ist das ausgeführt in Bultmanns 1941 gehaltenem Vortrag »Theologie als Wissenschaft«, hrsg. von Klaus W. Müller, in: ZThK 81 (1984), 447–469 (s. zum Kontext die Erläuterungen des Herausgebers, a.a.O., 470f.): »Was Gott ist, kann nicht verstanden werden, wenn nicht mitverstanden wird, was Glaube ist, und umgekehrt. Theologie ist also Wissenschaft von Gott, indem sie zugleich Wissenschaft vom Glauben ist, und umgekehrt. Gegenstand der Theologie ist also der Glaube selbst in eins mit seinem Woran. Aber der Glaube und sein Gegenstand können in ihrer Einheit nicht von einem Standpunkt außerhalb des Glaubens gesehen werden, [...]. Vielmehr: Ist Gott nur dem Glauben sichtbar, so ist auch der Glaube nur dem Glauben sichtbar. Theologie ist also eine Bewegung des Glaubens selbst. In ihr versteht der Glaube sich selbst« (a.a.O., 455; im Original teilweise kursiv).

[20] Bultmann, Theologie als Wissenschaft (s. Anm. 19), 455; im Original teilweise kursiv. – Karl Barth hat sehr genau gesehen, dass dieser schneidig vorgetragene scheinbare

Hier wird die Theologie also auf eine Binnenperspektive festgelegt; ihr Ermöglichungsgrund sowie ihre Norm sind ihr im Wort Gottes vorgegeben, das in der Verkündigung der Kirche ergeht.[21]

Zurück zu Schleiermacher: In dem komplexen Zusammenspiel von kategorialen Bestimmungen und materialen Befunden, welches für sein Verständnis von Theologie bezeichnend ist, setzt die Philosophische Theologie einerseits bestimmte Einsichten der Historischen Theologie voraus, und sie stellt dieser im Gegenzug ein begriffliches und kategoriales Instrumentarium zur Verfügung, das sie allerdings nicht einfach unkritisch übernimmt, sondern auf seine Erschließungskraft hin auf den Feldern historischen Erkennens erprobt. Die Historische Theologie ihrerseits arbeitet also der Philosophischen Theologie zu, und sie profitiert von der Philosophischen Theologie, welche ihr insofern unentbehrlich ist, als sie ihr Hilfe bei dem Bemühen leistet, ihre Begriffs- und Urteilsbildung über die bloße Geschmacks- und Stimmungswillkür herauszuheben. Insgesamt spiegelt dieses Wechselspiel offenkundig Kants Einsicht wider, dass Gedanken ohne Inhalt leer sind und Anschauung ohne Begriffe blind ist. Eine schon im Vorübergehen erwähnte Konsequenz aus diesem dynamischen Wechselspiel der Perspektiven, welches Schleiermachers Theologieverständnis bestimmt, ist jedoch hier noch einmal ganz deutlich zu unterstreichen: Das Wesen der christlichen Religion lässt sich an keiner ihrer historischen Erscheinungsformen einfach ablesen – weder am Urmarkus noch an der Logienquelle, weder an den echten Paulusbriefen noch am Neuen Testament insgesamt, und auch nicht an der Theologie des jungen Luther. Das Wesen des Christentums kann immer nur bestimmt werden in Kooperation zwischen der Philosophischen und der Historischen Theologie. Beide sind wie das christliche Leben selbst dem pausenlosen Wandel unterworfen, und so treibt die immer neu sich stellende Frage nach dem Wesen des Christentums immer neue Antworten hervor.

Auch hier legt sich wieder ein vergleichender Seitenblick auf Bultmann nahe; ich beziehe mich dabei exemplarisch auf seinen Paulus-Artikel in der 2.

Offenbarungspositivismus seinerseits auf philosophischen, näherhin auf existentialphilosophischen Grundlagen ruht, und er hat aus dem daraus herrührenden Misstrauen kein Hehl gemacht; vgl. z.B. seinen Brief an Bultmann vom 5. Februar 1930, in: Karl Barth – Rudolf Bultmann. Briefwechsel 1922–1966, Karl Barth-Gesamtausgabe Bd. V.1, hrsg. von Bernd Jaspert, Zürich 1971, Nr. 58, 100–102. Wie eine etwas verspätete Antwort auf diesen Brief Barths liest sich Rudolf Bultmann, Das Problem der Hermeneutik (1950), in: ders., Glauben und Verstehen Bd. II, Tübingen 1952, 211–235, bes. 231–235.

[21] Es muss an dieser Stelle unbedingt daran erinnert werden, dass die hier aufblitzende Eindeutigkeit lediglich scheinbar ist: Das »Kerygma« ist ja kein mit einer bestimmten Auswahl aus der frühchristlichen Literatur, also dem Kanon des Neuen Testaments, eindeutig gegebener, handgreiflicher Sachverhalt, sondern es muss durch Akte der Interpretation ermittelt werden, die ihrerseits die »Rekonstruktion« voraussetzt, welche wiederum mit den Methoden der historisch-kritischen Exegese zu erfolgen hat; vgl. Bultmann, Theologie des Neuen Testaments (s. Anm. 18), 599.

Aufl. der RGG – einen Text, der, wenn ich recht sehe, in Bultmanns Werk eine Scharnierstelle einnimmt: Einerseits lässt er sich als gerade im kritischen Überbietungsgestus diesem doch verbunden bleibender Gegenentwurf zu Wilhelm Boussets einschlägigem Artikel in der Erstauflage des Werks lesen;[22] auf der anderen Seite zeichnet sich hier in den Schwerpunkten und in der Gedankenführung schon ganz deutlich die Paulus-Darstellung seiner »Theologie des Neuen Testaments« ab.

Semantisch auffällig ist die Dominanz des Wortfeldes »Sache, sachlich«,[23] das als Gegenbegriff zu einer Paulus-Deutung fungiert, welche in der »Bekehrung« die richtunggebende Triebkraft des auf unterschiedlichen Feldern sich in unterschiedlichen Vorstellungs- und Begriffssystemen entfaltenden Denkens des Apostels lokalisiert.[24] Jene schon in der Generation vor ihm angebahnte Forschungsposition hatte einst Heinrich Julius Holtzmann klassisch formuliert, wenn er die Theologie des Apostels Paulus als »Explikation des Inhalts der Bekehrung, die Systematisierung der Christophanie« bezeichnete.[25] Im scharfen

---

[22] Wilhelm Bousset, Art. Paulus, in: ¹RGG Bd. IV, Tübingen 1913, 1276–1309.

[23] Vgl. Rudolf Bultmann, Art. Paulus, in: ²RGG Bd. IV, Tübingen 1930, 1019–1045, 1022.1026f.

[24] Vgl. Bultmann, Art. Paulus (s. Anm. 23), 1027: »Ebenso ist es ein beliebter Irrweg, wenn man seine Theologie aus seinem Bekehrungserlebnis ableiten will. Denn auch dieses kann ja nur aus seinen schon verstandenen Sätzen rekonstruiert werden. Die Frage nach dem sachlichen Gehalt der Bekehrung ist eine Frage nach seiner Theologie selbst«. – So flüchtet sich der Historiker Bultmann, angetrieben durch seine Aversion gegen jedes »Psychologisieren«, vor der genetischen Fragestellung in den Zauberkreis der Tautologie.

[25] Heinrich Julius Holtzmann, Lehrbuch der Neutestamentlichen Theologie Bd. II, Tübingen ²1911, 238. – Holtzmanns Paulus-Bild hat sehr charakteristische Konturen: Paulus war ein theologischer Denker, der sich von Anfang an in ganz unterschiedlichen Vorstellungs- und Begriffswelten bewegte. In der Christophanie bei Damaskus erlitt und empfing er den zugleich grundstürzenden und grundlegenden Impuls, den er fortan, auch kontextuell herausgefordert, intellektuell verarbeitete. In rastloser gedanklicher Anstrengung und unter Beanspruchung aller ihm zu Gebote stehenden Vorstellungs- und Begriffssysteme unternahm er es, das Widerfahrnis der letztgültigen Selbstkundgabe Gottes, als dessen privilegierter Zeuge er sich verstand, in Erkenntnis, in Theologie umzusetzen, die das Leben der entstehenden Kirche zu deuten und zu regulieren vermochte. Sein Erbe war kein schlüssiges Gedankensystem, sondern ein Syndrom aus (vorläufigen) Resultaten und auch aus Unstimmigkeiten und Aporien, die alle miteinander weitere Gedankenbildungen anregten: Paulus ist hier verstanden als der Anfangspunkt und Impulsgeber der christlichen Frömmigkeits-, Theologie- und Kirchengeschichte. Sein Denken steht also der christlichen Theologiegeschichte nicht normativ-erratisch gegenüber, sondern es gehört als Glied in sie hinein – seinerseits ermöglicht und beeinflusst durch die von ihm vorgefundene Gedankenbildung des (hellenistischen) Urchristentums und Frühjudentums, mit innerer Notwendigkeit in Anknüpfung und Widerspruch ganz unterschiedliche Aneignungs- und Wirkungsspuren ziehend. Eine zeitgenössische Version

Gegenzug hierzu dekretiert Bultmann, die »Bedeutung« des Apostels bestehe zuerst und zuletzt darin, dass er »als Theologe dem christlichen Glauben *das sachgemäße* Verständnis seiner selbst gegeben hat«.[26] Sicher, sein eigenes Denken und dessen Voraussetzungen waren von »einer bestimmten zeitgenössischen Begrifflichkeit geprägt«[27], und sein Denken bewegte sich noch »in antik-mythologischen Vorstellungen«[28]. Dennoch gilt: »[E]r riß das christliche Denken aus der Sphäre der Mythologie und Spekulation heraus und machte es zu einer Entfaltung des im Glauben selbst gegebenen Verständnisses von Mensch, Welt und Gott«.[29] Das alles gilt es zu berücksichtigen, denn: »Nur so kann man seine Aussagen in moderne Begrifflichkeit übersetzen und bleibt doch vor modernisierenden Umdeutungen bewahrt«.[30] Es ist deutlich – das hier sich artikulie-

---

dieser kirchengeschichtlich vorzüglich anschlussfähigen Paulus-Deutung bietet Samuel Vollenweider, Art. Paulus, in: ⁴RGG Bd. 6, Tübingen 2003, 1035–1065.

[26] Bultmann, Art. Paulus (s. Anm. 23), 1025f.; Hervorhebung von mir.
[27] A.a.O., 1027.
[28] A.a.O., 1026.
[29] Ebd.
[30] A.a.O., 1027. – Es ist deutlich, welche Spannung sich hier aufbaut: Allem christlichen Denken ist eine material-kategoriale Norm vorgegeben, und zwar im paulinischen Verständnis des urchristlichen Kerygma. Damit reiht sich Bultmann, wenngleich auf eigenwillige Weise, ein in die Reihe derjenigen Theologen, welche dem christlichen Glauben eine wie auch immer näher zu explizierende biblische Wahrheit als normative Vorgabe zuordnen. Die Adepten der unterschiedlichen Varianten biblizistischer Autoritätstheologie konnten und vermögen an dieser Gefährtenschaft jedoch keine ungetrübte Freude empfinden, und zwar aus zwei Gründen. *Einmal*: So gerne sich Bultmann auf das Neue Testament in corpore beruft, limitiert er doch dessen eigentlich normativen Kernbestand durchgängig auf die echten Paulinen und ein kritisch gesichtetes Corpus Johanneum. Man wird dessen inne, wenn man nach dem Paulus-Artikel im selben Band der Zweitauflage der RGG Bultmanns Artikel »Pastoralbriefe« (993–997) liest – hier ist gar nichts mehr spürbar von jener identifikatorischen Emphase, welche die Paulus-Darstellung durchpulst und die Bultmann Generationen von Paulus-Exegeten vererbt hat. Dieser deutliche Unterschied im Darstellungsgestus wiederholt sich dann später in der »Theologie des Neuen Testaments«. *Sodann*: Bultmann unterscheidet, anders als die Biblizismen gängiger Spielarten von Autoritätstheologie, die von Paulus vertretene »Sache« ausdrücklich von der Form, die ihr der Apostel aufgeprägt hat; es ist genau diese Unterscheidung, welche die in den Epilegomena seiner Theologie des Neuen Testaments dargelegte Spannungseinheit von Rekonstruktion und Interpretation widerspiegelt. Die in den Paulusbriefen vorliegende Explikation der Sache in ihrer ursprünglichen Form kann und muss wie bei jedem Dokument menschlichen Denkens historisch rekonstruiert werden. Diese Rekonstruktion ist jedoch lediglich die Vorarbeit für die Interpretation, welche die »Sache« der Texte zum Sprechen bringt, indem sie sie in eine andere Sprach- und Gedankenwelt übersetzt, in Bultmanns Falle also in die der Existenzphilosophie. In dieses Programm gehört folglich die »Entmythologisierung« hinein, eine Reihe von Akten der Reduktion, die einen unter Hüllen vorhandenen Kern von alterungsresistentem

rende Interesse gilt nicht einer schöpferischen Frühgestalt, sondern einer bleibend normativen Urgestalt. Salopp könnte man sagen: Die eigentlich produktive christliche Theologiegeschichte ist mit ihrem furiosen Auftakt schon gleich wieder an ihr Ende gelangt. – Soweit der kontrastierende Seitenblick auf Rudolf Bultmann. Wir kehren zurück zu Schleiermacher.

Nach seinem Verständnis, dem ich mich grundsätzlich anschließe, ist Theologie also an einem bestimmten Segment gegenwärtigen Lebens, an einer bestimmten konfessionell-besonderen Spielart des Christentums ausgerichtet. Und sie ist Wissenschaft, das heißt: Sie arbeitet nach dem jeweils gültigen Methodenkanon verwandter, außertheologischer Wissenschaften. Die einzelnen Fächer in diesem Konglomerat haben ihren inneren Zusammenhang an einem gemeinsamen, in sich noch einmal wieder ausdifferenzierten erkenntnisleitenden Interesse. Entfiele es, so würden sie sich voneinander lösen und wieder dort andocken, wo sie wissenschaftssystematisch hingehören.[31] Das heißt also: Theologie ist Wissenschaft vom Christentum, und sie hat ihre Daseinsberechtigung in einem Bildungsauftrag: Sie soll Menschen zu der Fähigkeit verhelfen, christlichen Glauben in seiner protestantischen Spielart verantwortlich zu vertreten. Es ist genau dieser in seiner Tiefe verstandene und erfasste Bildungszweck der gesamten Theologie, der gerade auch die Kirchengeschichte als theologische Disziplin begründet und legitimiert.

2. Kirchengeschichte als Hilfswissenschaft?

Es ist von eigenem, für meine folgenden Ausführungen verständnisnotwendigem Interesse, wie Schleiermacher genau der Kirchengeschichte ihren Ort im Zusammenhang der Theologie insgesamt bestimmt, denn er weist ihr einen Teilbereich innerhalb eines größeren Ganzen zu, welches seinerseits nicht mehr und nicht weniger als eine in sich, wenn auch nicht erschöpfende, aber doch notwendige Perspektive auf das Gesamtphänomen christliche Religion bezeichnet: »Die Kirchenleitung erfordert aber auch die Kenntniß des zu leitenden Ganzen in seinem jedesmaligen Zustande, welcher, da das Ganze ein geschichtliches

---

Wahrheitswert voraussetzen, welcher jedoch seinerseits nur durch die Übertragung in eine bestimmte Denk- und Sprachform zur Wirksamkeit zu gelangen vermag. Genau hier liegt der Grund dafür, dass Bultmann in einem späten autobiographischen Rückblick seine besondere Freude bekunden konnte über »den fruchtbaren Austausch zwischen jenen [...], die auf dem Gebiet der historischen Interpretation des Neuen Testaments arbeiten, und denen, die es auf dem Felde der systematischen [!] Theologie tun« (Briefwechsel Barth-Bultmann [s. Anm. 20], Anhang Nr. 39, S. 321). Dass die Kirchengeschichte mit beredtem Schweigen übergangen wird, ist sicherlich kein Zufall, sondern Absicht.

[31] Vgl. Schleiermacher, KD² (s. Anm. 1), §6.

ist, nur als Ergebniß der Vergangenheit begriffen werden kann; und diese Auffassung in ihrem ganzen Umfang ist die historische Theologie im weiteren Sinne des Wortes«.[32]

Dieser Satz, so leicht er beim ersten Lesen eingehen mag, ist alles andere als trivial. Zunächst einmal setzt er beim Zweckzusammenhang der Theologie an, der Kirchenleitung. Wenn jemand etwas leiten, beeinflussen soll, so muss er es kennen. Das heißt: Nach Schleiermacher entspringt das erkenntnisleitende Interesse an der Kirchengeschichte im Erleben und im Mitgestalten einer bestimmten Organisationsstruktur und Reflexionskultur der christlichen Religion, also für uns: bei den deutschen evangelischen Landeskirchen. Die aber sind in der ganzen Buntheit und Vielfalt ihrer Lebensvollzüge und Reflexionsgestalten allein verständlich als vorerst letzte Glieder eines Zusammenhanges, der sich zurückerstreckt bis in die Ursprungsgeschichte der christlichen Religion, also bis zu Jesus, zum Urchristentum und zu Paulus, und daraus folgt: Die für den Zweck der Kirchenleitung erforderliche historische Bildung umfasst insgesamt das Ganze der als ein geschichtlicher Prozess verstandenen christlichen Religion.

Kirchengeschichte ist nicht bloß das Mittelglied zwischen den exegetischen Fächern und den systematischen Disziplinen, die sich dann gleichsam auch über deren Kopf hinweg verständigen könnten oder sollten, so dass sich für die Kirchengeschichte, wie etwa von Karl Barth behauptet, lediglich ein Platz am Katzentisch der Hilfsdisziplinen[33] böte, wo die Kirchengeschichte dann ihre Existenzberechtigung darin erwiese, dass sie nach von der Exegese und der Systematik ihr vorgegebenen Leitlinien prüfte, welche Gestalten geschichtlichen Christentums inwiefern den in der Offenbarung gesetzten und in der Bibel materialisierten bzw. kodifizierten Maßstäben gerecht geworden sind.

Die Unterschiede zwischen Barths und Bultmanns Perspektiven auf die Kirchengeschichte als theologische Disziplin liegen weniger in der Sache denn im Stil und im Ton. Bei allen sonst zwischen ihnen obwaltenden Unterschieden erweisen sie sich in der dezidierten Herabstufung der theologischen Leitdisziplin

---

[32] A.a.O., §26.
[33] Vgl. Karl Barth, Die Kirchliche Dogmatik Bd. I/1, München ²1935, 3; s. den Ausdruck, allerdings ohne das wohl ohnehin bloß höflich sein sollende Epitheton »unentbehrlich« auch in: ders., Die kirchliche Dogmatik Bd. I/2, Zollikon/Zürich 1938, 885; dort 862–864 auch Ausführungen über die Dogmatik als das eigentliche Zentrum der Theologie, auf welches die Exegese hinleite und aus dem die Praktische Theologie entspringe. Die Kirchengeschichte könne ihren Eigenstand gegenüber der Allgemeingeschichte nur wahren, wenn sie sich eben ins Schlepptau der Dogmatik nehmen lasse. Hart daneben steht die perhorreszierende Erinnerung an die Zeit, da »die Exegese sich aufzulösen drohte in der Kirchengeschichte« (863).

ihrer eigenen Bildungsjahre als Protagonisten dessen, was man als antihistoristische Revolution in der evangelischen Theologie bezeichnet hat.[34] In seiner Theologischen Enzyklopädie hat Bultmann dieses Fach gar nicht thematisiert, in seinem Vortrag über »Theologie als Wissenschaft«[35] hat er ihm immerhin etwas mehr als eine Druckseite gewidmet. Die Wertschätzung, die er ihr hier zollt, steht unter der Bedingung, dass »auch sie zur Erhellung des eschatologischen Geschehens beiträgt«[36], dass sie sich also dienend der eigentlichen Spannungsdynamik, die im Miteinander von Exegese und Systematischer Theologie entsteht,[37] zu- und unterordnet. Sie mag dann das Wissen über den Traditionszusammenhang präsent halten, der gegenwärtiges christliches Denken und Leben mit seinem Ursprung verbindet. Notwendig dafür ist sie nicht, denn jene »Tradition ist nun zwar auch ohne die wissenschaftliche Erforschung der Kirchengeschichte da (in der Verkündigung der Kirche), aber sie wird in der Erforschung der Kirchengeschichte bewusst gemacht«.[38] Sehr viel höher steht ihre nächste Aufgabe, nämlich »einen wesentlichen Beitrag *für die Interpretation des Neuen Testaments zu* liefern«[39], denn »von Augustin oder von Luther aus wird umfassender und klarer deutlich, welches Gewicht die paulinischen Gedanken tragen«.[40] Sie muss sodann eruieren, welche kirchengeschichtlichen Formationen hier in welchem Maße erhellend und verdunkelnd gewirkt haben, und deshalb kann sie »der Kategorien: reine Lehre und Ketzerei nicht entraten«.[41] Wohlgemerkt: Sie hat nach Bultmann nicht etwa die Aufgabe, die Entstehung und Verfeinerung dieser Kategorien unter den Bedingungen bestimmter Reflexionsformen kirchlichen Selbstbewusstseins und geschichtlicher Situationen zu eruieren, sondern sie hat diese dogmatischen Kategorien, die ihr wohl von der exegetisch-systematischen Arbeitsgemeinschaft vorgegeben sind, am Stoff zu betätigen. Und ganz ähnlich verhält es sich auch mit ihrer wichtigsten Aufgabe,

---

[34] Vgl. Kurt Nowak, Die »antihistoristische Revolution«. Symptome und Folgen der Krise historischer Weltorientierung nach dem Ersten Weltkrieg in Deutschland, in: Horst Renz/Friedrich Wilhelm Graf (Hrsg.), Umstrittene Moderne, Troeltsch-Studien Bd. 4, Gütersloh 1987, 133–192; Friedrich Wilhelm Graf, Die »antihistoristische Revolution« in der protestantischen Theologie der zwanziger Jahre, in: Jan Rohls/Gunther Wenz (Hrsg.), Vernunft des Glaubens. Wissenschaftliche Theologie und kirchliche Lehre (FS W. Pannenberg), Göttingen 1988, 377–405.

[35] S. oben Anm. 19.

[36] Bultmann, Theologie als Wissenschaft (s. Anm. 19), 465.

[37] Vgl. das Zitat aus Bultmanns autobiographischem Rückblick; Briefwechsel Barth – Bultmann (s. Anm. 30).

[38] Bultmann, Theologie als Wissenschaft (s. Anm. 19), 465.

[39] Ebd.; Hervorhebung im Original. Bezeichnend ist die beiläufige Identifikation von »Neues Testament« und »Paulus«.

[40] Bultmann, a.a.O., 466.

[41] Ebd.

nämlich »zu zeigen, *was Kirche bedeutet*«.[42] Auch hier wieder gilt es genau zu lesen: Sie hat nicht etwa die Genese und die Sukzession unterschiedlicher Typen kirchlichen Selbstverständnisses zu eruieren,[43] sondern sie hat am Stoff das ihr vorgegebene Wissen darum zur Geltung zu bringen, was Kirche ist, nämlich »eschatologisches Phänomen«, das »für den Glauben sichtbar«[44] ist.[45] Gerhard

---

[42] Ebd.; Hervorhebung im Original.

[43] So verfährt ja beispielsweise der Lietzmann-Schüler Carl Andresen, Die Kirchen der alten Christenheit, Die Religionen der Menschheit, Bd. 29,1/2, Stuttgart/Berlin/Köln/Mainz 1971.

[44] Bultmann, Theologie als Wissenschaft (s. Anm. 19), 466.

[45] Bultmann hat sehr respektvoll und ausführlich die beiden ersten Bände von Hans Lietzmanns Geschichte der Alten Kirche besprochen (ZKG 53 [1934] und 58 [1939]; ich benutze den Abdruck in: Rudolf Bultmann, Theologie als Kritik. Ausgewählte Rezensionen und Forschungsberichte, hrsg. von Matthias Dreher/Klaus W. Müller, Tübingen 2002, 293–299.377–384). Die sonst im Hintergrund bleibende prinzipielle Distanz zu Lietzmanns Kirchengeschichtsschreibung kommt zum Ausdruck in der Forderung, die kirchengeschichtliche Forschung müsse ihre theologische Legitimität dadurch unter Beweis stellen, »daß sie deutlich macht, wann und wo von christlichem Kerygma die Rede sein kann? Daß sie einerseits aus der Analyse der geschichtlichen Phänomene den Sinn des Kerygmas deutlich macht und andrerseits kritisch fragt, ob und wie vom Kerygma aus die geschichtlichen Bildungen der Alten Kirche gestaltet sind? Das bedeutet aber zugleich: hat nicht die kirchengeschichtliche Forschung an ihrem Teil deutlich zu machen, was *Kirche* ihrem Sinne nach ist? Muß sie nicht die eigentümliche Problematik zum Bewußtsein bringen, die im Begriff der Kirchengeschichte als solchem liegt, sofern zufolge der eigentlichen Intention des Begriffes Kirche – als einer eschatologischen Größe – von einer *Geschichte* der Kirche, als einem weltgeschichtlichen Prozeß überhaupt nicht die Rede sein kann?« (295f.; vgl. auch 379–383) Interessant ist der eigentliche Dreh- und Angelpunkt der Argumentation: Was die Kirche ist, hat (der richtig verstandene!) Paulus ein für allemal definiert. Das heißt: Das Urchristentum, dessen maßgebliche Gestalt das durch Paulus interpretierte Kerygma ist, darf keinesfalls als Anfangs- und Ausgangspunkt der Kirchengeschichte gedeutet werden. Von einer solchen Einbeziehung der urchristlichen Frömmigkeit und Theologie in den Gesamtzusammenhang der Geschichte der christlichen Religion hat Bultmann sich schon 1911/12 deutlich abgesetzt: Heinrich Julius Holtzmann attestierte er, er fasse das Neue Testament auf als »Vorstufe einer Geschichte, in der nun wirklich alles auf die Gedankenbildung fällt: als Vorstufe der Dogmengeschichte«. In dieser Betrachtungsweise habe »Holtzmann etwas in seiner Art Abschließendes« geschaffen, so dass »nun die Aufgabe neu angefaßt werden« müsse (Bultmann, Theologie als Kritik, 44f.).
Bultmann hat zutreffend registriert, dass Holtzmanns Entlastung seiner Paulus-Rekonstruktion von normativen Erwartungen ihn dazu befähigte, auch Inkonsistenzen im Denken des Apostels zu notieren und zu würdigen, nämlich als Herausforderungen zu weitergehenden Gedankenbildungen: »Eine Hauptkunst seiner Darstellung ist gerade der Aufweis widerstreitender Vorstellungen in einem Gedankenkomplex« (a.a.O., 44). Knapp zwanzig Jahre später, im Rückblick auf die Paulus-Forschung, wird der Befund dann sarkastisch gewendet, wenn »der im Aufweis der ›Antinomien‹ große Holtzmann« zur Sprache kommt (Bultmann, Paulus-Forschung, s. Anm. 18, 35).

Ebelings Versuch, die Kirchengeschichte durch die Konzentration auf die Geschichte der Auslegung der Heiligen Schrift zu formieren und sie zugleich ihrer theologischen Relevanz zu versichern, ist, wie sich unschwer erkennen lässt, genau unter diesen Prämissen entstanden und schließt sich hier nahtlos an.[46]

3. Kirchengeschichte als Zentraldisziplin der Historischen Theologie

Die theologietheoretische Begründung, die Schleiermacher der Kirchengeschichte gegeben hat und die ich prinzipiell für ungebrochen plausibel halte, verläuft in ganz anderen Bahnen.

Die Kirchengeschichte fungiert in seinem enzyklopädischen Konzept nicht als Mittelglied zwischen Exegese und Systematischer Theologie, sondern sie gehört mit beiden gemeinsam hinein in das übergeordnete Ganze der Historischen Theologie.[47] Diese Historische Theologie entfaltet Schleiermacher als Ganzheit bzw. als ganzheitliche Perspektive auf die christliche Religion als geschichtlichen Phänomenbestand dreigliedrig, und zwar, wegen des die Einheit des theologischen Fächerkonglomerats konstituierenden Bildungszwecks, retrograd.[48] Er beginnt also mit der geschichtlichen Kenntnis der Gegenwart, die sich ihrerseits in drei Hauptdisziplinen auseinanderlegt, nämlich die Kirchliche Statistik, also Konfessionskunde und kirchliche Zeitgeschichte, sodann Dogmatik und Ethik als die geschichtliche Kunde von den gegenwärtig bestimmenden Positionen des praktischen und theoretischen Wirklichkeitsverständnisses des christlichen Glaubens in einer bestimmten geschichtlichen, also in Schleiermachers und unserem Falle der protestantischen Sondergestalt. Es ist festzuhalten: Auch Dogmatik und Ethik sind, so verstanden, historische Disziplinen. Eine von der historischen Methode zu unterscheidende dogmatische ist in Schleiermachers

---

[46] Gerhard Ebeling, Kirchengeschichte als Geschichte der Auslegung der Heiligen Schrift (1947), in: ders., Wort Gottes und Tradition. Studien zu einer Hermeneutik der Konfessionen, KiKonf Bd. 7, Göttingen 1964, 9–27. S. dazu auch Albrecht Beutel, Gerhard Ebeling. Eine Biographie, Tübingen 2012, 112–122. Am Stoff hat Ebeling sein Programm lediglich ganz punktuell erprobt – allerdings immerhin in Untersuchungen zur frühen Psalmenexegese Luthers, die Forschungsgeschichte gemacht haben. In seinem eigenen enzyklopädischen Entwurf (Gerhard Ebeling, Studium der Theologie. Eine enzyklopädische Orientierung, Tübingen 1975; dort zur Kirchengeschichte 69–82) streift er sein eigenes frühes Programm nur ganz kurz (80f.). – Einen ebenso anspruchs- wie gehaltvollen Versuch, die hier wirksamen Verengungen zu überwinden, bietet Kurt Victor Selge, Einführung in das Studium der Kirchengeschichte, Darmstadt 1982.

[47] Vgl. zum gemeinsamen Profil und zur inneren Ausdifferenzierung dieser Fächergruppe insgesamt Schleiermacher, KD² (s. Anm. 1), §§69–102.

[48] Vgl. a.a.O., §§81f.

Theologiekonzept nicht vorgesehen: Allen Disziplinen der Historischen Theologie steht die Philosophische Theologie gegenüber, und deren besondere Methode ist nun gerade keine irgendwie spezifisch »theologische«!

Es entsteht also im Zusammenspiel dieser drei Subdisziplinen so etwas wie eine Gesamttopographie gegenwärtig gelebten Christentums, die perspektivisch eindeutig zentriert ist durch den Standort des Betrachters im evangelischen Christentum. Dieser Betrachter arbeitet mit dem Ziel, sich synchron wie diachron Klarheit zu verschaffen über die Eigen- und Sonderart seines evangelischen Christentums im Kontext anderer gegenwärtiger und vergangener Spielarten gelebten christlichen Glaubens. Andersherum: Er will sich mittels dieser Kontextualisierung und unter Benutzung des von der Philosophischen Theologie bereitgestellten Instrumentariums Klarheit verschaffen über Wesen und Eigenart seines protestantischen Christentums.

Diese als zutiefst historisch verstandene Anstrengung um das Verstehen des eigenen Christseins in seinen engeren und weiteren Bedingungsgefügen setzt die Bereitschaft zur Selbstrelativierung voraus, und sie vertieft und erweitert die Fähigkeit, sich selber gleichsam von außen her zu betrachten. Dieser Lerneffekt ist für das Studium der Theologie, ganz gleich, mit welchem Berufsziel es unternommen wird, in seiner Bedeutung schwerlich zu überschätzen: Der Student erwirbt die Fähigkeit, sein bislang angeeignetes und anfangshaft durchgearbeitetes Verständnis der christlichen Religion als Glied in einer Mannigfaltigkeit einzuordnen. Er lernt es, die sich ihm erschließende Wahrheit im Kontext anderer Wahrheitsansprüche gedanklich zu durchdringen und argumentativ zu vertreten.[49]

Auf dieser ersten Stufe bestimmt also protestantisches Christentum im Medium der Historischen Theologie seinen Ort in der Mannigfaltigkeit gegenwärtiger christlicher und nichtchristlicher religiös bestimmter Lebensformen und Deutungskulturen.

Diese gegenwartsorientierte Topographie jedoch ist allein verständlich durch den verstehenden Nachvollzug ihrer historischen Genese, also im Kontext der Gesamtgeschichte der christlichen Religion.[50]

Aus dieser heben sich nun noch einmal in relativer Besonderheit die Anfänge hervor. Diese sind ein relativ besonderer Gegenstandsbereich Histori-

---

[49] Diesen Aspekt habe ich unlängst in anderem Zusammenhang hervorgehoben; vgl. Martin Ohst, Kirchengeschichte im Lehramtsstudium? Kirchengeschichte im Lehramtsstudium!, in: Ulrich Heinen/Michaela Heer (Hrsg.), Die Stimmen der Fächer hören. Fachprofil und Bildungsanspruch in der Lehrerbildung, Paderborn 2020, 47–67.

[50] In diesem Zusammenhang hebt Schleiermacher hervor, die Kirchengeschichte im engeren Sinne dürfe gegenüber den unmittelbar gegenwartsorientierten Zweigen der Historischen Theologie keinesfalls zur »Hülfswissenschaft« herabgestuft werden; vgl. Schleiermacher, KD^2 (s. Anm. 1), §82.

scher Theologie; Schleiermachers Begründung hierfür ist insofern besonders bemerkenswert, als sie auf alle Anleihen bei biblizistischen Stereotypen verzichtet:[51] *Einmal* sind sie durch die vertrackte Quellenlage dem historischen Verstehen besonders schwer zugänglich; *sodann* versprechen jedoch genau diese Quellen besonders reichen Aufschluss über die für die Wesensbestimmung höchst bedeutsame Eigen- und Sonderart der christlichen Religion, welche eben hier, in den Anfängen, »am reinsten zur Anschauung kommt«.[52]

Eine normativ aufgeladene Sonderstellung des Urchristentums gegenüber den sich anschließenden späteren Perioden ist damit ausdrücklich verneint. Schleiermacher reserviert eine solche normative Sonderstellung ausdrücklich für Jesus Christus selbst, aber auch hier zieht er gleichsam eine doppelte Brandmauer wider den Positivismus ein; *einmal*: Jesus ist dem historischen Erkennen und Verstehen immer nur in der jeweiligen Brechung durch die Sicht der ersten Zeugen erschlossen, und die waren eben Menschen wie alle anderen auch; unlöslich gebunden an die Ideale und Irrtümer ihrer Zeit.[53] Eine Mittelgröße wie das Kerygma,[54] in dem sich Jesu Wort und Weg in seiner eschatologischen Bedeutsamkeit verdichtet und das nun seinerseits den Glauben provoziert, kennt Schleiermacher ebenso wenig wie den Begriff einer diesem gleichursprünglichen Kirche als eines eschatologischen Ereignisses.[55] Auch eine Kirche, die dieses Kerygma mit nur ihr eigener Autorität ausrichtet, so dass Kirche und

---

[51] Vgl. a.a.O., §§83f. §§135–138.

[52] A.a.O., §83.

[53] »Wenn wir zum normalen [d.h. normativen; M.O.] Charakter der einzelnen Säze auf der einen Seite die vollkommene Reinheit rechnen, auf der andern die Fülle der daraus zu entwickelnden Folgerungen und Anwendungen; so haben wir nicht Ursache die erste anderswo als nur in Christo schlechthinig anzunehmen, und müssen zugeben, daß auch [!] auf die zweite bei allen Anderen die natürliche Unvollkommenheit hemmend einwirken konnte« (A.a.O., §108).

[54] Vgl. Bultmann, Theologie des Neuen Testaments (s. Anm. 18), 587: »Der Glaube ist ja im NT nicht verstanden als ein aus dem menschlichen Dasein selbstmächtig sich erhebendes Selbstverständnis, sondern als ein durch Gott ermächtigtes, durch sein Handeln erschlossenes. Er ist nicht die Wahl zwischen allgemein für den Menschen bestehenden Möglichkeiten, sich zu verstehen, sondern die Antwort auf Gottes, ihn in der Verkündigung von Jesus Christus treffendes Wort. Er ist Glaube an das Kerygma, das von dem Handeln Gottes in dem Menschen Jesus von Nazareth redet«. Vgl. auch Rudolf Bultmann, Der Begriff des Wortes Gottes im Neuen Testament, in: ders., Glauben und Verstehen Bd. 1, Tübingen 1933, 268–293.286–290.292f.

[55] Vgl. z.B. Bultmanns Rezension von Lietzmanns Geschichte der Alten Kirche (s. Anm. 45) sowie seine Auseinandersetzung mit Emanuel Hirschs Buch über die Auferstehungsgeschichten und den christlichen Glauben (abgedruckt in: Bultmann, Theologie als Kritik [s. Anm. 45], 389–394), wo Bultmann Hirsch vorwirft, er verkenne die spezifisch »eschatologische« Beschaffenheit der Kirche und den Stellenwert ihrer Verkündigung als »Fortsetzung der in Christus geschehenen Tat Gottes« (393). – Es waren überhaupt seine Kontroversen mit Emanuel Hirsch, in denen bestimmte Konturen von Bultmanns Denken

Kerygma eigentlich Wechselbegriffe wären, kennt Schleiermacher nicht. Vielmehr vollzieht sich nach Schleiermacher – wie bei Luther! – das Zum-Glauben-Kommen ungeachtet aller geschichtlich notwendigen Vermittlungen wesentlich immer so wie bei den ersten Jüngern, nämlich als Begegnung eines menschlichen Subjekts mit der Person Jesus.[56] *Sodann*, dasjenige, was Jesus wirklich auszeichnete, worin er der reflektierten Erfahrung des Glaubens zum Neuen Menschen, zum Anfänger des Glaubens und Vollender der Schöpfung wird, ist die ungebrochene Stetigkeit seines Gottesbewusstseins, und auch die spiegelt sich selbst in seinen ipsissima verba lediglich indirekt wider, nämlich, wie wir heute sagen würden, in den Denk- und Vorstellungsformen des pharisäischen Judentums. Selbst wenn ihn Bretschneiders Argumente gegen den apostolischen Ursprung des vierten Evangeliums überzeugt hätten,[57] wäre Schleiermacher vermutlich von dessen sachlicher Bevorzugung gegenüber den Synoptikern nicht abgewichen.[58]

Für Schleiermacher bilden also die Geschichte Jesu, des Urchristentums und seine Verkündigung einen Gegenstandsbereich der Historischen Theologie und nicht etwa deren normative Voraussetzung. Und das gilt natürlich erst recht für den neutestamentlichen Kanon: Es war Schleiermacher im Grunde schon genauso deutlich wie Harnack, dass der neutestamentliche Kanon zugleich mit der katholischen Kirche entstanden ist und dass die werdende katholische Kirche das Konzept einer solchen exklusiv-autoritativen Sammlung »apostolischer« Zeugnisse vom »Erzketzer« Marcion übernommen hat. Für Schleiermacher gehört der Kanon nicht bloß allgemein in die Werdegeschichte der christlichen Religion, sondern distinkt in die Genese der katholischen Kirche hinein,[59] und

---

besonders deutlich hervorgetreten sind; vgl. in Kürze Arnulf v. Scheliha, Bultmann und Emanuel Hirsch, in: Christof Landmesser (Hrsg.), Bultmann Handbuch, Tübingen 2017, 98–101.
[56] Vgl. Martin Ohst, Varianten protestantischen Subjektivitätsdenkens. Zum Glaubensbegriff bei Luther und Schleiermacher, in: Jörg Dierken/Arnulf v. Scheliha/Sarah Schmidt (Hrsg.), Reformation und Moderne, SchlA27, Berlin/Boston 2018, 279–308.
[57] Vgl. in Kürze Heinrich Julius Holtzmann, Lehrbuch der historisch-kritischen Einleitung in das Neue Testament, Freiburg ²1886, 445–448.
[58] Vgl. die der 5. Rede 1821 in der 3. Aufl. beigefügte Anmerkung 14 (SW I/1, 447f.; Bernhard Pünjer [Hrsg.], Friedrich Schleiermacher's Reden Ueber die Religion. Kritische Ausgabe, Braunschweig 1879, 297f.). – Schleiermacher versteift sich nicht auf kleingeistig-biblizistische Rechthabereien und Advokatenkunststücke, sondern schreibt dem vierten Evangelisten gegenüber den Synoptikern ein ungleich höheres Maß an Verständnis für die wahre Bedeutsamkeit Jesu zu, das sich freilich erst auf der Grundlage einer auf der Gesamtgeschichte der christlichen Religion basierenden Wesensbestimmung des Christentums erschließe.
[59] Vgl. dazu Martin Ohst, Schleiermachers Kanonkritik zwischen Semler und Harnack, in: Patrik Mähling (Hrsg.), Orientierung für das Leben. Kirchliche Bildung und Politik in Spätmittelalter, Reformation und Neuzeit (FS Manfred Schulze), Münster 2010, 259–287.

deshalb war für ihn der gründlich historisierte Kanon auch keine unhinterfragbare Vorgabe der theologischen Arbeit, sondern seine Feststellung eine immer neu zu lösende Aufgabe.[60]

Diese hier von Schleiermacher kräftig vorgezeichnete Linie muss meines Erachtens in einem Gesamtbild der Kirchengeschichte, welches die akademische Lehre im Alltag leitet und die einzelnen Veranstaltungen zu einer zusammenhängenden Einheit macht, kräftig ausgezogen werden; ich gebe in einem kleinen Exkurs ein paar exemplarische Andeutungen: Mit dem Neuen Testament bzw. mit dem biblischen Doppelkanon aus Altem und Neuen Testament hat sich die werdende katholische Kirche des späten zweiten/frühen dritten Jahrhunderts in legitimatorischer Absicht das normative Konstrukt ihrer Ursprungsgeschichte geschaffen: Es waren die Einsichten und Absichten der uns ja nur ganz schemenhaft erkennbaren damals handelnden Personen und Gruppen, welche das implizite Postulat aufstellten, der Galaterbrief und der Jakobusbrief, das Markusevangelium und die Johannesapokalypse bildeten miteinander ein sinnvolles Ganzes.

Die sich bildende katholische Kirche hat dieses Konstrukt, dem ersten Augenschein zum Trotz, nicht einfach an die aus ihr hervorgegangenen Kirchentümer und Kirchentypen der folgenden Jahrhunderte weitergegeben, sondern diese haben den Grundstock der hier versammelten Texte zwar übernommen. Aber indem sie das taten, haben sie jeweils *ihre* Bibeln geschaffen. Das geschah *einmal* durch Variationen in der Auswahl der Bücher und in deren Anordnung, *sodann* aber vor allem dadurch, dass das Textcorpus in je ganz unterschiedliche Deutungshorizonte eingestellt wurde; ich nenne nur wenige markante Beispiele: Die vorreformatorische westlich-katholische Kirche kannte im außerliturgisch-wissenschaftlichen Gebrauch allein die glossierte Bibel, das heißt die Bibel wurde im Kontext ihrer rechtgläubigen Auslegung gelesen – als Buch von der Kirche, also von den in ihr verkörperten bedingten göttlichen Heilsverheißungen und von den ihnen zugeordneten sakramentalen Gnadenmitteln.[61]

---

[60] Vgl. Schleiermacher, KD² (s. Anm. 1), §§103–110. – Eine solche klare, kritische Position, die von der christentumsgeschichtlichen Einsicht getragen ist, dass der reformatorische Neuaufbruch im Verständnis der christlichen Religion, recht verstanden, *alle* Vorgaben der katholischen Kirche zur Disposition gestellt hat, macht inkonsistente und halbschlächtige Versuche überflüssig, der Autoritätsvorgabe namens »Kanon« die pflichtschuldige Reverenz zu erweisen und sie gleichzeitig zu desavouieren, indem man einen »Kanon im Kanon« konstruiert; vgl. zu diesem Versuch und den von ihm ausgelösten Debatten Ernst Käsemann (Hrsg.), Das Neue Testament als Kanon. Dokumentation und kritische Analyse zur gegenwärtigen Diskussion, Göttingen 1970.
[61] Vgl. grundlegend: Beryl Smalley, The Study of the Bible in the Middle Ages, Oxford ²1952. S. auch Robert Lerner (Hrsg.), Neue Richtungen in der hoch- und spätmittelalterlichen Bibelexegese, München 1996.

Die Reformation hat hier mitnichten einfach als »kritische Reduktion«[62] gewirkt, die die normative Ursprungsgestalt von späteren Überlagerungen befreite. Sicher, für den wissenschaftlichen Gebrauch haben die Reformationskirchen den Rückgang auf den (vermeintlich) ursprünglichen, reinen hebräischen und griechischen Urtext forciert. Aber die volkssprachlichen Bibeln, die sie für die Predigt, die Katechese und die Privatlektüre schufen, waren durchgreifend als Medien ihres je besonderen Verständnisses der christlichen Religion gestaltet. Die seit 1522 allmählich entstehende ursprüngliche Luther-Bibel macht das in exemplarischer Weise deutlich: Gar nicht so sehr durch ihre Eingriffe in den Bestand des Kanons wie die Herabstufung der nicht im masoretischen Text enthaltenen alttestamentlichen Bücher zu Apokryphen oder durch die wertende Neuanordnung der Katholischen Briefe, sondern viel mehr noch in ihren Illustrationen und ihren Randglossen, ihren Vorreden und ihren Summarien zu den einzelnen Kapiteln: Die Versuche, schon die Verbreitung von Luthers September-Testament zu unterbinden, waren ja nicht durch irgendeine Aversion gegen die Bibel motiviert, sondern durch die durchaus zutreffende Einschätzung, dass es sich bei *dieser* Bibel nicht um das hochgeschätzte und in jeder Weise verehrte Buch der Kirche von der Kirche handelte, sondern um einen tödlich gefährlichen Angriff auf die Papstkirche.[63]

Auch hier wurde die Bibel wie in den glossierten Handschriften des Mittelalters zur erstrangigen Wahrheitszeugin, Trägerin und Repräsentantin einer ganz distinkten, profilierten Partikulargestalt der christlichen Religion: Die Bibel wurde zum Buch von Gott, der in Jesus Christus durch Gesetz und Evangelium am erwählten Sünder im allein rechtfertigenden, heilsgewissen Glauben seinen schöpferisch-souveränen Heilswillen durchsetzt.

Dass mitnichten die Eine Bibel über dem Widerstreit der Konfessionen und ihrer miteinander wetteifernden Auslegungen stand, sondern dass, provokant gesagt, immer wieder »Bibel gegen Bibel« in die Schranken trat, wird insbesondere dort deutlich, wo mehrere konfessionell konkurrierende Bibeln in einer und derselben Sprache widereinander aufgeboten wurden – etwa am Wettstreit der katholischen, der protestantisch-presbyterianischen und der anglikanisch-bischofskirchlichen englischen Bibeln des frühen 17. Jahrhunderts.[64]

---

[62] Adolf von Harnack, Das Wesen des Christentums (1899/1900), hrsg. von Claus-Dieter Osthövener, Tübingen ³2012, 152.
[63] Vgl. dazu Hans Volz, Anhang, in: ders. u.a. (Hrsg.), D. Martin Luther, Die gantze Heilige Schrift (1545), 3 Bde., München 1974, Bd. 3, 19*–397*; 58*–60*. Zur Eigenart und Langzeitwirkung von Luthers Bibelübersetzung als scharf profilierten Zeugnisses des spezifisch reformatorischen Christentumsverständnisses vgl. auch Emanuel Hirsch, Luthers deutsche Bibel, München 1928, 32–62.
[64] Vgl. dazu die exzellente Monographie von Andreas Pečar, Macht der Schrift. Politischer Biblizismus in Schottland und England zwischen Reformation und Bürgerkrieg (1534–1642), München 2011.

Es ließe sich an Beispielen bis in die Gegenwart zeigen, dass sich daran nichts geändert hat, dass also die gleichsam vor- und überkonfessionelle Bibel eine Fiktion ist, die bei näherem Hinsehen immer ihr deutlich konfessionelles Profil zeigt. Aber ich beende hier den Exkurs und folge wieder Schleiermacher.

Der Übergang von der Exegetischen Theologie zu dem, was wir herkömmlich Kirchengeschichte nennen, also zur »Kenntnis von dem Gesammtverlauf des Christenthums«[65] bzw. zum »Wissen um die gesammte Entwicklung des Christenthums, seit es sich als Geschichtliche Erscheinung festgestellt hat«[66] ist also fließend. Sie ist »ihrem Inhalte nach ein Theil der neueren Geschichtskunde; und als solchem sind ihr alle natürlichen Glieder dieser Wissenschaft coordinirt«.[67] Das macht, wie oben gezeigt, ihren Anspruch aus, im Konzert der Wissenschaften mitzuspielen. Aber die Kirchengeschichte spielt eben um ihres sie begründenden Bildungsauftrags und -gehaltes willen eine ganz eigene Stimme im großen Orchester der Geschichtswissenschaft.

4. Der Bildungsauftrag der Kirchengeschichte als Relevanzkriterium

Schleiermacher hat schon sehr deutlich gesehen, dass sich die (relative) Verselbständigung der Kirchengeschichte gegenüber der allgemeinen Religionsgeschichte bzw. gegenüber der Allgemeingeschichte durch den platt-positivistischen Rekurs auf die Quellen nicht mit zwingender Eindeutigkeit begründen lässt. Vielmehr handelt es sich dabei um ein in konstruktiver Absicht ergehendes (mögliches) historisches Urteil, dessen Plausibilität im Standpunkt des Historikers und seiner Rezipienten gründet. Die Kirchengeschichte muss um ihres ureigenen Bildungszwecks und -auftrags willen allerdings genau diese Vorentscheidung fällen.[68]

Ich selber würde das sogar noch einmal umdrehen und zuspitzend behaupten: Der Entwurf einer straff zentrierten Gesamtgeschichte der christlichen Religion ist eine unerlässliche Teilaufgabe der Gesamtaufgabe der Theologie, also der wissenschaftlichen Selbstverständigung und Selbstexplikation protestantischen Christentums. Es hat sich selbst erst dann verstanden und kann sich erst dann nach außen hin verständlich machen, wenn es sich selbst in ein diskutables Gesamtbild der Geschichte der christlichen Religion einzuordnen vermag. Zwei knappe Bemerkungen hierzu.

---

[65] Schleiermacher, KD² (s. Anm. 1), §85.
[66] A.a.O., §149.
[67] A.a.O., §69.
[68] Vgl. Schleiermacher, KD² (s. Anm. 1), §§78–80.

Erstens: In jedem, der über längere Zeit hin die Kirchengeschichte zu vertreten hat, wird sich so eine Gesamtkonzeption bilden – auch wenn er sie niemals niederschreiben und publizieren wird. Sie ist zumindest unterschwellig wirksam in der Auswahl der Schwerpunkte in den Vorlesungen, und sie ist leitend bei der Suche nach Gegenständen für Seminare.

Ein solches orientierendes Gesamtkonzept der Kirchengeschichte wird, wenn es dem Bildungsauftrag des Faches Rechnung tragen will, *zum einen* nicht auf enzyklopädische Vollständigkeit abzielen dürfen, sondern schmerzliche Lücken in Kauf nehmen: In der Alten Kirche bleiben das syrische und koptische Christentum am Rande. Die Kirchen des Ostens geraten seit dem sechsten Jahrhundert immer weiter aus dem Blick und rücken nur an bestimmten Punkten (Kreuzzüge) ins Zentrum der Aufmerksamkeit. In der Gegenwart kommen die Entwicklungen in Schwarzafrika und auf dem lateinamerikanischen Subkontinent nur insoweit in Betracht, als sie im konfessionskundlichen Blickwinkel verständnisnotwendig für bestimmte Tendenzen und Bewegungen in unserem religionskulturellen Kontext sind (Pfingstgemeinden). Die Reihe der in sich wissens- und bedenkenswerten kirchengeschichtlichen Phänomenbestände, die allenfalls einmal punktuell in kontrastierender Absicht herangezogen werden können, ließe sich ins Unabsehbare fortsetzen.

Zweitens gilt aber auch: Die evangelische Kirchengeschichtsschreibung kann sich nicht von bestimmten Themen dispensieren; sie kann sich z.B. für die Geschichte der Askese und des Mönchtums, der mittelalterlichen Theologie oder des Papsttums nicht einfach auf katholische Forscher und Darsteller stützen, weil die (angeblich oder tatsächlich) näher am Gegenstand dran sind, sondern all das gehört auch in ihre eigene Geschichte hinein, und darum muss eine Historische Theologie protestantischer Provenienz auch von ihrem Verständnis dieser Phänomenbestände reflektierte Rechenschaft ablegen!

Dasselbe gilt für die Konfessionskunde, die sich auch nicht damit begnügen darf, die Selbstzeugnisse konfessioneller native speakers zu ordnen.

Der Wissenschaftscharakter der Historischen Theologie bzw. der Kirchengeschichtsschreibung ist gewahrt, solange sie in der Kritik und Auswertung ihrer Quellen denselben methodischen Standards wie ihre jeweiligen historischen Schwesterdisziplinen gehorcht und sofern sie im wechselseitig lernenden Austausch mit ihnen steht. Ihre perspektivisch sich ausdrückende Sonderart desavouiert ihren Anspruch auf Wissenschaftlichkeit nicht; allenfalls kann man sagen, dass sie von ihren erkenntnisleitenden Interessen offener und deutlicher Rechenschaft ablegt als manche anderen verwandten Disziplinen.

5. Kirchengeschichte im Kontext der Geschichtswissenschaft

Worin besteht nun der (relative) Eigenstand der Kirchengeschichte im Kreise ihrer historischen Schwesterdisziplinen? Am meisten sticht sicher ins Auge ihr weiter diachronischer Ausgriff. Allgemeinhistorische Kollegen sehen es mit Staunen, dass in den Lehrveranstaltungen von Kirchenhistorikern Themen und Texte aus dem gesamten Zeitraum zwischen dem apostolischen Zeitalter und der Gegenwart auftauchen.

Seit die Allgemeinhistorie sich aus ihren politik- und nationalgeschichtlichen Verankerungen gelöst hat, haben sich die Mediävistik, die Frühneuzeitforschung etc. ja immer deutlicher widereinander verselbständigt. Was sie an diachronischen Bezügen eingebüßt haben, wird ihnen durch Methodenpluralismus samt den schnell aufeinanderfolgenden »turns« und die in synchrone Weiten schweifenden komparatistischen Fragestellungen reichlich vergolten.

Als Kirchenhistoriker steht man staunend in dieser bunten Vielfalt der Forschungsrichtungen und Fragestellungen und merkt doch immer wieder voller Freude, dass man sich nicht nur lernend einzubringen vermag, sondern hier und da auch etwas Eigenes mitteilen kann, was, so jedenfalls meine Erfahrung, nicht bloß geduldig hingenommen, sondern geradezu erwartet wird. Und so sieht man sich unversehens eingebunden in übergreifende Forschungsverbünde etwa der Altertumskunde, der Mediävistik und der Frühneuzeitforschung. Die Lockungen der in der Synchronie sich auftuenden Erkenntnisfelder laden zum dauerhaften Verweilen ein und nehmen dem beschwerlichen Weg durch die Diachronie seine Attraktivität. Man kann es auch ganz äußerlich sagen: Die Zahl der kirchengeschichtlichen Kollegen wird immer größer, die für übergreifende Fragen des Faches Kirchengeschichte einfach keine Kapazitäten mehr frei haben, weil sie durch ihre Mitwirkung in interdisziplinären Forschungsverbünden mitsamt dem zugehörigen Tagungs- und Publikationsbetrieb vollauf ausgelastet sind. Ein weiteres Indiz sei benannt: Derjenige kirchengeschichtliche Lehrstuhl in Berlin, den einst Adolf von Harnack und Hans Lietzmann innehatten, firmiert heute in der Öffentlichkeit als »Lehrstuhl für Antikes Christentum«. Diese Nomenklatur indiziert eine Ausrichtung des Interesses auf das Christentum als in sich vielfältiges Kulturphänomen in der antiken bzw. spätantiken Gesellschaft. Der Erkenntnisgewinn, der hier erwirtschaftet wird, ist keineswegs geringzuschätzen. Was da an Informationen über Phänomene der Konsonanz und Verwandtschaft, der Konvivenz und des Austausches zwischen angeblich tief unterschiedenen Religions- und Kultursphären zum Vorschein kommt, ist erstaunlich und rückt vieles an gängigen Urteilsschemata zurecht. Trotzdem: Der traditionell kirchengeschichtliche Blickwinkel der frömmigkeitsgeschichtlich fundierten Konzentration auf die Institutionen- und Theologiegeschichte bleibt unentbehrlich, wenn man sich dafür interessiert, was denn nun aus dieser bunten antiken Gemengelage die Transformationen seit dem fünften Jahrhundert überdauerte und dann seit dem Frühmittelalter die lateineuropäische Kulturwelt in ihrer Eigenart gegenüber dem christlichen und dann auch islamischen Osten hervorbrachte.

Analoges ist anzumerken zu den Chancen einer Reformationsgeschichtsforschung, die sich einbinden lässt in die interdisziplinären Diskurse über einen Zeitraum der Transformationen, der vom frühen 15. bis ins späte 17./frühe 18. Jahrhundert hineinreicht und in dem das, was wir herkömmlich als Reformation bezeichnen, lediglich als ein Faktor neben vielen anderen Berücksichtigung findet. Auch hier kann eine als Historische Theologie sich verstehende Kirchengeschichtsforschung viel lernen und selber einbringen. Zugleich aber muss sie sich weiterhin zurückbeziehen auf eine Vorgeschichte, die – wenn auch sicher nicht in primitiver Linearität! – über das Mittelalter und Augustin zu Paulus zurückreicht, und sie bleibt im Zusammenhang theologischer Bildung steril, wenn sie nicht mitbedenkt, was auf die Reformation wirkungsgeschichtlich folgte – und dazu gehört neben dem neuzeitlichen Protestantismus auch die Papstkirche, wie sie sich mit und seit dem Tridentinum zu einer ganz eigenen Gestalt zwar durch und durch neuzeitlichen, aber doch dezidiert gegenreformatorischen Christentums durchgebildet hat.

6. Christentum als Geschichte

Indem ich zum Schluss komme, hebe ich noch einmal profilierend einige Leitgesichtspunkte hervor. – Eine von Schleiermacher inspirierte, sich durch seine Impulse weiter führen lassende Historische Theologie, wie sie mir vorschwebt, setzt sich dezidiert ab von allen Verständnismustern, nach welchen Christentum, christliche Religion als festes Geflecht oder System von religiösen Vorstellungen und Lebensregeln an der später so genannten Zeitenwende ins Dasein getreten ist und seitdem eine Geschichte *hat*, deren Bewegungen und Wechselfälle sich aus dem Wechselspiel günstiger und widriger Umstände ergeben, in welchem sich dann doch dank dem mal geheimen, mal offenen Walten der göttlichen Vorsehung das in und mit dem Anfang ein für alle Mal gegebene wahre Wesen immer wieder durchsetzt.

Klassisch hat dieses Verständnismuster Augustin ausgearbeitet,[69] und in unendlich vielen Varianten hat es fortgewirkt – in den Magdeburger Zenturien, in der Konzeption von Kirchengeschichte, welche die großen einschlägigen Werke der Aufklärungstheologie, kulminierend bei den drei Göttingern Mosheim, Planck und Gieseler, geleitet hat, aber auch noch weit über sie hinaus. Genau dagegen wendet sich ein von Schleiermacher inspiriertes Verständnis Historischer Theologie: Christentum ist keine feste Entität, an welche sich

---

[69] Vgl. z.B. Augustin, De Civitate Dei XVIII, 50–52; s. auch Bernhard von Clairvaux, In Cantica Sermo XXXIII,14–16; MPL 183, 958f.

gleichsam sekundär eine Geschichte anheftet, sondern christliche Religion selbst *ist* Geschichte. Im geschichtlichen Christentum konkurrieren immerfort unterschiedliche, bisweilen gegensätzliche theoretische Reflexionsformen und praktische Lebensmaximen. Der Glaube an Jesus Christus treibt unterschiedliche Formationen theoretischer und praktischer Reflexion hervor und bildet in Entsprechung zu ihnen unterschiedliche Sozialgestaltungen aus. Es ist genau diese in und mit dem christlichen Glauben gegebene strittige Vielfalt, welche in der Geschichte des Christentums die Wahrheitsfrage immer neu aufwirft.

Üblicherweise klassifiziert man eine Gestalt dieser Frage, nämlich die Frage nach dem Wesen des Christentums, als ein Spezifikum neuzeitlich-protestantischer Theologie: Als mit und nach der Aufklärung das Vertrauen in die objektive Wahrheitshaltigkeit bestimmter traditionaler normativer Gegebenheiten geschwunden sei, habe sich eben jene neuartige Fragerichtung herausgebildet – mit dem Ziel, in reflektierter, intellektuell auskunftsfähiger Weise in wild durcheinanderwogende Vorstellungen Ordnung zu bringen, irrtümliche Vorbehalte auszuräumen etc. Ich bestreite nun, dass hiermit ein wirkliches Novum in der neuzeitlichen Geschichte der christlichen Religion benannt ist. Vielmehr vertrete ich die Meinung, dass Widerstreit und Konkurrenz zwischen unterschiedlichen theoretischen Ausdrucksgestalten, praktischen Lebensmaximen und sozialen Gestaltungsformen des Glaubens an Jesus Christus so alt sind wie die christliche Religion selbst und dass in ihnen immer wieder in normativer Absicht genau solche Reduktions- und Vereindeutigungsanstrengungen stattgefunden haben.[70]

Die geschichtlich folgenreichste war sicherlich die Entstehung der katholischen Kirche im späten zweiten/frühen dritten Jahrhundert, der wir – in vielen Vermittlungen – unsere Bibel verdanken. An sie schloss sich die bis in die Neuzeit hinein immer weiter verfeinerte dogmatische und juristische Ausprägung des Gegensatzpaares von Orthodoxie und Häresie bzw. Schisma an, und wenn man das alles einmal ins Auge fasst, ohne sich in Empörung zu echauffieren, dann zeigt sich: Auch hier ist mit beachtlichem intellektuellen Aufwand der Versuch unternommen worden, das Wesen der christlichen Religion zuverlässig zu plausibilisieren und zur Geltung zu bringen – was die dergestalt ausgegrenzten Gruppen auf ihre Weise ebenfalls für sich in Anspruch nahmen. – Mit alledem muss die Kirchengeschichte umgehen.

Dafür tun sich, grob gesagt, zwei Möglichkeiten auf: *Einmal* kann sie sich auf eine bestimmte von ihr übernommene oder entworfene materiale, normative Wesensbestimmung der christlichen Religion kaprizieren. Sie kann dann emphatisch bestimmte Werturteile transportieren und einüben. Sie kann erzählen,

---

[70] »So kann das ›Wesen‹ nur verstanden werden als die jeweils der Gesamtlage entsprechende produktive Neudeutung und Neuanpassung der christlich-geschichtlichen Mächte. Das Wesen ist für jede Epoche ein anderes, aus der Gesamtheit ihrer Einflüsse sich ergebendes« (Ernst Troeltsch, Die Dogmatik der »religionsgeschichtlichen Schule« [1913], in: ders., Gesammelte Schriften Bd. II, Tübingen 1913, 500–524, 511).

wie Paulus die Wahrheit des Evangeliums gegen die Irrlehrer verteidigt hat; sie kann davon berichten, wie die antignostischen Lehrer die Einheit des Schöpfer- und Erlösergottes siegreich verteidigt haben, wie Martin Luther die Botschaft der Bibel gegen die Verfinsterungen aristotelischer Philosophie und papalistisch verzerrter Kirchlichkeit zur Geltung gebracht hat und wie 1933/1934 die Rückbesinnung auf Jeremia, Paulus, Augustin und Luther ihren Wahrheitsbeweis gegen die deutschchristliche Irrlehre abgelegt hat. Sie kann also davon berichten, dass sich, wie man so sagt, das wahre, biblische Christentum immer wieder gegen die bedrohlichen Devianzen durchgesetzt hat.

Man kann dieses Schema freilich dann auch noch einmal umdrehen, um auf der Seite der Ausgegrenzten und Diskreditierten die lückenlose Kette der Wahrheitszeugen aufzuzeigen, wie es besonders seit der Reformation immer wieder getan wird.[71] Das Verstehensmuster selbst wird dadurch zwar umorganisiert, aber es wird nicht überwunden: Die Kirchengeschichte ist ein Kampffeld, auf welchem die stets angefochtene Wahrheit, deren bevollmächtigter Depositär der Kirchenhistoriker ist, doch immer neue Siege erkämpft. Diese Kirchengeschichte hat dann in der Tat keinen eigenständigen Beitrag zum Gesamtunternehmen Theologie zu leisten, denn fürs Normative sind dann ja miteinander Exegese und Dogmatik zuständig.

Eine Kirchengeschichtsschreibung, die sich im Sinne Schleiermachers als Historische Theologie versteht, wird gänzlich anders vorgehen. Sie liest auch die frühesten Quellenzeugnisse der christlichen Religion als Dokumente davon, wie bestimmte Menschen(gruppen) Jesu Wort und Weg verstanden haben, welche kategorialen und vorstellungsmäßigen Voraussetzungen sie dabei ins Spiel brachten und welche Konsequenzen sich ihnen daraus für die Deutung und Gestaltung ihrer Lebenswelt ergaben.

Sie wird versuchen, jede quellenmäßig greifbare Manifestation christlicher Religion zunächst einmal aus sich selbst ihrem inneren Sinngefälle nach zu verstehen: Als beruhend auf Werturteilen über Wort, Werk und Weg Jesu Christi, sich entfaltend in Bildern, Vorstellungen und Begriffen von Wesen und Willen Gottes, als Idealkonzeption menschlicher Lebensgestaltung und als Normbild religiöser Gemeinschaft. Diese Aspekte gehören eng zusammen, sind interdependent.[72] Sie emergieren zumeist zunächst intuitiv, expressiv und klären sich allmählich durch und materialisieren sich in Gemeinde- und Kirchenordnungen,

---

[71] Wichtige Beiträge hierzu enthält der folgende Sammelband: Günter Frank/Friedrich Niewöhner unter Mitarbeit von Sebastian Lalla (Hrsg.), Reformer als Ketzer. Heterodoxe Bewegungen von Vorreformatoren, Melanchthon-Schriften der Stadt Bretten 8, Stuttgart-Bad Cannstatt 2004.

[72] Diese Konfiguration spezifisch kirchen- bzw. dogmengeschichtlicher Fragestellungen hat m.W. zuerst Albrecht Ritschl deutlich formuliert; vgl. Martin Ohst, Ritschl als Dogmenhistoriker, in: Joachim Ringleben (Hrsg.), Gottes Reich und menschliche Freiheit, GTA 46, Göttingen 1990, 112–130.

in Liturgien oder in Klosterregeln, in kirchenpolitischen Entwürfen oder in theologischen Programmen. Dabei bemächtigen sie sich anderweitiger Stoffe, die aus der christlichen Tradition und aus außerchristlichen Quellen stammen; sie sättigen sich mit ihnen und gewinnen an Präge- und Durchsetzungskraft. Wenn die Kirchengeschichte so fragend vorgeht, dann wird sie, beginnend bei Paulus und seinen Gegnern in Galatien, in allen gehaltvollen Kontroversen der Kirchengeschichte bemerken, dass nicht einfachhin Wahrheit und Irrtum oder Lüge im Streit liegen, sondern Wahrheits*anspruch* und Wahrheits*anspruch* miteinander ringen. Die seit dem zweiten Jahrhundert ausgebildeten und immer weiter verfeinerten und in ihrer Operationalisierbarkeit gesteigerten Schemata von Orthodoxie und Häresie wird sie also weder unkritisch perpetuieren noch moralisierend denunzieren, sondern sie wird auch sie zu verstehen suchen – als Strategien mit dem Ziel, Konflikte zwischen Wahrheitsansprüchen zu bewältigen – jeweils auf dem Boden eines bestimmten Gesamtverständnisses der christlichen Religion.

Die mir vorschwebende Historische Theologie blendet also die Wahrheitsfrage keineswegs aus, aber sie historisiert sie. Sie verbietet dem Kirchenhistoriker keinesfalls, hinsichtlich der Frage nach Wesen und Wahrheit der christlichen Religion eigene Antworten zu formulieren. Sie mutet ihm jedoch die Einsicht zu, dass diese Antworten wiederum standortgebunden und in ihrer Gültigkeit partikular und transitorisch sind. Und wenn jetzt jemand denkt, mein Konzept der Kirchengeschichte als Historischer Theologie sei in Wahrheit ein Konzept historistischer Theologie, dann widerspreche ich nicht und wehre mich auch nicht gegen die Einordnung in die zugehörige Ahnenreihe.

Eberhard Hauschildt

Religiöse bzw. nichtreligiöse Spiritualität und die Kommunikation des Evangeliums

Praktisch-theologische und hermeneutische Erwägungen[1]

Theologie denkt über Gott nach. Und wenn sie über Gott nachdenken will, kann sie nicht anders, als auch über den Menschen nachzudenken – darüber, was und wie Menschen kommunizieren, wenn sie sich als in Beziehung mit Gott erfahren und verstehen. In den wissenschaftlichen Disziplinen der Theologie besteht das *praktisch-theologische* Nachdenken über Gott in dem Nachdenken darüber, was und wie Menschen im Blick auf die Gottesbeziehung *kommunizieren*, wenn sie dies in kirchlichen und christlichen Praktiken der Gegenwart tun. Zu diesen Praktiken gehören bestimmte christliche Settings solcher Kommunikation, wie etwa die klassischen Settings von Predigt, Gottesdienst, Seelsorge, Diakonie, Unterricht und andere Phänomene darüber hinaus. Für die Beschreibung dieser Kommunikation bedient man sich teilweise auch solcher Grundbegriffe und Theorien von Kommunikationsvorgängen, welche beide in der Gesellschaft insgesamt Anwendung finden.

Grundbegriffe in der Gesellschaft verändern sich im Laufe der Zeit und dabei auch die Theorien. Dies wiederum kann auch die wissenschaftliche Praktische Theologie veranlassen, ihrerseits ihre speziell praktisch-theologischen Theorien zu prüfen bzw. sich mit ihren Einsichten an der Diskussion um die veränderten Grundbegriffe zu beteiligen.

---

[1] Vortrag mit Darstellung von ersten Ergebnissen aus einem aktuellen Forschungsprojekt, gefördert durch die Deutsche Forschungsgemeinschaft (DFG) – Projektnummer 348851031.

1. Spiritualität – ein neuer Begriff in der Debatte

Der Grundbegriff, dem im Folgenden die Aufmerksamkeit gelten soll, ist der der Spiritualität; der uns dabei interessierende praktisch-theologische wissenschaftliche Zusammenhang ist der der Seelsorgetheorie. Das Praxisfeld, das dabei im Zentrum steht, ist das der helfenden Gesprächskontakte – hier zugespitzt auf solche Gespräche in den klinischen Kontexten, mithin an Orten, an denen auch die Klinikseelsorge tätig ist.

Diese Debatte ist nicht nur von praktisch-theologischer Relevanz, denn sie hat auch Folgen für das Verständnis von Religion, also dem Phänomen, das gemeinhin als das gilt, in dem das Thema Gott und die Kommunikation mit Gott kultiviert wird.

Theologische Wissenschaft vollzieht sich zu einem guten Teil auch interdisziplinär – und zwar in einem doppelten Sinne: interdisziplinär zwischen den verschiedenen theologischen Disziplinen und interdisziplinär zwischen theologischen und nichttheologischen Wissenschaften. Was wollen wir unter Spiritualität verstehen, und wie verhält sich dabei Spiritualität zu Religion überhaupt und zu christlichem Glauben? Der Anstoß zu dieser Fragestellung, der dieser Artikel nachgeht, liegt in einer Veränderung im medizinischen Diskurs, genauer: dem in der Palliativmedizin. Dass diese Veränderung in der Palliativmedizin aufkommt, ist kein Zufall. Denn diese ist dadurch gekennzeichnet, dass bei ihr eine Verschiebung in der Zielbestimmung gängigen medizinischen Handelns erfolgt.

Für die Normalmedizin gilt das Ziel, erkrankte Patientinnen und Patienten wieder gesund zu machen oder – falls die komplette Gesundung nicht möglich ist – so doch ihr Überleben zu ermöglichen und sei dies auch ein Weiterleben mit einer chronifizierten Krankheit. Die Besonderheit der Palliativmedizin setzt da ein, wo dieses Ziel als so gut wie aussichtslos aufgegeben werden muss und nun die Medizin die unausweichlich letzte Lebensphase von ein paar Monaten oder Wochen begleitet. Eindeutiges Hauptziel ist dann nicht mehr die Lebensverlängerung, sondern eine möglichst gute Lebensqualität in der noch verbliebenen Lebenszeit.[2] Dies selbst dann, wenn angesichts fehlender Alternativen palliativmedizinisch entschieden wird, z.B. eine Medikation zu verabreichen, die den physischen Schmerz lindert, obwohl sie die Lebenszeit eventuell verkürzen könnte. Was gehört zu solcher Lebensqualität in den letzten Monaten

---

[2] »Palliativmedizin ist die Behandlung von Patienten mit einer nicht heilbaren, progredienten und weit fortgeschrittenen Erkrankung mit begrenzter Lebenserwartung, für die das Hauptziel der Begleitung die Lebensqualität ist.« So der erste Satz der Definition der Deutschen Gesellschaft für Palliativmedizin, zit. nach: Lukas Radbruch/Friedemann Nauck/Rainer Sabatowski: Was ist Palliativmedizin?, URL: https://www.dhpv.de/themen_hospiz-palliativ_palliativmedizin.html (Stand: 16.6.2020).

oder Wochen eines Aufenthalts in der Gesundheitsinstitution? Seit 2002 lautet die Definition der WHO für Palliativmedizin folgendermaßen:

»Palliativmedizin/Palliative Care ist ein Ansatz zur Verbesserung der Lebensqualität von Patienten und ihren Familien, die mit Problemen konfrontiert sind, welche mit einer lebensbedrohlichen Erkrankung einhergehen. Dies geschieht durch Vorbeugen und Lindern von Leiden durch frühzeitige Erkennung, sorgfältige Einschätzung und Behandlung von Schmerzen sowie anderen Problemen körperlicher, psychosozialer und spiritueller Art.«[3]

Hier wird also, als Aufgabe eines adäquaten Handelns in der Gesundheitsorganisation, eine integrierte Hilfe in Bezug auf dreierlei Bedarfe genannt. Und für den dritten Bedarf neben dem medizinisch-physischen und dem psychosozialen wird der Begriff der Spiritualität verwendet. Dem entspricht, dass Cicely Saunders, die britische Krankenschwester und Medizinerin, auf die die Gründung von Hospizen zurückgeht, die Vorstellung von einem »total pain«[4] bei Menschen angesichts der Vorbereitung auf das Sterben herausgearbeitet hat. Dieser bestehe aus physischem, sozialem, psychischem und spirituellem Schmerz.

Damit wird aus medizinischer Perspektive die These eines allgemeinanthropologisch verankerten Bedarfs an *spiritualitäts*bezogenen Interaktions- und Kommunikationsangeboten aufgestellt. Die Begriffswahl reagiert offenkundig auf die wahrgenommene religiöse Pluralität und auch auf die Pluralität von religiösen und nichtreligiösen Menschen in der Klinik. Die religionsphilosophische These von Religion als anthropologischer Allgemeinkonstitution wird nicht mehr vorausgesetzt – angesichts vielfacher Nicht-Teilnahme an eindeutig religiösen Praktiken und Nichtzustimmung zu Fürwahrhalte-Sätzen von Gottesvorstellungen und angesichts der Selbstbezeichnung einer nicht geringen Zahl von Menschen als nichtreligiös.

Zwar gibt es eine große Bandbreite in der Begriffsgeschichte des Wortes »Spiritualität« mit seiner langen monastischen Tradition,[5] doch ist erkennbar: Seinen gegenwärtigen Aufstieg verdankt der Begriff der Passung zur Pluralisierung und Privatisierung des Religiösen und zur Präsenz von religiöser Indifferenz. Medizin will und kann sich zur Frage der Religion nicht positionieren und kann und will sie darum auch nicht als alternativlosen Bedarf thematisieren.

---

[3] So die deutsche Passung, zit. nach URL: https://www.palliativpsychologie.de/?page_id=1492 (Stand: 3.9.2020). Englisch: »Palliative care is an approach that improves the quality of life of patients and their families facing the problem associated with life-threatening illness, through the prevention and relief of suffering by means of early identification and impeccable assessment and treatment of pain and other problems, physical, psychosocial and spiritual.« (URL: https://www.who.int/cancer/palliative/definition/en/; Stand: 16.6.2020).

[4] Cicely Saunders, The last Frontier [1966], in: dies., Selected writings (1958–2004), Oxford 2006, 87.

[5] Vgl. etwa Peter Zimmerling, Handbuch Evangelische Spiritualität Bd. 1: Geschichte, Göttingen 2017.

Zur Erinnerung an notwendige, im Sinne von unausweichlichen Grenzen des medizinischen Handelns, deren nichtreligiöse Bestimmung offengehalten werden muss, hat die Medizin darum allerdings doch selbst begonnen, pikanterweise oder auch bezeichnenderweise ein begriffsgeschichtlich religiös gesättigtes Wort zu verwenden, eben das der Spiritualität. Beides ist von Bedeutung, die säkulare Intention wie das faktisch religiöse »Hinterland«.

Zur weiteren Illustration nenne ich eine Erfahrung aus der Vorbereitung einer interdisziplinären DFG-Forschungsgruppe, an der ich auch mit einem Teilprojekt beteiligt bin und die geleitet wird von der systematischen Theologin an der Universität Bonn, Cornelia Richter.[6] Am Anfang lautete der Obertitel im Arbeitstitel des Gesamtprojekts: »Resilienz und Religion«. Es geht um eine solche Erweiterung der Resilienztheorie, die Resilienz nicht einfach als genetisch bedingte Ausstattung, als einsozialisierte Technik oder selbst erworbene Fähigkeit sieht, sondern darüber hinaus den interaktiven und prozessualen Charakter von Resilienz herausarbeitet und die dazugehörige Praxis von Aushalten und Gestalten in der Krise. So weit, so gut und relativ im Konsens innerhalb der am Gesamtprojekt beteiligten Wissenschaftlerinnen und Wissenschaftler.

Die Kollegin aus der Psychosomatik und der Kollege aus der Palliativmedizin machten aber in der Vorbereitungsgruppe für das Projekt schnell deutlich: Der Religionsbegriff »geht nicht«, weil »wir in der Medizin« nur mit etwas arbeiten können, was alle betrifft. So wurde der Religionsbegriff zunächst durch den der Spiritualität schlicht ersetzt. Freilich: Beim Spiritualitätsbegriff begegnen dann alle Theorieprobleme aus der Debatte um den seinerseits ja ziemlich schwierigen Religionsbegriff[7] ganz analog wieder. Hinzu kam die faktische Konstellation: In der Forschungsgruppe finden sich eine ganze Reihe von Teilprojekten mit theologischer Ausrichtung (Altes Testament, Systematische Theologie, Moraltheologie, Praktische Theologie) neben den beiden medizinischen und einem philosophischen und einem religionspsychologischen. Vor allem aber: Es ist der Spiritualitätsbegriff in Medizin und Psychotherapie bislang faktisch viel schlechter theoretisch durchdacht als der Begriff der Religion in den Wissenschaften, die sich mit Religion beschäftigen. Fragebögen zur Messung von Spiritualität, so zeigte uns dann der hinzugekommene Religionspsychologe auf dem Lehrstuhl für Spiritual Care an der medizinischen Fakultät in München (Constantin Klein) auf, bestehen bislang meistens einfach aus einer Mischung

---

[6] Siehe URL: https://www.etf.uni-bonn.de/de/ev-theol/einrichtungen/systematische-theologie/personen/lehrstuhl-richter/forschungsschwerpunkte/resilienz-in-religion-und-spiritualitaet (Stand: 16.6.2020).

[7] Zum Problem der Definition von Religion und ihrer empirischen Messung in der gegenwärtigen Diskussion vgl. z.B. Detlef Pollack u.a. (Hrsg.), Handbuch der Religionssoziologie, Wiesbaden 2018; darin vor allem Detlef Pollack, Probleme der Definition von Religion (17–50) und Volkhard Krech, Dimensionen des Religiösen (51–94).

aus psychologischen Items für Sinn- und Kohärenzerfahrungen und aus Religionsitems.[8] Erst innerhalb dieses inzwischen begonnenen Resilienzprojekts selbst wird diese Schwäche, so sieht es aus, deutlicher und konzeptioneller beseitigt werden können. Angesichts dieser Sachlagen bekam das Projekt dann seinen endgültigen Obertitel. Der lautet: »Resilienz in Religion und Spiritualität«.

Nun beeinflusst hoffentlich die Forschung auch die Lehre, die theoretische Ausbildung von Studierenden zum theologischen Denken, die interdisziplinäre Verknüpfung zwischen den Ausbildungsfächern – und die Kooperation mit anderen Wissenschaften und das Sich-Verhalten-Können zu anderen Funktionssystemen in der Gesellschaft. Um das zu verbessern, braucht es eben auch anschlussfähige theologische Theorie. In diesem Sinne sind die weiteren Ausführungen gedacht. Und dafür, so wird sich zeigen, gibt es gute Gründe, auf theologische Denkwege zurückzugreifen, die Rudolf Bultmann gebahnt hat.

2. Der Spiritualitätsbegriff und Bultmanns Fundamentalunterscheidungen von 1925

Also: Der Spiritualitätstheorie kommt religionstheoretische Expertise zugute. Diese gibt es – nicht nur, aber auch – in der Theologie, wobei die Theologie eine eigene Art religionstheoretischer Expertise mit sich führt. Sie befragt Religionsphänomene eben nicht primär in einer religionsphilosophischen, einer religionssoziologischen oder einer religionspsychologischen Perspektive, sondern in einer theologischen. Und Entsprechendes sei hier für die praktisch-theologische Beschäftigung mit demjenigen Phänomen gezeigt, das inzwischen als »Spiritualität« bezeichnet wird.

Dabei greife ich auf eine fundamentaltheologische Unterscheidung zurück, die Rudolf Bultmann in Bezug auf das Nachdenken über kirchlich-christliche Praxis verdeutlicht hat. Die Grundlagen finden sich schon in seinem berühmten Aufsatz »Welchen Sinn hat es, von Gott zu reden?« von 1925.[9] Und sie finden

---

[8] Vgl. dazu Constantin Klein/Stephan Bethe, Messbare Ausschnitte des Unermesslichen. Wie Spiritualität und spirituelles Wohlbefinden in der sozial- und gesundheitswissenschaftlichen Forschung gemessen werden können, in: Cornelia Richter (Hrsg.), An den Grenzen des Messbaren. Die Kraft von Religion und Spiritualität in Lebenskrisen, Religion und Gesundheit Bd. 3, Stuttgart 2021. Eine Ausnahme bildet ein Fragebogen, der, auf der Basis von bestimmten psychologischen Prämissen, »transpersonales Vertrauen« messen soll, aber dann sehr gut die Gemeinsamkeiten wie Differenzen von einem Vertrauen auf Gott (religiöse Spiritualität) und einem Vertrauen in »das Ganze«, »den Kosmos« (nichtreligiöse Spiritualität) messen kann.

[9] Rudolf Bultmann, Welchen Sinn hat es, von Gott zu reden? (1925), in: ders., Glauben und Verstehen. Gesammelte Aufsätze Bd. 1, Tübingen ⁴1961, 26–37.

sich immer noch, 30 Jahre später, auch in zwei Aufsätzen Bultmanns, die sich mit einer kirchlich-christlichen Praxis beschäftigen, der – so der Begriff der damaligen Zeit – kirchlichen »Verkündigung«.[10] Aufgabe der theologischen Perspektive ist in jenen beiden Aufsätzen, den Unterschied zu zeigen zwischen – wie Bultmann es nennt – »echter Verkündigung« auf der einen Seite und auf der anderen Seite einer Art von Verkündigung, die sich bei genauerem Hinschauen als etwas anderes erweist. In dem einen Artikel nennt er sie »säkularisierte Verkündigung«, in dem anderen ist, wie schon 1925, die Rede von »allgemeinen Wahrheiten«. Allgemeine Wahrheiten sind solche Gegenstände, die als Objekt vorliegen und die dann auch allgemein von allen gewusst werden können.

Der Beschreibungsbegriff »Spiritualität« ist gerade deshalb in Gebrauch gekommen, weil er eine allgemeine Wahrheit thematisiert. Er beschreibt etwas, von dem gelten soll, dass es dies gibt, unabhängig von spezifischeren situativen und kulturellen Kontexten. Der Satz »Alle Menschen haben Bedarf an Spiritualität« etwa wäre eine solche allgemeine Wahrheit. Oder vielleicht präziser die Aussage: »Für die Konstellation von Palliative Care ist zu erwarten, dass mit hoher Wahrscheinlichkeit bei den Patientinnen und Patienten ein Bedarf nach Spiritualitätskommunikation vorkommt. Gesundheitsprofessionelle sollten also damit konstruktiv umgehen können.«

Der Satz zur Spiritualität ist damit freilich auch nicht grundsätzlich anders als eine Aussage zur Religion, die etwa lautet: »Alle Menschen können den Gottesgedanken denken. Es ist hochwahrscheinlich, dass entsprechende Gedanken in der Biographie, einen entsprechenden kulturellen Kontext vorausgesetzt, einmal gedacht werden.« Aber, so eben Bultmann, solche Sätze zu denken und zu kommunizieren, das ist nicht »echte Verkündigung«.

Es ist auch dann nicht »echte Verkündigung«, wenn ein solcher Gedanke im Gottesdienst von der Kanzel aus gesagt wird oder andere Sätze wie z.B. solche über die Schönheit religiöser Gefühle. Sie stellen vielmehr so etwas wie säkularisierte Verkündigung in Bultmanns Sinne dar. Ja, selbst klassische dogmatische christliche Lehren können als allgemeine Wahrheiten behandelt werden – und sind dann gerade keine »echte Verkündigung«, wie Bultmann auch deutlich macht.[11]

Warum? »Echte Verkündigung« kann erst dann vorliegen, wenn etwas nicht als allgemeine Wahrheit rezipiert wird, sondern wenn es einen *existenziell, tief persönlich*[12] betrifft, oder – so bekanntlich Paul Tillich – unmittelbar angeht. Und

---

[10] Vgl. Rudolf Bultmann, Echte und säkularisierte Verkündigung im 20. Jahrhundert (1955), in: ders., Glauben und Verstehen. Gesammelte Aufsätze Bd. 3, Tübingen ²1962, 122–142; ders., Allgemeine Wahrheiten und christliche Verkündigung (1957), in: a.a.O., 166–177.

[11] Bultmann, Echte und säkularisierte Verkündigung (s. Anm. 10), 126.

[12] Der von Heidegger und der Existenzphilosophie geprägte Begriff spielt, anders als zu Bultmanns Zeiten, heute keine konstitutive Rolle mehr in der Philosophie, ist aber in

wenn sie dies tut, dann lässt sich dies nicht verallgemeinern, sondern nur höchstens auch weitersagen. »Echte Verkündigung« ist gebunden an konkret sich Aufdrängendes und wird rezipiert als konkret Weiterführendes, im Fall von Religion, westlicher Religion, als Gott, wie er erfahren wird als dieser je konkrete Gott. Die Wahrheit wird – so würde Bultmann sagen – geglaubt.[13] Das ist wie der Unterschied zwischen der Rede von der Liebesfähigkeit bzw. dem Liebesbedarf der Menschen überhaupt und der Erfahrung, einem von jemand anderem zugesagten Satz »Ich liebe dich.« zu glauben.[14] Denn letzterer Satz lässt sich nicht verallgemeinern, ja nicht einmal von weiteren Erfahrungen unabhängig auf längere Dauer stellen. Allgemeinsätze, und seien sie Sätze *über* Religion, kommen als allgemeine Wahrheiten daher. Davon zu unterscheiden sind Sätze *in* Religion, die konkret und nicht verallgemeinerbar sind.[15] So weit ist das alles im Grunde schlicht Referat eines Gedankengangs, der schon in Bultmanns Aufsatz von 1925 angelegt ist.

Gleiches gilt dann auch für das Phänomen Spiritualität: Sätze *über* Spiritualität sind allgemeine Wahrheit, Sätze *aus* Spiritualität sind existenziell und nicht verallgemeinerbar. Das Interessante an der Spiritualitätsthematik im Kontext von Gesundheitsorganisationen besteht nun allerdings in einer bestimmten ihrerseits allgemeinen Erkenntnis: Geht es um Lebensqualität in der existenziellen Krise, wie sie im Kontext von drohendem Lebensende erwartet werden kann, dann sind Handlungen wie die der medizinischen Therapie – und auch der Psychotherapie –, die streng im Rahmen allgemeiner Methodik bleiben, nicht ausreichend. Denn für die Erfahrung von nur zu verständlichem Ohnmachts- und Trauer- und Aggressionsschmerz genügen sie als adäquate Hilfe in

---

die gebildete Alltagssprache eingegangen und hat dort weiterhin, wenn auch unpräziser, eine Erschließungskraft. Spätestens das Bewusstsein um das eigene bevorstehende Sterben stellt in aller Regel so etwas wie eine existenzielle Krise dar – und ist darin paradigmatisch. Bultmann selbst verwendet den Begriff ab 1925, eben auch im Aufsatz »Welchen Sinn hat es von Gott zu reden?« und schreibt das Adjektiv »existenziell«, anders als Heidegger, aber mit Kierkegaard immer mit »t« statt »z«.

[13] Vgl. Bultmann, Sinn (s. Anm. 9), 35f.
[14] In diesem Sinne formuliert Bultmann, a.a.O., 25: »Man kann über Gott sinnvoll so wenig reden, wie man über Liebe reden kann. In der Tat, auch über Liebe kann man nicht reden, es sei denn, daß dies Reden über Liebe selber ein Akt des Liebens wäre.«
[15] Ganz unterschiedliche Homiletiker der Gegenwart sind sich darin einig: Martin Nicol, Einander ins Bild setzen. Dramaturgische Homiletik, Göttingen ²2013, 55: Es geht bei der Predigt um ein »Preaching from Within«. Das ist ein »Reden in« Glauben und Gott, statt einem »Reden über« Glauben und Gott. »Eine solche Predigt versucht – sie versucht es zumindest, nicht über das Trösten zu reden, sondern zu trösten.« Wilhelm Gräb, Predigtlehre. Über religiöse Rede, Göttingen 2013, 7: »Wer religiös spricht, redet nicht über Religion oder die Religion, nicht über religiöse Institutionen, nicht über die Kirche und schon gar nicht über die Kanzelrede. Wer religiös spricht, redet aus Religion, aus religiöser Überzeugung, wie sie ihm selbst wichtig ist.«

118 Eberhard Hauschildt

dieser Situation nicht. Der Spiritualitätsbegriff verweist mithin auf die Erfordernisse von Prozessen existenzbezogener Kommunikation. Und dies auch dann, wenn die Religionsoption nicht gezogen wird und vielleicht auch nicht gezogen werden kann. Es gibt auch nichtreligiöse Kommunikation, die Entsprechendes vollzieht, wie etwa, so ja auch Bultmann, Kunst und Literatur[16] sich auf die Existenzialität des Menschen beziehen. Sie zeigen den Menschen in seiner jeweiligen Situativität von kontextueller Rezeption. Jede »echte Verkündigung« ist in dieser Weise existenziell[17], jedes Reden aus Religion ist existenziell, aber nicht jede existenzielle Erfahrung ist die eines Glaubens in Reaktion auf Verkündigung und auch nicht unbedingt religiös.[18] Die Karriere des Begriffs der Spiritualität in der Palliativmedizin bildet genau all dies ab.

Gezeigt ist also: Die Entdeckung von Spiritualität als relevanter Faktor in der Palliativmedizin lässt sich mit dem systematisch-theologischen Deutungsinstrumentarium der Theologie Bultmanns plausibilisieren und in seinem Profil womöglich noch schärfen. Wenn dies so ist, dann ermutigt das, noch einen Schritt weiterzugehen. Bei einem solchen Prozess, so sei auch schon vorausgeschickt, wird es nicht ausbleiben, dass auch in die Begrifflichkeiten und theologischen Vorstellungen gegenüber Bultmann gewisse Änderungen einwandern.

3. Vom Nutzen praktisch-theologischer Unterscheidungen für den Blick auf Spiritualität als medizinische Aufgabe

3.1 Darstellendes und wirksames Handeln und Seelsorge als Hybrid

Dem Selbstverständnis von Kirche und Praktischer Theologie nach ist bei existenziellen Fragen Seelsorgepraxis eine Option. Ja, so wird wenigstens mit der

---

[16] »Für viele Menschen ist heute die Kunst [...] Verkündigung, sei es die Dichtung oder die bildende Kunst. [...] Es ist [...] möglich, daß auch die Kunst zu einer indirekten Verkündigung wird, wenn sie das menschliche Sein in seiner Tiefe enthüllt« (Bultmann, Echte und säkularisierte Verkündigung [s. Anm. 10], 123).

[17] Nicht existenzielle Rede ist dann aber auch keine echte Verkündigung: »In Wahrheit ist es, so seltsam das klingen mag, Säkularisierung der Verkündigung, wenn Predigt oder Unterricht dogmatische Sätze vortragen, die man glauben soll. Denn dogmatische Sätze haben den Charakter von allgemeinen Wahrheiten, die man für wahr halten kann. Aber ›Für-Wahr-Halten‹ heißt nicht Glauben.« (Bultmann, a.a.O., 126).

[18] Bultmann unterscheidet »Anrede Gottes« und »Anrede des sich bis auf den Grund seines Daseins prüfenden Menschen an sich selbst« und nennt letztere zwar nicht echte, aber »indirekte Verkündigung« (a.a.O., 123).

Seelsorgebewegung ab den 1970er Jahren deutlich, sie ist es auch dann, wenn der Patient bzw. die Patientin nicht glauben wollen oder können.

Will man aber das abbilden, dann zeigen sich die Schwächen, die darin liegen, den Begriff der »Verkündigung«, wie es für die gesamte dialektische Theologie typisch war, als den einzigen wichtigen Oberbegriff der christlichen Kommunikation zu führen. Denn, um bei Bultmanns Beispiel für existenzbezogene Kommunikation zu bleiben, schon das »Ich liebe dich.« ist nicht nur ein verkündigungsanaloger Satz, sondern er erfolgt auch in Zusammenhängen zugewandten nonverbalen Handelns und eines explizit von Liebe sprechenden Miteinanderredens. Die Kommunikation des Evangeliums, so erweist sich, gestaltet sich faktisch als deutlich vielfältiger. Was übrigens auch Bultmann hin und wieder mal andeutet,[19] ohne es freilich weiter auszuarbeiten.[20]

Dabei lässt sich auch diese Vielfalt strukturieren. Hilfreich scheint mir dabei eine Unterscheidung von zwei gängigen menschlichen kommunikativen Interaktionstypen, wie sie sich schon bei Friedrich Schleiermacher findet. Er unterscheidet zwischen dem Typus des »darstellenden Handelns« einerseits und dem des »wirksamen Handelns« andererseits, in Predigt und Liturgie überwiegt das erstere, in Seelsorge, Unterricht und Diakonie das letztere.[21] Im Blick auf die Seelsorge heute lässt sich dann auch zwischen der überwiegend explizit religiösen Darstellung des »Kerygmas« (so Bultmann, und die Darstellung heißt dann »Verkündigung«) einerseits und andererseits deren überwiegend religiös höchstens impliziten psychophysischen Kommunikationsvarianten in dementsprechendem Helfen unterscheiden (den »Taten der Liebe«). Seelsorge selbst begegnet nicht nur als Religion pur im Sinn von darstellender Verkündigung, sondern auch als psychologisch gekonnte helfende Gesprächsführung nach Standards der therapeutischen Kunst. Professionelle Seelsorge heute ist ein, wie ich es

---

[19] Vgl. z.B. auch am Schluss des Aufsatzes zur echten und säkularisierten Verkündigung: »[..] man kann schließlich auch fragen, ob die Verkündigung immer nur im gesprochenen Worte erfolgen muß, oder ob sie nicht auch durch wortloses Tun geschehen kann. Gewiß kann auch die Tat den Charakter der Anrede haben. [...] Steht nicht das Werk Albrecht Schweitzers als Verkündigung durch die Tat vor uns?« (Bultmann, Echte und säkularisierte Verkündigung [s. Anm. 10], 129).

[20] So folgt an der eben zitierten Stelle denn auch der Satz: »Die Tat der Liebe öffnet dem, der sie empfängt, den Weg, von sich frei zu werden, indem er hineingezogen wird in das Reich des Waltens der Liebe und angeleitet wird, auch das von Menschenmund gesprochene Wort der Verkündigung als Gottes Wort zu verstehen.« (Bultmann, a.a.O., 129f.). Offensichtlich erlaubt sich Bultmann, den erweiternden Gedanken zu denken nur dann, wenn dieser wieder in das gesprochene »Wort der Verkündigung als Gottes Wort« eindeutig zurückkehrt.

[21] Vgl. Friedrich Schleiermacher, Die praktische Theologie nach den Grundsätzen der evangelischen Kirche im Zusammenhang dargestellt. Aus Schleiermachers handschriftlichem Nachlass und nachgeschriebenen Vorlesungen hrsg. v. Jacob Frerichs, Reprint der Ausgabe 1850, Berlin/New York 2010.

nenne, Hybrid aus beidem.[22] Wie bei Bultmanns Rede vom Paradox[23] ist dabei die nicht aufhebbare Differenz betont, aber mir ist auch wichtig, den folgenden Gedanken zusätzlich mitzuführen: Gerade die gut beobachtbare Abfolge von Psychoepisoden und Religionsepisoden im Seelsorgegespräch macht ihren Mehrwert aus. Das in psychologischer Logik Kommunizierte wirkt nach, wenn wieder in die religiöse Logik eingetreten wird, und die religiös explizierte Erfahrung wirkt nach, wenn man wieder in das Psychologische eintritt. So erweist sich solche Seelsorge als christlich motiviertes und glaubensförderliches Helfen. Man übersehe nicht: Es gehören sogar zur überwiegend darstellend handelnden Predigtrede Bildungs- und Erkenntnisvorgänge mit dazu, in denen allgemeine Wahrheiten angesprochen werden.[24] Auch die Bultmannschen Predigten selbst enthalten eben nicht nur den Moment des »existentiellen« Rufs der Entscheidung, sondern typischerweise setzen sie bei allgemeinen Erfahrungen ein, einer Art »existentialer Analyse« von allgemeinen Wahrheiten, und bilden die Zuhörerinnen und Zuhörer darin – und sie enden in bildenden »existenzialen Explikationen« dessen, was für ein Selbst- und Weltverständnis sich an das Glauben anschließt.[25]

Was lässt sich aus dem Gezeigten für den Spiritualitätsbegriff und die Vorstellung von medizinisch gebotener Spiritual Care weiter gewinnen?

---

[22] Vgl. Eberhard Hauschildt, Seelsorge – Sinnsystem und Hybrid. Günther Emleins neue systemtheoretische Theorie der Seelsorge, in: Pth 106 (2017), 152–172, 160–163. 167–172.

[23] Für Bultmann besteht die Paradoxie in mehrfacher Hinsicht, etwa als Paradoxie von »Gottes Ruf im Menschenwort« (Echte und säkularisierte Verkündigung [s. Anm. 10], 124), von »Mitteilung geschichtlicher Ereignisse« (Jesus), die zugleich als »das Ende der Welt« verstanden sind (a.a.O., 127); vgl. auch ders., Allgemeine Wahrheiten (s. Anm. 10), 166f.

[24] So etwa schon bei Jesu eigener »Verkündigung« und bei Paulus; Bultmann, Allgemeine Wahrheiten (s. Anm. 10), 168f. Bultmann stellt die Frage: »Was verbindet die in indirekter wie direkter Anrede ergehenden allgemeinen Wahrheiten mit der christlichen Verkündigung?« (170). In »einer konkreten Situation« können allgemeine Wahrheiten »den Charakter der allgemeinen Wahrheit verlieren, indem sie das Jetzt des Angeredeten qualifizieren« (170f.). Das kann auch für ganze Gruppen in einer bestimmten Situation erfolgen (wie bei den Propheten). Den Zusammenhang setzt Bultmann sodann gleich mit dem in der theologischen Denkfigur von »Gesetz und Evangelium« gemeinten (173–175). Die Erfahrung von Forderung verwandelt sich in die von Gnade und Freiheit (175), von unbedingter Gnade und Freiheit, die Bultmann im Gegensatz zu bedingter menschlicher Freiheit als »eschatologisch« bezeichnet (175). Sein Fazit: »Es ist nach allem verständlich, daß allgemeine Wahrheiten, sofern sie in der konkreten Situation als Anrede begegnen, ihren notwendigen Platz in der Verkündigung des Evangeliums haben.« (175).

[25] Vgl. dazu Eberhard Hauschildt, Rudolf Bultmanns Predigten. Existentiale Interpretation und lutherisches Erbe, Marburg 1989, 158–201.

3.2 Sozio- und psychophysiologisches Potenzial des Spirituellen

Nimmt man die allgemeine Erkenntnis von der Relevanz von Spiritualitätskommunikation in der palliativmedizinisch geleiteten Klinik auf, so liegt aus nicht nur theologischer Perspektive ein erster Gewinn in Folgendem. Bei Patientinnen und Patienten in der Klinik kommt es, je stärker eine Krankheit ist bzw. der Tod naherückt, zu einem verstärkten Bedarf an existenzieller Betroffenheit und Suche nach Klärungen.

Darauf ist in der Klinik konstruktiv zu reagieren, schon allein deshalb, weil Fortschritte hier das Potenzial haben, psychophysisch hilfreich sich auszuwirken. Das ist zwar in streng theologischer Perspektive kein Argument, im Spüren beim Menschen in der existenziellen Krise aber auch von einiger Bedeutung. Das sollte man beachten. Sonst würde eine solche Theologie inhuman werden.

Und die synoptischen Evangelien selbst erkennen es unübersehbar an in den Jesusgeschichten, wo Heilung und Heil sich beieinander ereignen, ohne dass sie nicht auch immer wieder unterscheidbar wären – und im Tod so bitter und erkennbar auseinandertreten, und in der Auferstehung in anderer Weise wieder zusammenfinden.

3.3 Religiöse und innerweltliche Spiritualität

Auch dies ist eine allgemeine Erkenntnis: Das Phänomen, das von der rein psychischen Kohärenz und Sinnerfahrung noch einmal unterschieden werden kann, liegt darin, dass Sinn und Kohärenz den Charakter einer bestimmten Zuschreibung in der existenziellen Erfahrung mit einem Gegenüber bekommen, welches einrückt in die Position eines erlebten Gegenübers, das als ein Ganzes, das über mich hinausgeht, erfahren wird, aber in dem ich mich als verortet erfahren kann. Formal gesprochen ist es ein »Transzendentes«, ein mir nicht Zuhandenes. In der Wissenssoziologie wird der Transzendenzbegriff ausdifferenziert in kleine, mittlere und große Transzendenzen.[26] Nur bei der großen Transzendenz handelt es sich um eine auch religiös verstandene Transzendenz, während den kleinen und mittleren Transzendenzen nicht unbedingt grundsätzliche Transzendenz zugeschrieben sein muss und nichttranszendente Personalität zugeschrieben sein kann. Auch nichtreligiöse Erfahrungen können tröstenden, beruhigenden, hoffnungsproduktiven Charakter haben – wie die Musikerfahrung, die Naturerfahrung, aber auch die Erfahrung von Familienzusammenhang usw., welche Art von Kohärenzgefühl und Sinnverortung es auch sein mag.

Dabei sei nicht verschwiegen: Auch die nichtreligiöse kann wie die religiöse Erfahrung ebenso ambivalenten Charakter haben. Trostaussagen können umkippen in die Erfahrung von Verurteiltsein durch die Transzendenzgröße: z.B.

---

[26] Siehe Alfred Schütz/Thomas Luckmann, Strukturen der Lebenswelt. Bd. 2, Frankfurt a.M. ²1990, 147–177.

in der Familie versagt zu haben, das Eigenbild des Starken verloren zu haben, Gott nicht genügt zu haben und vor ihm mit leeren Händen dazustehen. Unrealistisch ist das alles nicht. Die Frage ist dann, ob die Transzendenzgröße mehr sein kann als nur eine be- und verurteilende Instanz der Lebensleistung. Aus der Perspektive der klassischen Theologie geht es hier erkennbar um die Erfahrung von »Sünde« und darum, welche Macht demgegenüber Liebe vermitteln kann.

3.4 Spiritualität und Seelsorge

Damit lässt sich dann sagen: »Spiritualität« kann als Oberbegriff fungieren für beide Varianten von existenzieller Transzendenzerfahrung, von einerseits religiöser Spiritualität und andererseits nichtreligiöser Spiritualität. Geht man davon aus, dann lässt sich praktisch-theologisch über die bislang klassischen Formulierungen hinausgehend sagen: Die kirchliche Seelsorge stellt eine von zwei Varianten von Spiritual care dar. Bei dieser Variante gibt es auch ein erkennbar auf Glaube ansprechbares menschliches Gegenüber in der existenziellen Erfahrung und Expression (die pastorale Seelsorgeperson), wobei auch das Helfen einer solchen religiösen Figur und Religionsexpertin nicht nur innerhalb der Grenzen von Religion, einer bestimmten Religion, verbleiben kann und wird.

Die Stärke der Seelsorge angesichts dieser Aufgabe liegt darin, dass sie einen klaren Sinn für die Existenzialität der spirituellen Kommunikation hat und dass erkennbar ist, dass hier Professionelle des helfenden Gesprächs auch für den Bereich der Religion, ja Religionen, eine selber existenziell ausgerichtete Perspektive haben. Nun macht aber gerade die christliche Glaubenserfahrung des ganz anderen radikal transzendenten Gottes deutlich, dass das göttliche Gegenüber nicht abstrakt erfahren wird, sondern konkret an innerweltlich Vorkommendem – in Narrationen von Gotteserfahrungen anderer und in Reflexionen darauf, in Metaphern und Symbolen, in – so beim dezidiert christlichen Glauben das Spezifische – der Erfahrung, dass man in einem konkreten Menschen, dem Zimmermannssohn aus Nazareth, Gott in unvergleichlicher Weise begegne. Im »Innerweltlichen«, wo denn sonst, wird die Erfahrung des »Außerweltlichen« gemacht.

Damit ist nun deutlich, dass überhaupt bei der spirituellen Kommunikation in Bezug auf Transzendenz innerweltlichen oder außerweltlichen Charakters und auch beim religiösen christlichen Glauben an den ganz anderen Gott in Jesus Christus sich metaphorische und narrative Kommunikation als typisch erweist. Beides durchdringt sich gegenseitig, ohne dass es sich zu einem Dritten vermischen sollte. Es entspricht der paradigmatisch in der Christologie ausformulierten Zwei-Naturenlehre der Dogmatik.

3.5 Alltagsspiritualität und mitmenschliche Resonanz

Die Pointe der Verwendung des Spiritualitätsbegriffs besteht aber nun darin, dass mit der WHO-Definition die Medizinperspektive die Aufgabe der spirituellen Hilfe gerade nicht mehr einfach komplett an die kirchliche Seelsorge abgeben kann und zur Selbstentlastung als medizinisch nebensächlich erklärt. Spirituelle Hilfe hat sich nun vielmehr ja als eine genuin für die Medizinperspektive selbst relevante Aufgabe erwiesen. Insoweit nämlich, als Spiritualität als Faktor für Lebensqualität als grundsätzlich allen zugänglich verstanden werden kann. Dann aber müssten auch Medizinerinnen und Mediziner sich konstruktiv dazu verhalten können in ihren eigenen Kommunikationskontakten mit den Patientinnen und Patienten. Also etwa, wenn in der Situation des Besuchs am Krankenbett auf die Frage »Wie geht's uns denn heute?« die Patientinnen und Patienten es als vordringlich finden, nicht über ihre physischen Symptome zu reden, sondern ihre spirituelle Suche und entsprechende Bedarfe zu schildern. Solcher Impuls seitens der Patientinnen und Patienten, vor ihrem medizinischen Gegenüber (metaphorisch eingekleidet) Existenzielles anzusprechen, erweist sich in dem Moment als eine Anfrage an das existenzielle Selbstverhältnis der Medizinerinnen und Mediziner selbst. Dass sich das Angesprochene außerhalb ihrer eigenen Professionalität befindet, ist zwar richtig, es würde aber, wenn das alles bleibt an Reaktion und man sich der Aufforderung zur Kommunikation auf dieser Ebene verweigert, ein Signal gegeben, das dem dezidiert eigenprofessionellen palliativmedizinischen Ideal des Angebots von spirituellen Kommunikationsräumen entgegensteht.

Aber darf und kann man denn den Medizinprofessionellen auch noch die Seelsorgeaufgabe aufbürden? Hier lässt sich nun wiederum von einer seelsorgetheoretischen Unterscheidung profitieren. Diese unterscheidet mittlerweile zwischen professioneller Seelsorge und Alltagsseelsorge.[27] Letztere ist eine Seelsorgeartikulation mit ganz alltäglichen Gesprächsmitteln. Theologisch ist sie mit der These vom Allgemeinen Priestertum der Getauften bzw. Gläubigen avisiert. Solche Form der Seelsorge ist auch den Seelsorge-»Laien« möglich – und sie hat ihr Gewicht. Und dies nicht nur bei den kirchlichen Seelsorgeehrenamtlichen, die es inzwischen ja auch gibt.

Nun sind Medizinprofessionelle allerdings nicht zwingend Getaufte oder Gläubige, aber auch so sind ihre Kompetenzen an Alltagsspiritualität im Klinikalltag gefragt. Es geht hier um so etwas wie »Resonanz« auf das existenzielle Fragen und Klagen der Patientinnen und Patienten. Es geht darum, dies menschlich zu würdigen und insofern hierzu eine Stellung zu beziehen. Dass also auch

---

[27] Vgl. Eberhard Hauschildt, Alltagsseelsorge, APTh 29, Göttingen 1996; zusammenfasst und aktualisiert: ders., Alltagsseelsorge, in: Uta Pohl-Patalong/Frank Muchlinsky (Hrsg.), Seelsorge im Plural. Ansätze und Perspektiven für die Praxis, 2., völlig neu bearbeitete Auflage Berlin 2019, 19–32.

medizinische Vertrauenspersonen sich als solidarisch damit zeigen, schon allein das hat ein Trostpotenzial und stützt die existenziell-spirituelle Beschäftigung der Patientinnen und Patienten mit sich selbst und mit dem Sinn des Lebens oder der Wahrheit Gottes. Eine gewisse Schulung darin für Medizinerinnen und Mediziner, für Pflegekräfte – und auch für therapeutische Kräfte - wäre insofern angebracht; es konnte ja als nur logisch kongruent mit der WHO-Definition von »palliative care« nachgewiesen werden. Abschließend noch einmal zurück zum Blick auf die Theologie

4. Fazit: Wie und wozu praktisch-theologisch über Gott im Kontext von kommunikativen Settings des Redens über Gott nachgedacht wird

Aufgabe der Theologie ist es, jedenfalls nach Bultmann, in Bezug auf das Gottesthema auf die Existenzialität menschlichen Selbstverstehens und Fremdverstehens zu verweisen – und anhand gelebter Existenzialität eines bestimmten Typs (dem des christlichen Glaubens) aufzuzeigen, dass darin ein Beitrag zum Denken auch bestimmter Sätze allgemeiner Wahrheiten deutlich wird und worin der besteht.

Es ging in diesem Vortrag um einen Beitrag in der Form einer Gedanken- und Theorieproduktion für die theologische Wissenschaft selbst und zu deren Verwendung darüber hinaus. Also z.B. in der allgemeinen Resilienztheorie die prozessualen Elemente und die Hinweise auf nicht nur aktive, sondern auch passive und mediopassive subjektive und kulturale Erfahrungen als theoriebereichernd einzuspielen.[28] Glaube als Gehorsam und Akt der Freiheit hieß es bei Bultmann. Vielleicht könnte man es heute besser so formulieren: gläubig-religiöse, aber auch nichtreligiöse Spiritualität als momentane Erfahrung von guter Passivität des Geschenks von außen, der Gabe, aushalten zu können und als Erfahrung guter Aktivität, einen Gestaltungsraum füllen zu können.[29] Die Deskription und Explikation der religiösen wie nichtreligiösen Größe Spiritualität,

---

[28] Vgl. Cornelia Richter, Einleitung: Ohnmacht und Angst aushalten. Zur Kritik und Ergänzung dominant aktiver Resilienzfaktoren, in: dies. (Hrsg.), Ohnmacht und Angst aushalten. Kritik der Resilienz in Theologie und Philosophie, Religion und Gesundheit Bd. 1, Stuttgart 2019, 9–29; siehe auch dies., Wahrheit, die sich einstellt. Skizzierung einer Hermeneutik der Performanz, in: Daniel Tobias Bauer u.a. (Hrsg.), Von semiotischen Bühnen und religiöser Vergewisserung. Religiöse Kommunikation und ihre Wahrheitsbedingungen (FS Michael Meyer-Blanck), Theologie im Wissenschaftsdiskurs 24, Berlin/Boston 2020, 27–41.

[29] Eben die Gleichzeitigkeit und Zusammengehörigkeit von beidem bringt das Wort »mediopassiv« zum Ausdruck, das C. Richter gerne verwendet. Es ist in Sprachgrammatiken gängig und kennzeichnet dort Verben, die eine Formbildung wie für aktive Verben zeigen, aber einen passivischen Sinn haben.

wie sie hier thematisiert wurde, reagiert dabei erkennbar auf die weltanschaulich und religiös pluralisierten Verhältnisse der Gegenwart und auf die Einbettung in ein gesellschaftliches Gesundheitssystem.

Deutungsmuster überhaupt, mit dem, was sie zeigen und damit dann auch anderes verdecken, was sie nahelegen und was sie entfernter platzieren, sind relevant. Sie können helfen, Praktiken anders zu sehen als bislang und Praktiken zu verändern in dem Bewusstsein, sie für ein bestimmtes Handlungs- und Kommunikationssetting, hier dem von einer Mehrzahl von Tätigkeitsrollen und Fachlichkeiten in der Klinik zugunsten von Patientinnen und Patienten, zu verbessern.

Eine solche praktisch-theologische Reflexion, wie hier vorgeführt, legt eine implizite Dogmatik aus einer der theologischen Subdisziplinen offen bis hin zum Verweis auf biblische Szenen von Heilung und Heil durch den Gottessohn, und versucht sie, im Rahmen dieser Subdiziplin, explizit zu machen – und bietet sie auch an als einen Baustein zum weiteren innertheologischen Diskurs. Soweit also dieser Beitrag zur Thematik dieser Tagung »Nachdenken über Gott. Theologie im Spiel der Disziplinen«.

Friederike Nüssel

Zwischen Historismus und Pluralismus?
Überlegungen zum Verhältnis von Systematischer Theologie und Exegese im Anschluss an Rudolf Bultmann

1. Zur Situation der theologischen Enzyklopädie

In der Wissenschaftsgeschichte der Theologie hat sich eingebürgert, dass die Aufgabe einer theologischen Enzyklopädie im Bereich der Systematischen Theologie angesiedelt wird. Das ist nicht selbstverständlich. Einerseits leuchtet die Zuordnung ein, insofern es in der theologischen Enzyklopädie seit Friedrich Schleiermacher[1] darum geht, die Einheit der Theologie und den Zusammenhang ihrer Disziplinen in Bezug auf die theologische Aufgabe und damit in Bezug auf den Theologiebegriff zu klären. Die Bestimmung des Theologieverständnisses wiederum wurde seit der Entstehung der Theologie im Rahmen der Erklärung der christlichen Lehre vorgenommen und damit in dem Bereich, der später zur Systematischen Theologie bzw. Dogmatik[2] wurde. Aber wenn für die theologischen Disziplinen nach Schleiermachers Enzyklopädie gelten soll, dass sie nur in Bezug auf die gemeinsame theologische Aufgabe auch je für sich theologisch sind, folgt doch daraus nicht zwingend, dass die Zuständigkeit für die Aufgabe theologischer Enzyklopädik bei der Systematischen Theologie liegen muss. De facto ist es aber bis heute so, dass sich vor allem die Systematische Theologie[3] und in jüngerer Zeit auch häufiger die Praktische Theologie mit der enzyklopädischen Frage nach der Definition der Aufgabe der Theologie und dem Zusam-

---

[1] Vgl. Friedrich Schleiermacher, Kurze Darstellung des theologischen Studiums zum Behuf einleitender Vorlesungen (1811/1830), hrsg. von Dirk Schmid, Berlin/New York 2002.
[2] Vgl. zur Definition der Dogmatik als theologischer Disziplin Friederike Nüssel, Bund und Versöhnung. Zur Begründung der Dogmatik bei Johann Franz Buddeus, FSÖTh 77, Göttingen 1996, Kap. II: Begriff und Aufgabe der Dogmatik, 34–86.
[3] Vgl. dazu Friederike Nüssel, Die Aufgabe der Dogmatik im Zusammenhang der Theologie, in: Ingolf U. Dalferth (Hrsg.), Eine Wissenschaft oder viele? Die Einheit evangelischer Theologie in der Sicht ihrer Disziplinen, ThLZ.F 17, Leipzig 2006, 77–98.

menhang der theologischen Disziplinen befassen, während Exegese und Kirchengeschichte vornehmlich die Frage nach Profil und wissenschaftlichem Charakter ihrer eigenen Disziplin erörtern.

Die Frage nach dem wissenschaftlichen Charakter der Theologie als ganzer hat sich seit der Mitte des 19. Jahrhunderts im Vergleich zur Debattenlage bei Schleiermacher deutlich verschärft. Dies hat zu tun mit dem rapiden Aufschwung der Naturwissenschaften auf der einen Seite und der sukzessiven Ausdifferenzierung und Emanzipation der Geistes- und Sozialwissenschaften auf der anderen Seite. Nach dem Zweiten Weltkrieg ist im Kontext der wissenschaftstheoretischen Entwicklungen insbesondere durch den logischen Positivismus und kritischen Rationalismus einerseits und die Studentenbewegung 1968 andererseits die Rolle der Theologie an staatlichen Universitäten zunehmend strittig geworden.[4] Nicht ohne Grund haben sich an der 1967 gegründeten Evangelisch-Theologischen Fakultät der Ludwig-Maximilians-Universität München gleich drei Schulen ausgebildet, die auf unterschiedliche Weise das Recht und den Sinn theologischer Fakultäten an der Universität zu begründen oder zu legitimieren angetreten sind. Während Trutz Rendtorff die kulturelle Prägekraft des Christentums für die Bearbeitung der Fragen der Lebensführung und gesellschaftspolitischen Verfasstheit herausstellte,[5] ging es Wolfhart Pannenberg um die interdisziplinäre Plausibilisierung des christlichen Wahrheitsanspruches[6]. Falk Wagner wiederum suchte vor seiner soziologischen Wende die Wissenschaftlichkeit der Theologie mit den Mitteln der Hegelschen Philosophie des Geistes und der Aufhebung in die Philosophie darzutun.[7]

Dass die Verteidigung der Wissenschaftlichkeit der Theologie jedenfalls im deutschsprachigen Raum bis heute ein zentrales Anliegen geblieben ist, kann man dem 2018 von Folkart Wittekind veröffentlichten »Grundriss systematischer Theologie« entnehmen.[8] Er konstruiert eine Theorie religiöser Rede, die sich als Fortsetzung des innerprotestantischen Diskurses über die Wissenschaftlichkeit der Theologie versteht, und zwar in Abgrenzung von den im

---

[4] Vgl. dazu Wolfhart Pannenberg, Wissenschaftstheorie und Theologie (1973), Frankfurt 1987, Teil 1, Kap. 1–3, 27–224.
[5] Vgl. dazu Martin Laube, Theologie und neuzeitliches Christentum. Studien zu Genese und Profil der Christentumstheorie Trutz Rendtorffs, Tübingen 2006.
[6] Vgl. dazu Friederike Nüssel, »Dogmatik als Systematische Theologie!« Zur Aktualität des Dogmatik-Verständnisses bei W. Pannenberg, in: Gunther Wenz (Hrsg.), »Eine neue Menschheit darstellen« – Religionsphilosophie als Weltverantwortung und Weltgestaltung, Pannenberg-Studien Bd. 1, Göttingen 2015, 57–74.
[7] Vgl. dazu Christian Danz/Michael Murrmann-Kahl (Hrsg.), Spekulative Theologie und gelebte Religion. Falk Wagner und die Diskurse der Moderne, DoMo 13, Tübingen 2015.
[8] Folkhart Wittekind, Theologie religiöser Rede. Ein Grundriss systematischer Theologie, Tübingen 2018. Siehe dazu meine Rezension in: ThLZ 144 (April 2019), URL: http://www.thlz.com/buch_des_monats.php?ausgabe=2019-04 (Stand: 03.10.2020).

19./20. Jahrhundert entstehenden neuen Disziplinen, die sich mit Religion beschäftigen wie insbesondere die Religionswissenschaft, Religionssoziologie und Religionspsychologie. Nach Wittekind gehört die Auseinandersetzung über die Wissenschaftlichkeit der Theologie sozusagen zur Signatur des Protestantismus. Man kann fragen, wie gut Wittekinds Wissenschaftsverständnis, das er der Auslegung der Wissenschaftlichkeit der Theologie zugrunde legt und das strikt auf Voraussetzungslosigkeit abhebt, anderen Wissenschaften an der Universität zu vermitteln ist. Dass aber die Wissenschaftlichkeit der Theologie in der Universität von vielen Vertretern anderer Disziplinen mit einem Fragezeichen belegt wird, lässt sich nicht von der Hand weisen. In diesem Zusammenhang wird auch gerne sehr schlicht danach gefragt, warum theologische Fakultäten so viele Lehrstühle brauchen – und das ist nicht zuletzt eine Frage nach dem Fächerkanon der Theologie und seiner Notwendigkeit. In der Theologie herrscht dabei nicht nur ein Bewusstsein für die Schwierigkeit, Differenz und Einheit der theologischen Disziplinen zu bestimmen, sondern vor allem auch für den Sachverhalt, dass enzyklopädische Theorie und disziplinäre Forschungspraxis faktisch auseinanderklaffen. Zwar gibt es verschiedene theologisch-enzyklopädische Ansätze, mit denen sich auf die Frage nach der Notwendigkeit der Disziplinen und ihrem Zusammenhang konsistent antworten lässt. Neben der immer noch wegweisenden Enzyklopädie Friedrich Schleiermachers sei hier insbesondere auf die Wissenschaftstheorie von Wolfhart Pannenberg[9] verwiesen. Doch in Lehre und Forschungspraxis der theologischen Disziplinen ist der in der Theorie beschriebene Zusammenhang insbesondere für Studierende oft nur schwer erkennbar. In besonderer Weise dürfte dies für den Zusammenhang von alttestamentlicher und neutestamentlicher Exegese auf der einen Seite und Systematischer Theologie auf der anderen gelten. Nach meinem Eindruck ist in den letzten Jahrzehnten die Distanz gerade zwischen Exegese und Systematik immer größer geworden, obwohl man vor dem Hintergrund der protestantischen Betonung der Schrift als Quelle und Maßstab für Glaube und Lehre[10] hier gerade einen engen Zusammenhang erwarten würde. Diesen Wandel kann man sich in besonderer Weise im Vergleich mit der theologischen Arbeit von Rudolf Bultmann vor Augen führen, der neutestamentliche Exegese und systematisch-theologische Reflexion zwar methodisch unterschied, aber doch eng aufeinander bezog. Seine Verhältnisbestimmung soll im Folgenden dargestellt werden, um daran anschließend Überlegungen für die Zuordnung heute anzustellen.

---

[9] S. Anm. 4.
[10] Siehe die Einleitung zur Konkordienformel in Irene Dingel (Hrsg.), Die Bekenntnisschriften der Evangelisch-Lutherischen Kirche. Vollständige Neuedition, Göttingen 2014, 1216, Zeilen 9–19.

2. Exegese und Systematische Theologie bei Rudolf Bultmann

Nach Bultmann geht es in jeder Wissenschaft »darum, ein spezielles Sach- oder Gegenstandsgebiet [...] systematisch zu erhellen, je mit der Methode, die der betreffende Gegenstand erfordert; und zwar geschieht diese Arbeit des Erhellens oder Enthüllens eben um des Enthüllens willen«.[11] Objektivität ist für eine Wissenschaft als Wissenschaft nach Bultmann konstitutiv und bedeutet, dass »sie nicht an bestimmten Ergebnissen ihrer Forschung interessiert ist. [...] Sie will nichts als den Gegenstand selbst sich zeigen lassen, zu Worte kommen lassen.«[12] Dazu gehört wesentlich »das Reden in begründenden Sätzen, die den Gegenstand aufzeigen, indem sie aus einem Verständnis des Ganzen das Einzelne verstehen lassen.«[13] Zugleich ist für Bultmann aber auch der Lebensbezug zum Gegenstand wesentlich, in Bezug auf den es immer schon ein gewisses Vorverständnis gibt. »[D]as Wissen der Wissenschaft kann immer nur ein echtes bleiben, wenn es das ursprüngliche Lebensverhältnis zum Gegenstand nicht verliert.«[14] Für die Geschichtswissenschaft bedeutet das nach Bultmann, dass sie nur sachgemäß ist, »wenn der Historiker ein Verhältnis zur Sache hat, um die es in der Geschichte geht, und wenn eben dieses Verhältnis sein historisches Verstehen leitet. Das Sachverhältnis ausschalten wollen, wie es unter der Herrschaft des Positivismus geschah, heißt, die Geschichte als eigenes Gegenstandsgebiet preiszugeben und die Geschichtswissenschaft auf Naturwissenschaft zu reduzieren.«[15]

Dieses Verständnis der Geschichtswissenschaft korreliert bei Bultmann mit seinem Verständnis der Theologie als Wissenschaft. Ihr Gegenstand ist nach Bultmann zwar Gott.[16] Doch da es unmöglich sei, Gott zu verobjektivieren, sei die Theologie zugleich Wissenschaft vom Glauben, der Gott glaubt. Die *fides qua creditur* könne dabei »*nur in ihrem Bezug auf die fides quae creditur verstanden*

---

[11] Rudolf Bultmann, Theologie als Wissenschaft, in: ZThK 81 (1984), 447–469, 447. Vgl. zum Profil der Theologie Bultmanns auch Friederike Nüssel, Rudolf Bultmann. Entmythologisierung und existentiale Interpretation des neutestamentlichen Kerygma, in: Peter Neuner/Gunther Wenz (Hrsg.), Theologen des 20. Jahrhunderts. Eine Einführung, Darmstadt 2002, 70–89.
[12] Bultmann, Theologie als Wissenschaft (s. Anm. 11), 449.
[13] Bultmann, Theologie als Wissenschaft (s. Anm. 11), 450.
[14] Ebd.
[15] Ebd.
[16] Rudolf Bultmann, Die liberale Theologie und die jüngste theologische Bewegung, zuerst erschienen in: Theologische Blätter III (1924), 73–86; hier zitiert aus: ders., Glauben und Verstehen. Gesammelte Aufsätze Bd. 1, Tübingen ⁹1993, 2: »Der Gegenstand der Theologie ist Gott, und der Vorwurf gegen die liberale Theologie ist der, daß sie nicht von Gott, sondern von Menschen gehandelt hat.«

werden«[17] und umgekehrt. Dieses Verständnis gewinnt Bultmann in kritischer Auseinandersetzung mit Orthodoxie, Liberalismus und Religionsgeschichtlicher Schule. Theologie sei mithin Glaubenswissenschaft, aber insofern doch objektiv, als sich das gläubige Existieren in der Theologie selbst betrachte und bedenke. Dies wiederum sei möglich, weil es zum Wesen des Glaubens gehöre, sich außerhalb seiner selbst stellen zu können.[18] In der Theologie reflektiere sich der Glaube und bringe darin »den vollen Ernst dessen, was Glauben heißt, zum Bewußtsein.«[19] Zentral ist für Bultmann dabei im Sinne des Bezuges von *fides qua creditur* und *fides quae creditur*, dass der Glaube seinerseits auf die Verkündigung bezogen ist.

Im Zentrum des Bultmannschen Theologietreibens steht bekanntlich die neutestamentliche Exegese und Theologie. Die Aufgabe derselben sieht er in der *»Übersetzung des Neuen Testaments«*.[20] Unter Übersetzung versteht er dabei *»nicht nur die philologisch-historische Aufgabe, sondern auch eine theologische«*[21], wobei sich beide Aufgaben wechselseitig bedingen und ergänzen. Der theologische Charakter ergibt sich für Bultmann aus dem Bezug auf die Verkündigung, die wiederum wesentlich eschatologisch ist. Bultmanns Konfiguration neutestamentlicher Exegese lässt sich dabei als Antwort auf die Herausforderung des Historismus im 19. Jahrhundert und insbesondere der historischen Jesusforschung der liberalen Theologie verstehen. In seinem ersten großen und bis heute grundlegenden Werk »Die Geschichte der synoptischen Tradition« (1921)[22] wendet er die von Karl Ludwig Schmidt, Martin Dibelius und ihm entwickelte formgeschichtliche Analyse in voller Breite auf das Material der drei ersten Evangelien an.[23] Dabei leitet ihn die Überzeugung, »daß die von der herkömmlichen Literarkritik herauspräparierten ältesten schriftlichen Quellen keineswegs ein authentisches Bild des Wirkens Jesu ergeben, sondern zutiefst vom urchristlichen Gemeindeglauben geprägt sind, ja daß sie überhaupt nicht den ältesten Traditionsbestand repräsentieren, sondern eine tiefgestaffelte und weitverzweigte vorliterarische Überlieferungsphase ihnen vorausliegt.«[24] Die Aufgabe, die Entstehung und Geschichte der einzelnen Traditionsstücke zu rekonstruieren und so die Geschichte der vorliterarischen Überlieferung aufzuhellen,

---

[17] Bultmann, Theologie als Wissenschaft (s. Anm. 11), 455.
[18] Vgl. Bultmann, Theologie als Wissenschaft (s. Anm. 11), 459.
[19] Ebd.
[20] Ebd.
[21] Bultmann, Theologie als Wissenschaft (s. Anm. 11), 460.
[22] Vgl. Rudolf Bultmann, Geschichte der synoptischen Tradition, Göttingen [10]1995 (zit. Geschichte). Siehe zur Würdigung dieses Werks im Kontext der weiteren Entwicklung und Diskussion der neutestamentlichen Formgeschichte das Nachwort von Gerd Theißen in dieser Ausgabe, 413–452.
[23] Vgl. Günter Klein, Rudolf Bultmann, in: Martin Greschat (Hrsg.), Theologen des Protestantismus im 19. und 20. Jahrhundert, Bd. 2, Stuttgart/Berlin/Köln/Mainz 1978, 58.
[24] Klein, Rudolf Bultmann (s. Anm. 23), 58.

basiert auf der »Einsicht, daß die Literatur, in der sich das Leben einer Gemeinschaft, also auch der urchristlichen Gemeinde, niederschlägt, aus ganz bestimmten Lebensäußerungen und Bedürfnissen dieser Gemeinschaft entspringt, die einen bestimmten Stil, bestimmte Formen und Gattungen hervortreiben.«[25] Um eine literarische Gattung bestimmen zu können, muss darum nach ihrem spezifischen »Sitz im Leben« gefragt werden.[26] Dieser liegt für Bultmann nicht in einem einzelnen historischen Ereignis, sondern in »eine[r] typische[n] Situation oder Verhaltungsweise im Leben einer Gemeinschaft«.[27] Entsprechend sei »auch die literarische ›Gattung‹, bzw. die ›Form‹, durch die ein Einzelstück einer Gattung zugeordnet wird, ein soziologischer Begriff.«[28] Indem Bultmann durch seine Analyse der synoptischen Tradition zeigt, dass die synoptischen Evangelien »ganz im Dienste des christlichen Glaubens und Kults«[29] stehen, kritisiert er sowohl die Voraussetzungen wie auch die Ergebnisse der Leben-Jesu-Forschung in grundlegender Weise.

Auf der exegetischen Basis, die er mit der »Geschichte der synoptischen Tradition« geschaffen hat, entwirft Bultmann einige Jahre später in seiner Monographie »Jesus« von 1926[30] das Gegenprogramm zu dem liberalen Versuch, ein Porträt der Persönlichkeit des historischen Jesus zu zeichnen. Mit Hilfe kritischer Analyse aus der ältesten Überlieferungsschicht der synoptischen Evangelien versucht er hier, den Anspruch der Worte Jesu zu ermitteln.[31] Dabei geht es ihm in keiner Weise darum, Rückschlüsse auf das Leben oder die Persönlichkeit Jesu ziehen zu können. Ihn interessiert vielmehr ausschließlich die Verkündigung Jesu[32], die sich nach seiner Darstellung auf das Kommen der Gottesherrschaft, den Willen Gottes und auf die Ferne und Nähe Gottes konzentriert.[33] In der »Theologie des Neuen Testaments« von 1953 bestimmt er die Verkündigung Jesu als eine Voraussetzung der Theologie des Neuen Testaments[34] neben dem Kerygma der Urgemeinde und der hellenistischen Gemeinde vor und neben Paulus. Wenngleich Bultmann die historische Forschung der liberalen Theologie kritisiert, geht es in keiner Weise darum, »die historische Kritik abzusetzen«[35]. Vielmehr müsse ihr Sinn richtig bestimmt werden. Historische Kritik hat nach Bultmann »radikal zur Freiheit und Wahrhaftigkeit zu erziehen, [...] indem sie

---

[25] Bultmann, Geschichte (s. Anm. 22), 4.
[26] Ebd. Die Rede vom ›Sitz im Leben‹ übernimmt Bultmann von H. Gunkel, wie er selbst vermerkt.
[27] Bultmann, Geschichte (s. Anm. 22), 4.
[28] Ebd.
[29] A.a.O., 400.
[30] Vgl. Rudolf Bultmann, Jesus, (Tübingen 1926) Gütersloh ³1977.
[31] Vgl. Bultmann, Jesus (s. Anm. 30), 13f.
[32] Vgl. Bultmann, Jesus (s. Anm. 30), 13.
[33] Vgl. die Gliederung des Jesus-Buches von Bultmann.
[34] Vgl. Rudolf Bultmann, Theologie des Neuen Testaments, Tübingen 1953, 1.
[35] Bultmann, Theologie des Neuen Testaments (s. Anm. 34), 4.

von einem jeden für wissenschaftliche Erkenntnis möglichen Geschichtsbild frei macht und zum Bewußtsein bringt, daß die Welt, die der Glaube erfassen will, mit der Hilfe der wissenschaftlichen Erkenntnis überhaupt nicht erfaßbar wird.«[36] Eben dies wird aber mit den Mitteln der historischen Forschung in der »Geschichte der synoptischen Tradition« selbst unterfüttert, indem Bultmann zeigt, dass die synoptische Tradition ihren »Sitz im Leben« in der Verkündigung der Gemeinde hat und sie darum nicht als Quelle für die Biographie des historischen Jesus ausgewertet werden kann. Die Pointe der formgeschichtlichen Analyse liegt mithin in dem Aufweis der Grenze historischer Kritik mit den Mitteln derselben. Bultmann setzt damit de facto die Einsicht Troeltschs exegetisch um, wonach Geschichte in ihrer Relativität nur durch Geschichte zu überwinden ist.[37]

Ist damit der eigentliche Gegenstand der exegetischen Übersetzungsarbeit das Kerygma in den neutestamentlichen Schriften, so stellt sich die Frage, wie dieses angemessen zu verstehen sei. Zunächst ist für das Verständnis des Kerygmas konstitutiv, dass es in der Form der Anrede ergeht, und zwar im »Ereignis des Gesprochenwerdens«[38], wie Bultmann in den Aufsätzen »Kirche und Lehre im Neuen Testament« von 1929[39] und »Der Begriff des Wortes Gottes im Neuen Testament«[40] herausarbeitet. Als echte Anrede zeige das Kerygma dem Menschen sich selber; es lehre ihn, sich selbst zu verstehen, »und zwar nicht als theoretische Belehrung über ihn, sondern so, daß das Ereignis der Anrede ihm eine Situation des existentiellen Sich-Verstehens eröffnet, ihm eine Möglichkeit des Sich-Verstehens eröffnet, die in der Tat ergriffen werden muß.«[41] Solche Verkündigung fordere Glauben, weil sie in die Entscheidung über Tod und Leben rufe. Das Wort Gottes, das im Kerygma des Neuen Testaments und in der dieses Wort ausrichtenden Predigt ergeht, ist nach Bultmann das Wort von Christus, das dem Menschen »*die Vergebung, die Rechtfertigung verkündigt*«[42]

---

[36] Ebd.
[37] Siehe Ernst Troeltsch, Der Historismus und seine Probleme. Erstes (einziges) Buch: Das logische Problem der Geschichtsphilosophie, Gesammelte Schriften Bd. 3, (Tübingen 1922) ND 1999, 772.
[38] Rudolf Bultmann, Der Begriff des Wortes Gottes im Neuen Testament, in: ders., Glauben und Verstehen Bd. 1, Tübingen 1933/1993, 268–293, 282f.
[39] Vgl. Rudolf Bultmann, Kirche und Lehre im Neuen Testament (1929), in: ders., Glauben und Verstehen, Bd. 1, Tübingen 1933/1993, 153–187. Das Stichwort »Kerygma« taucht, wie Gerhard Ebeling nachgewiesen hat, hier zuerst auf; vgl. Gerhard Ebeling, Theologie und Verkündigung. Ein Gespräch mit Rudolf Bultmann, Tübingen ³1963, 109ff., 114. Die Verwendung des Kerygmabegriffs als eines systematisch-theologischen Grundbegriffs geht auf Martin Kähler zurück; vgl. Ebeling, Theologie und Verkündigung, 112.
[40] Vgl. Bultmann, Der Begriff des Wortes Gottes (s. Anm. 38), 268–293, 279–293.
[41] Bultmann, Der Begriff des Wortes Gottes (s. Anm. 38), 283.
[42] A.a.O., 284.

und ihm damit das Leben schenkt. Die besondere Pointe neutestamentlicher Rede vom Worte Gottes erblickt er darin, dass insbesondere im Johannesevangelium Jesus Christus selbst mit dem Wort Gottes identifiziert wird. Das bedeutet für ihn, dass der Glaube nicht in einem Komplex von Gedanken oder Lehren gründet, sondern in Jesus Christus als dem Wort Gottes. »Jesus bringt nicht eine Lehre, die man übernimmt, um sie dann zu wissen, und ihn entbehren zu können [...], sondern man kommt zu ihm: er ist die Wahrheit; er ist das Wort. [...] Es kann also der Inhalt seines Wortes nicht von seinem Ereignis- und Anredecharakter losgerissen werden.«[43] Im Anschluss an Paulus sieht Bultmann die Bedeutung Jesu Christi wesentlich erschlossen in Kreuz und Auferstehung Jesu Christi.[44]

Die Frage, wie man die in Kreuz und Auferstehung geschehene Versöhnung des Menschen mit Gott für den modernen Menschen übersetzen kann, beantwortet Bultmann in seinem exegetischen Doppelprogramm der Entmythologisierung und existentialen Interpretation des Neuen Testaments, das er 1941 in dem Aufsatz »Neues Testament und Mythologie. Das Problem der Entmythologisierung der neutestamentlichen Verkündigung«[45] vorstellt. Von grundlegender Bedeutung ist dabei die These, dass das mythische Weltbild bzw. der Mythos selbst das Motiv zur Kritik seiner objektivierenden Vorstellungen enthält und »nicht kosmologisch, sondern anthropologisch – besser: existential interpretiert werden«[46] will. Kreuz und Auferstehung lassen sich durch Entmythologisierung und in existentialer Interpretation als »das eine ›kosmische‹ Ereignis« verstehen, »durch das die Welt gerichtet und die Möglichkeit echten Lebens beschafft

---

[43] Bultmann, Der Begriff des Wortes Gottes (s. Anm. 38), 291.

[44] Vgl. a.a.O., 288. Siehe dazu auch Bultmanns Darstellung der paulinischen Theologie in der Theologie des Neuen Testaments (s. Anm. 34).

[45] Vgl. Rudolf Bultmann, Neues Testament und Mythologie. Das Problem der Entmythologisierung der neutestamentlichen Verkündigung. Nachdruck der 1941 erschienenen Fassung hrsg. von Eberhard Jüngel, BevTh 96, München 1988. Mit dem Programm der Entmythologisierung »sollten nicht zuletzt die Pfarrer der Bekennenden Kirche« herausgefordert werden; vgl. E. Jüngel in der Einleitung in BevTh 96, 7. Völlig neu war das Entmythologisierungsprogramm Bultmanns allerdings in der wissenschaftlichen Landschaft Marburgs nicht. Der Sache nach hatte bereits der in Marburg lehrende jüdische Religionsphilosoph Hermann Cohen eine Entmythologisierung der hebräischen Bibel gefordert; vgl. Ralf Koerrenz, Art. Bultmann, Rudolf Karl, in: Metzler Lexikon christlicher Denker, hrsg. von Markus Vinzent, Stuttgart/Weimar 2000, 136–149, 137f.

[46] Bultmann, Neues Testament und Mythologie (s. Anm. 45), 22. In Entsprechung zu dieser These versucht Bultmann in dem ebenfalls 1941 erschienenen und bis heute diskutierten Johanneskommentar im Johannesevangelium die entmythologisierende Verarbeitung eines gnostischen Erlösermythos und einer späteren kirchlichen Verarbeitung zu rekonstruieren; vgl. Eberhard Hauschildt, Rudolf Bultmann, in: Profile des Luthertums. Biographien zum 20. Jahrhundert, Die Lutherische Kirche. Geschichte und Gestalten Bd. 20, hrsg. von Wolf-Dieter Hauschild, Gütersloh 1998, 91–115, 111.

worden ist.«[47] Der Historiker könne sich zwar die Entstehung des Osterereignisses durch Reflexion auf die ehemalige persönliche Verbundenheit der Jünger mit Jesus bis zu einem gewissen Grade begreiflich machen. Doch für ihn müsse sich das Osterereignis auf die visionären Erlebnisse der Jünger reduzieren.[48] Der christliche Osterglaube hingegen erblickt nach Bultmann in dem historischen Ereignis der Entstehung des Osterglaubens bei den ersten Jüngern »die Selbstbekundung des Auferstandenen, die Tat Gottes, in der sich das Heilsgeschehen des Kreuzes vollendet.«[49] Das Kreuz sei deshalb als Heilsgeschehen zu glauben, »weil es mit der Auferstehung verkündigt wird.«[50] Das Osterereignis wiederum ist für Bultmann nichts anderes als die Entstehung des Osterglaubens an die in der Selbstbekundung des Auferstandenen erschlossene eschatologische Bedeutung des Kreuzestodes Jesu Christi. In diesem Ereignis habe die Verkündigung von Jesus Christus ihren Ursprung. Das im Osterereignis entsprungene Wort der Verkündigung gehöre mithin selbst zum eschatologischen Heilsgeschehen dazu.[51]

Man fragt sich im Blick auf diese umfassende Übersetzungsarbeit des Exegeten durch historische Analyse, Entmythologisierung und existentiale Interpretation, was hier noch die Aufgabe Systematischer Theologie sein kann. Bultmann versucht den Unterschied zu benennen. Die Systematische Theologie gehe im Unterschied zur Exegese »von dem heute in der Kirche verkündigten Kerygma aus, vom heutigen Handeln der Kirche«[52] und entfalte vom gegenwärtigen Kerygma aus das christliche Existenzverständnis. Dabei rückt Bultmann die Systematische Theologie sofort in eine Nähe zur Predigt. Die neutestamentliche Exegese fungiere als kontrollierende kritische Instanz für die Systematische Theologie. Sie versichere diese der Identität mit der apostolischen Predigt. Umgekehrt bedürfe die neutestamentliche Theologie der Predigt und der Systematischen Theologie als kritischer Instanz, insofern diese die durch das Kerygma gestellte Frage lebendig erhalte. Wenngleich sich die Disziplinen im Blickwinkel unterscheiden, ist nach Bultmann das Thema der neutestamentlichen und der Systematischen Theologie aber das gleiche, nämlich »die begriffliche Explikation des christlichen Selbstverständnisses bzw. des eschatologischen Geschehens, wie es sich im Glauben für den Glauben bezeugt«.[53]

---

[47] Bultmann, Neues Testament und Mythologie (s. Anm. 45), 58.
[48] Vgl. a.a.O., 62.
[49] Ebd.
[50] Bultmann, Neues Testament und Mythologie (s. Anm. 45), 61.
[51] Vgl. Bultmann, Neues Testament und Mythologie (s. Anm. 45), 62.
[52] Bultmann, Theologie als Wissenschaft (s. Anm. 11), 463.
[53] Bultmann, Theologie als Wissenschaft (s. Anm. 11), 464.

3. Exegese und Systematik heute

Während Bultmann mit den Methoden der historischen Kritik für die existentiale Interpretation und damit für die Übersetzung der neutestamentlichen Botschaft ins Heute eintrat, hat sich die neutestamentliche Exegese nach ihm verstärkt der historischen Genese der neutestamentlichen Zeugnisse in ihrer Umwelt zugewandt. Zugleich hat sich in den verschiedenen Etappen der neuen Jesusforschung[54] und auch der Paulusforschung das historische Interesse neu Geltung verschafft, sind neue methodische und hermeneutische Möglichkeiten erschlossen worden. Wenngleich damit Fragen thematisiert werden, deren Ergründung für die Systematische Theologie von großer Bedeutung sind, stehen diese Entwicklungen in der Exegese aber dezidiert nicht im Dienst systematischer Glaubensauslegung. War für Bultmann das Verhältnis von Exegese und Systematik de facto ein fließendes, so unterscheiden sich führende Ansätze gegenwärtiger alttestamentlicher und neutestamentlicher Exegese in ihrer historisch-kritischen Arbeit explizit und programmatisch von der Systematischen Theologie. Zwar gibt es in der Exegese eine Bandbreite unterschiedlicher Auffassungen dazu, welchen Beitrag die Exegese zur gesamttheologischen Aufgabe leistet. Aber es herrscht – soweit ich sehe – Konsens darüber, dass die Wissenschaftlichkeit der Exegese von der rein an historisch-kritischen Maßstäben ausgerichteten Auslegungsaufgabe abhängt. Wo sich die Exegese in den Dienst der Bewährung bestimmter theologischer oder gar apologetischer Erklärungsinteressen stellt, droht sie ihren wissenschaftlichen Charakter als historisch-kritische Disziplin zu verlieren. Das spiegelt sich nicht zuletzt im Wandel der disziplinären Aufgabenbeschreibung. Während bei Bultmann »neutestamentliche Exegese« und »neutestamentliche Theologie« nahezu Austauschbegriffe waren, werden diese Aufgabenfelder heute von Exegeten deutlich unterschieden.[55] Wurde für Bultmann und viele Exegeten seiner Generation die exegetische Arbeit von dem Verfassen einer Theologie des Alten Testaments bzw. des Neuen Testaments gekrönt, so ist dieses Ziel für viele Exegeten heute problematisch geworden.[56] Denn die historisch-kritische Untersuchung der alttestamentlichen

---

[54] Vgl. dazu Gerd Theißen/Annette Merz, Der historische Jesus. Ein Lehrbuch, Göttingen ⁴2011.

[55] Noch kategorischer werden im angloamerikanischen Bereich die exegetisch-historischen Fächer Old Testament Studies und New Testament Studies von der Systematischen Theologie unterschieden, indem der Begriff »theology« überhaupt nur das Gebiet der systematischen bzw. »constructive theology« bezeichnet.

[56] Auch von systematisch-theologischer Seite gibt es hier Anfragen. So kritisiert Wolfhart Pannenberg in seiner Wissenschaftstheorie die Unterscheidung der Disziplinen des Alten und Neuen Testaments, insofern sie in getrennte Theologien des Alten und Neuen Testaments mündet. Stattdessen sieht er die Aufgabe in der Erschließung des Überlieferungszusammenhangs, der sich in den Schriften des Alten und des Neuen Testaments dokumentiert; vgl. Pannenberg, Wissenschaftstheorie (s. Anm. 4), 384–388.

und neutestamentlichen Quellen und Literaturen lässt eine Vielfalt der Theologien zutage treten, die sich nicht noch einmal in eine Theologie des jeweiligen Testaments zusammenführen lässt.[57]

Damit verschieben sich auch die Möglichkeiten und Grenzen für die systematisch-theologische Rezeption und Integration exegetischer Forschung. Bultmann, dessen exegetische Arbeit in der »Theologie des Neuen Testaments« zusammenlief, hatte die Theologien von Paulus und Johannes und die Fortentwicklung der Eschatologie in der Alten Kirche als das theologische Programm der frühen Christenheit rekonstruiert. Dies konnte und sollte der Systematischen Theologie faktisch als Ausgangspunkt und Maßstab für die gegenwartsbezogene Auslegung des menschlichen Selbstverständnisses dienen. Dabei entwickelte Bultmann die exegetische Forschung so, dass sie dem durch den Historismus aufgeworfenen Problem der normativen Geltung der biblischen Texte bzw. ihrer Inhalte begegnete, indem sie gerade mit den Mitteln historisch-kritischer Forschung deren Einheit in Bezug auf die Deutung des menschlichen Selbstverständnisses erschloss. Demgegenüber wird in heutigen exegetischen Arbeiten mit historisch-kritischen Mitteln gerade die irreduzible Vielfalt der theologischen Positionen in den biblischen Schriften oder Literaturen demonstriert. Auf diese Weise wird nicht nur der historische Abstand zwischen der Vielfalt der Deutungen damals und heute deutlich,[58] sondern zugleich auch ein Pluralismus der Theologien nahegelegt. Aus systematisch-theologischer Perspektive ist die mit der Selbstbeschränkung der Exegese auf die historisch-kritische Aufgabe verbundene Erschließung der Vielfalt biblischer Vorstellungen und Theologien dabei insofern zu begrüßen, als sie auf diese Weise einen kritischen Maßstab für die systematisch-theologische Glaubensauslegung bietet. Ein Überspringen oder Ignorieren des historischen Abstandes erscheint damit als wissenschaftlich höchst problematisch.[59]

---

[57] Vgl. für das Alte Testament Konrad Schmid, Theologie des Alten Testaments, Tübingen 2019, hier bes. Kap. 1. Siehe außerdem Jan Gertz (Hrsg.), Grundinformation Altes Testament. Eine Einführung in Literatur, Religion und Geschichte des Alten Testaments, 6., überarbeitete und erweiterte Aufl. Stuttgart/Göttingen 2019.
Zur Genese und Aufgabenstellung neutestamentlicher Theologie vgl. Ferdinand Hahn, Theologie des Neuen Testaments, Bd. 1: Die Vielfalt des Neuen Testaments, Bd. 2: Die Einheit des Neuen Testaments, Tübingen ³2011.

[58] Bultmann verstand die neutestamentliche Exegese und Theologie zwar auch als eine kritische Instanz, sie richtete sich auf die historische Fundierung der Differenzierbarkeit zwischen Mythos und Kerygma. Dagegen erscheint mir gegenwärtige Exegese in ihrer historisch-kritischen und literaturwissenschaftlichen Erforschung der biblischen Schriften eher darin kritische Instanz zu sein, dass sie den Abstand vermessen hilft zwischen dem, was damals gesagt, gemeint und gehört wurde, und dem, was sich heute in synchroner Lesart als Verständnis nahelegt oder auch als Frage stellt.

[59] Vgl. zur kritischen Aufgabe der Exegese Matthias Konradt, Die historisch-kritische Exegese und das reformatorische Schriftprinzip. Eine Reflexion über die Bedeutung der Exegese des Neuen Testaments in der Theologie, in: ZNT 20 (2017), 105–125, 105–111.

Gerade im Lichte der irreduziblen Vielfalt der biblischen »Theologien« tritt zugleich konkret zutage, dass die späteren systematischen Explikationen des christlichen Glaubens – schon in der Alten Kirche etwa bei Origenes bis hin zu den modernen Systematischen Theologien und Dogmatiken – in ihrer Systematik eine eigenständige Weiterentwicklung der christlichen Glaubensauslegung gegenüber den Glaubensexplikationen in den neutestamentlichen Schriften und ihren Bezugnahmen auf die Schriften der Hebräischen Bibel darstellen. So kann nicht nur der Wandel der Auslegungsinteressen und Auslegungsziele bewusstwerden. Systematische Theologie gewinnt im Wissen um die irreduzible Vielfalt der theologischen Konzepte in den biblischen Literaturen auch die Freiheit, im Bewusstsein für den historischen Abstand mit Blick auf die aktuellen Herausforderungen für das Verstehen des Glaubens den Zusammenhang der christlichen Glaubensinhalte jeweils neu zu konstruieren. Zugleich erwächst ihr damit aber die Aufgabe, zu klären, ob bzw. unter welchen Bedingungen das in der Einleitung zur Konkordienformel festgehaltene reformatorische Schriftprinzip systematisch-theologisch zum Zuge zu bringen ist. In der Aufgabenbestimmung Systematischer Theologie erklären viele, wenn auch keineswegs alle evangelisch-theologischen Ansätze im 20. und frühen 21. Jahrhundert die Orientierung an der Schrift als dem Zeugnis der Offenbarung Gottes für konstitutiv.[60] Wie genau diese Orientierung jedoch systematisch-theologisch zu realisieren ist und welche Rolle in diesem Zusammenhang der Rekurs auf exegetische Forschung spielt, wird unterschiedlich gesehen. Dabei setzt sich in der gegebenen Pluralität der prinzipientheologischen Ansätze und Vorgehensweisen die Pluralität von systematisch-theologischen Antworten fort, die unter den komplexen Herausforderungen der philosophischen und theologischen Aufklärung und der damit verbundenen Krise des Schriftprinzips im Bereich der protestantischen, römisch-katholischen und anglikanischen Theologie entstanden ist. Diese spiegelt sich nicht zuletzt in der Antwort auf die Frage, ob sich als Gegenstand der Systematischen Theologie bzw. der Dogmatik auch unter modernen Bedingungen

---

[60] Vgl. exemplarisch Hermann Fischer, Protestantische Theologie im 20. Jahrhundert, Stuttgart 2002, 305: »Systematische Theologie ist diejenige Gestalt von Theologie, die auf dem Boden des biblischen Zeugnisses und im Horizont der (kirchen-)geschichtlichen Tradition als Funktion der Kirche den auf Offenbarung beruhenden christlichen Glauben nach seinen zentralen Inhalten (Dogmatik) und nach seinen praktischen Handlungsorientierungen (Ethik) auf wissenschaftliche Weise, d.h. methodisch, begründend und kritisch, und systematisch, also als klares und gegliedertes Ganzes, denkend entfaltet, auf die jeweilige Situation bezieht und so die christliche Wahrheit als eine gegenwärtige verantwortet«. Vgl. zur Entwicklung des Schriftprinzips im Protestantismus Jörg Lauster, Prinzip und Methode. Die Transformation des protestantischen Schriftprinzips durch die historische Kritik von Schleiermacher bis zur Gegenwart, HUTh 46, Tübingen 2004.

noch »Gott« angeben lässt⁶¹, oder ob als Gegenstand das christlich-fromme Selbstbewusstsein⁶², das Wort Gottes⁶³, der christliche Glaube⁶⁴ oder die christliche Religion⁶⁵ zu bestimmen ist. Die verschiedenen Gegenstandsbestimmungen wiederum gehen einher mit unterschiedlichen Auffassungen vom Umgang mit der Wahrheitsfrage unter neuzeitlichen Bedingungen, wobei neu zu diskutieren wäre, welche der Argumentationsrichtungen sich ausschließen und welche sich vermitteln lassen.

Wird zur Aufgabe Systematischer Theologie die Reflexion der Wahrheit des christlichen Glaubens gerechnet,⁶⁶ wie dies die neutestamentlichen Schriften und weite Strecken der Theologiegeschichte nahelegen, so schließt dies die Konstruktion des Zusammenhangs seiner Inhalte in ihrem Rückbezug auf die in den neutestamentlichen Schriften bezeugte Offenbarung Gottes ein. Wird zugleich anerkannt, dass die Offenbarung Gottes in den neutestamentlichen Schriften als geschichtliches Geschehen bezeugt wird, so ist die Integration historisch-kritischer Forschung für Systematische Theologie unausweichlich und von eminenter Bedeutung. Wenngleich per se kein Zugang zu dem Offenbarungsgeschehen in der Lebensgeschichte, dem Leiden und der Auferweckung Jesu Christi jenseits der Bezeugung in den neutestamentlichen Quellen möglich ist, ist doch die in der historischen Jesusforschung virulente Rückfrage nach dem tatsächlich Geschehenen unter Einschluss der Auferweckung den Zeugnissen selbst keineswegs unangemessen. Denn in den neutestamentlichen Berichten wird der subjektive Eindruck, den die Zeugen weitergeben, selbst zurückgeführt auf ein

---

[61] Diese Auffassung vertritt Wolfhart Pannenberg bereits in seiner Wissenschaftstheorie (s. Anm. 4) und in systematischer Explikation dann in seiner Systematische[n] Theologie Bd. 1, Göttingen 1988.

[62] Vgl. Friedrich Schleiermacher, Der christliche Glaube nach den Grundsätzen der evangelischen Kirche im Zusammenhange dargestellt. Zweite Auflage (1830/31), 2 Bände, hrsg. von Rolf Schäfer, Berlin/New York ²2008.

[63] Vgl. Karl Barth, Kirchliche Dogmatik Bd. I/1, Zürich 1932.

[64] Vgl. Gerhard Ebeling, Dogmatik des christlichen Glaubens, 3 Bände, hier Bd. 1: Prolegomena, 4., durchgesehene und mit einem Nachwort von Albrecht Beutel versehene Auflage Tübingen 2012. Siehe auch Wilfried Härle, Dogmatik, 5., durchgesehene, überarbeitete und bibliographisch ergänzte Auflage Berlin/New York 2018.

[65] Vgl. zum Beispiel Christian Danz, Systematische Theologie, UTB 4613, Tübingen 2016, 104, wobei der Bezug auf die christliche Religion durch die Frage nach dem Wesen bestimmt ist.

[66] Der Bezug auf die Wahrheitsfrage schließt nicht aus, als Gegenstand der Systematischen Theologie die christliche Religion anzugeben, was sich aus epistemologischen Gründen nahelegt. Wenngleich mit der Fokussierung auf die christliche Religion die Wesensfrage und nicht die Wahrheitsfrage im Zentrum steht, so gehört doch zum Wesen der christlichen Religion – wie schon die Geschichte der Theologie selbst dokumentiert – die Frage nach der Wahrheit, deren Reflexionsbedingungen sich im Zusammenhang der kulturellen Bedingungen zwar wandeln, die aber schon deshalb wiederkehrt, weil der Wahrheitsbegriff selbst wesentlicher Teil der neutestamentlichen Zeugnisse ist.

Geschehen, das als objektiv geschehen dargestellt und als Ursache für den subjektiven Eindruck verstanden wird. Indem in der Auferstehungsbotschaft zudem die Ursprungsnähe der Zeugen zum Geschehen als ein Kriterium für die Glaubwürdigkeit angeführt wird,[67] ist auch die Rückfrage nach der historischen Genese der Bezeugung den neutestamentlichen Zeugnissen nicht unangemessen oder äußerlich, sondern vielmehr sachgerecht. Dabei wird in den neutestamentlichen Schriften auf vielfältige Weise verdeutlicht, dass sich die soteriologische Bedeutung der Offenbarung Gottes in der Geschichte Jesu in und durch die Vermittlung seines Geistes im Glauben realisiert. Dieses Vermittlungsgeschehen ist an die Verkündigung gebunden und begründet einen Tradierungszusammenhang, der wiederum den hermeneutischen Horizont der immer neu sich stellenden Frage nach der Wahrheit des christlichen Glaubens in der Relation von Gott, Mensch und Welt bestimmt. Systematische Theologie, die dem Wahrheitsanspruch des christlichen Glaubens nachdenkt, ist mithin verbunden mit der Rückfrage nach der historischen Genese und der kritischen Konstruktion des Zusammenhangs im Abgleich mit den frühen Zeugnissen und ihrer Aussageintention. Für die Aufgabe Systematischer Theologie in diesem Sinne ist der Bezug zur historisch-kritischen Exegese und auch zur kirchengeschichtlichen Forschung mithin konstitutiv.

Der beschriebene Zusammenhang von Systematischer Theologie und Exegese ist dabei Teil der theologischen Aufgabe als wissenschaftlicher Disziplin, deren Gegenstand das Christentum in Geschichte und Gegenwart ist, welches in den vielfältigen Formen der Auslegung des christlichen Glaubens greifbar wird. In der Theologie als Christentumswissenschaft verbinden sich dabei kulturwissenschaftliche Forschung und systematische bzw. kritisch-konstruktive Reflexion der Entwicklung und Fortschreibung christlicher Glaubensauslegung.[68] Gerade in ihrer Verortung an der Universität im Gegenüber zur Kirche ist universitäre Theologie kritisch-konstruktiv bezogen auf das kirchliche Interesse am Fortbestand und der Fortentwicklung der christlichen Kirche(n). Für die Exegese und – je nach Selbstverständnis auch für die Kirchengeschichte – ist es mit Blick auf die historisch-kritische Aufgabe wesentlich, sich nicht von dem Interesse der Bewahrung und Bewährung bestimmter Lehrbestände leiten zu lassen. Gleichwohl kann aber der Zusammenhang zur Gesamtaufgabe der Theologie und der kritisch-konstruktiven Reflexion auf die Entwicklung und Fortschreibung christlicher Glaubensauslegung nicht vollkommen ausgeblendet werden.

---

[67] Vgl. zur Bedeutung dieses Sachverhalts für das Verständnis von Tradition und Schrift den Beitrag von Wilfried Härle, Tradition und Schrift als Thema des interkonfessionellen Dialogs heute aus evangelischer Sicht, in: Christoph Böttigheimer/Hubert Filser (Hrsg.), Kircheneinheit und Weltverantwortung, Regensburg 2006, 617–632.

[68] Vgl. zur innertheologischen Kontroverse Friederike Nüssel, Theologie als Kulturwissenschaft?, in: ThLZ 130 (2005), 1153–1168.

Aus systematisch-theologischer Sicht stellen sich mit der Bezugnahme auf exegetische Forschung zwei Herausforderungen. Die erste besteht darin, dass es angesichts der wachsenden Vielfalt exegetischer Forschungsansätze und -ergebnisse für systematische Theologinnen und Theologen immer schwieriger wird, die exegetische Entwicklung in den Fragen, die für die systematisch-theologische Arbeit von besonderer Bedeutung sind, zu überschauen. Das gilt für viele Themen, ist aber besonders drängend in Bezug auf das Verständnis der soteriologischen Bedeutung des Kreuzestodes Jesu Christi. Hier macht es systematisch-theologisch einen großen Unterschied, ob man der auf die Umkehrung des Selbstverständnisses ausgerichteten Deutung bei Rudolf Bultmann oder der gegenläufigen sühnetheologischen Auslegungsrichtung folgt, die Hartmut Gese, Bernd Janowski, Peter Stuhlmacher und Otfried Hofius in Tübingen begründet haben, oder der das kultische Sühnemotiv relativierenden Auslegungsrichtung bei Ferdinand Hahn und Cilliers Breytenbach in München. Die Schwierigkeit, die exegetische Diskussion systematisch-theologisch zu rezipieren, hat zudem mit der komplexen Verschränkung von zwei Ebenen, auf denen Pluralität herrscht, zu tun: Zum einen handelt es sich um die Ebene der exegetischen Forschungsperspektiven und Methoden, zum anderen um die Ebene der biblischen Texte und der hier erkennbaren Vielschichtigkeit der Auffassungen in urchristlicher Zeit. Von großer Hilfe zur Sondierung der komplexen exegetischen Diskussionslage sind darum exegetische Werke, die eine Übersicht über die Vielfalt der Ansätze und Deutungen auf beiden Ebenen geben und diese reflektieren. Exemplarisch für eine solche Aufarbeitung sei der Band »Deutungen des Todes Jesu im Neuen Testament« genannt, den Jörg Frey und Jens Schröter herausgegeben haben.[69] Zu nennen ist aber auch die Zusammenschau der vielfältigen Deutungsmotive im Neuen Testament, die Ferdinand Hahn im zweiten Teil seiner »Theologie des Neuen Testaments« bietet[70] und darin einen Deutungsvorschlag für das Verhältnis von Vielheit und Einheit der neutestamentlichen Motive unterbreitet.

Wenngleich durch die Aufbereitung der exegetischen Forschungsstände zu dogmatischen und ethischen Fragen die Rezeption der Ergebnisse wesentlich erleichtert und sachlich fundiert wird, ist damit aber die Frage nach dem Stellenwert in der systematisch-theologischen Argumentation noch nicht entschieden. In dieser Frage liegt die zweite Herausforderung, die nicht zuletzt darum schwierig ist, weil sie sich nicht abstrakt, sondern nur im Rekurs auf die exegetische Diskurslage beurteilen lässt. Zunächst ist festzuhalten, dass die Frage

---

[69] Vgl. Jörg Frey/Jens Schröter (Hrsg.), Deutungen des Todes Jesu im Neuen Testament, UTB 2953, 2., durchgesehene und mit einer neuen Einleitung versehene Auflage Tübingen 2012. Zur Reflexion der vielfältigen Deutungen auf der Ebene des Neuen Testaments selbst und der verschiedenen Forschungsperspektiven vgl. hier insbesondere die Einleitung von Jörg Frey und seinen Beitrag »Probleme der Deutung des Todes Jesu in der neutestamentlichen Wissenschaft«, 3–50.

[70] Vgl. Ferdinand Hahn, Theologie des Neuen Testaments, Bd. 2 (s. Anm. 57), § 13.

nach dem Stellenwert exegetischer Forschung in Systematischen Theologien unterschiedlich beantwortet wird. Für eine Selbstreflexion der Systematischen Theologie wäre eine vergleichende Untersuchung prominenter Ansätze seit dem Auseinandertreten der Disziplinen dabei durchaus erhellend, die es bisher nicht gibt. Jenseits der Differenzen kann aber in der evangelischen Systematischen Theologie von einem Konsens darüber ausgegangen werden, dass in Anlehnung an G. E. Lessings Diktum zu den allgemeinen Vernunftwahrheiten und zufälligen Geschichtswahrheiten die Erklärung der Gegenwartsbedeutung des christlichen Glaubens nicht unvermittelt auf historisch-kritische Auslegungsergebnisse gestützt werden kann. Was die Christologie betrifft, in der die Frage nach dem Zusammenhang von Geschichte und Bedeutung dogmatisch kulminiert, lässt sich in jüngeren Ansätzen feststellen, dass im Unterschied zu Bultmanns Ansatz der Lebensgeschichte Jesu für die Erschließung der soteriologischen Bedeutung seiner Person mehr Gewicht zukommt. Hierin kann man eine Rezeption der neueren Jesusforschung durchaus erkennen. Diese geschieht allerdings so, dass zwar die Wirksamkeit Jesu in seinem Leben für das Verständnis von Kreuz und Auferstehung Jesu Christi in Anschlag gebracht wird, dass aber die soteriologische Bedeutung von Jesu Lebensgeschick nicht auf eine Beurteilung der hochgradig umstrittenen Frage nach dem Selbstbewusstsein Jesu gegründet wird. So zeigt sich im Umgang mit der Frage nach Wirksamkeit und Selbstbewusstsein Jesu eine Abwägung zwischen dem historisch Erkennbaren und dogmatisch Belastbaren. Demgegenüber lässt sich die Debatte um die Historizität der Auferstehung als Debatte darüber entschlüsseln, was im Rekurs auf die neutestamentlichen Texte überhaupt als historisches Ereignis zu verstehen ist.

Für die Intensivierung des Gesprächs zwischen Exegese und Systematik ist es *zum Ersten* wichtig, die beiden genannten Herausforderungen – also die Bündelung exegetischer Forschung für die Rezeption in der Systematik und den anderen theologischen Disziplinen zum einen und die Reflexion auf den Stellenwert exegetischer Forschung in der systematischen Argumentation zum anderen – gemeinsam zu bedenken. Denn in beiden Herausforderungen geht es um nicht weniger als um die Frage nach dem Zusammenhang von Genese und Geltung, die beide Disziplinen aus unterschiedlicher Blickrichtung stellen. Dabei wäre unter anderem dem Sachverhalt nachzugehen, dass es keine Forschung in Exegese und Systematik gibt, die von Vorverständnissen und Vorannahmen frei wäre oder frei sein könnte.[71] *Zum Zweiten* und damit verbunden erscheint es wesentlich, auch die übergeordnete Frage nach der Bedeutung des Zusammenhangs von Exegese und Systematik für die Aufgabe der Theologie als ganze gemeinsam zu erörtern.

Um beide Fragestellungen im interdisziplinären Gespräch anzugehen, wäre eine institutionelle Verankerung des Gesprächs nötig. Zwar nutzen Kollegen und Kolleginnen verschiedener theologischer Fächer die Möglichkeit, gemeinsam Seminare abzuhalten. Doch verdanken sich solche Veranstaltungen dem

---

[71] Vgl. prägnant Konradt, Historisch-kritische Exegese (s. Anm. 59), 106.

individuellen Interesse der Lehrenden und Studierenden und sind nicht konzeptionell in das Lehrangebot eingebunden. Auch ist es nicht zuletzt aus kapazitären Gründen nicht gelungen, die mit der Bologna-Reform vorgesehene Verschränkung der Fächer in entsprechenden Modulen breit umzusetzen. Für die Verbesserung des interdisziplinären Gesprächs zwischen den theologischen Disziplinen würden aber schon wenige, gut konzipierte Schnittstellen genügen. In der Organisation ihrer internen interdisziplinären Arbeit könnte die Theologie dabei nicht zuletzt auch zum interdisziplinären Diskurs in der Universität beitragen. Die Theologie ist die universitäre Disziplin, die seit der Aufklärung wie keine andere gefordert ist, ihren wissenschaftlichen Charakter und ihre disziplinäre Zusammensetzung im Konzert der universitären Disziplinen zu erklären. Entsprechend ausgeprägt ist ihre wissenschaftstheoretische und interdisziplinäre Diskursfähigkeit, die in der Organisation des interdisziplinären Diskurses zum Zuge gebracht werden kann. Das Gespräch zwischen Exegese und Systematik könnte einsetzen bei der Frage nach der Bedeutung der Vielfalt und Einheit theologischer Konzepte in den biblischen Schriften für die systematische Auslegung des christlichen Glaubens unter den Bedingungen moderner pluralistischer Gesellschaften. Mit Blick auf die gesamttheologische Aufgabe der Untersuchung des Christentums und seiner Fortentwicklung ließe sich der Diskurs ausdehnen auf die Frage, wie Theologie in der Synergie historisch-kritischer und systematischer Auslegung beitragen kann zur Identifikation von und Auseinandersetzung mit produktiven und problematischen Formen der Berufung auf heilige Schriften. Auf dieser Basis könnte auch das Gespräch mit anderen Kultur- und Sozialwissenschaften befördert werden.

Die Autorinnen und Autoren

Hartenstein, Friedhelm, Dr. theol., geb. 1960, ist Professor für Altes Testament an der Ludwig-Maximilians-Universität München.

Hauschildt, Eberhard, Dr. theol., geb. 1958, ist Professor für Praktische Theologie an der Universität Bonn.

Kuschnerus, Bernd, Dr. theol., geb. 1962, ist Schriftführer im Kirchenausschuss (leitender Theologe) der Bremischen Evangelischen Kirche.

Landmesser, Christof, Dr. theol., geb. 1959, ist Professor für Neues Testament an der Eberhard Karls Universität Tübingen.

Lindemann, Andreas, Dr. theol., geb. 1943, war von 1978 bis 2009 Professor für Neues Testament an der Kirchlichen Hochschule Bethel.

Nüssel, Friederike, Dr. theol., geb. 1961, ist Professorin für Systematische Theologie und Direktorin des Ökumenischen Instituts der Universität Heidelberg.

Ohst, Martin, Dr. theol., geb. 1957, ist Professor für Historische und Systematische Theologie an der Bergischen Universität Wuppertal.

Schlenke, Dorothee, Dr. theol., geb. 1961, ist Professorin für Evangelische Theologie/Religionspädagogik (Schwerpunkt Systematische Theologie) an der Pädagogischen Hochschule Freiburg.

Ingolf U. Dalferth
Sünde
Die Entdeckung der Menschlichkeit

432 Seiten | Paperback | 14 x 21 cm
ISBN 978-3-374-06351-2
EUR 32,00 [D]

Der Topos der Sünde gehört nicht nur zum Kernbestand theologischer Themen, er bietet auch einen theologischen Schlüssel zum Verständnis für die Herkunftsgeschichte der kulturellen Situation unserer Gegenwart. Der international bekannte Theologe und Religionsphilosoph Ingolf U. Dalferth zeigt das am Leitfaden der Frage nach der Menschlichkeit des Menschen an exemplarischen Punkten und widerspricht damit der weitverbreiteten »Sündenvergessenheit« deutscher evangelischer Theologie.
Dalferths Problemgeschichte der Sünde kritisiert den Zweig der Aufklärungstradition, der meint, die vom Sündentopos bestimmte Interpretation der conditio humana hinter sich lassen zu können, und plädiert für eine realistische Sicht auf den Menschen. Wer an den »sündlosen« Menschen glaubt und meint, auf der Erde das Himmelreich schaffen zu können, baut an der Hölle.

EVANGELISCHE VERLAGSANSTALT
Leipzig   www.eva-leipzig.de

Tel +49 (0) 341/ 7 11 41 -44   shop@eva-leipzig.de

Ulrich H. J. Körtner
Dogmatik
Studienausgabe
*Lehrwerk Evangelische Theologie
(LETh) | 5*

736 Seiten | Paperback | 14 x 21 cm
ISBN 978-3-374-06312-3
EUR 38,00 [D]

Dogmatik als gedankliche Rechenschaft des christlichen Glaubens ist eine soteriologische Interpretation der Wirklichkeit. Sie analysiert ihre Erlösungsbedürftigkeit unter der Voraussetzung der biblisch bezeugten Erlösungswirklichkeit. Das ist der Grundgedanke des renommierten Wiener Systematikers Ulrich H. J. Körtner in seinem umfassenden Lehrbuch, das fünf Hauptteile umfasst.

Anhand der Leitbegriffe Gott, Welt und Mensch bietet es eine kompakte Darstellung aller Hauptthemen christlicher Dogmatik, ihrer problemgeschichtlichen Zusammenhänge und der gegenwärtigen Diskussion. Leitsätze bündeln den Gedankengang. Das dem lutherischen und dem reformierten Erbe reformatorischer Theologie verpflichtete Lehrbuch berücksichtigt in besonderer Weise die Leuenberger Konkordie (1973) und die Lehrgespräche der Gemeinschaft Evangelischer Kirchen in Europa (GEKE).

**EVANGELISCHE VERLAGSANSTALT
Leipzig** www.eva-leipzig.de